グローバル資本主義と日本経済

The Global Capitalism and the Japanese Economy

鶴田満彦〈著〉

桜井書店

目次

グローバル資本主義と日本経済

序論　グローバル資本主義と二〇〇八年世界経済恐慌

一　世界金融危機から世界経済恐慌へ

本書は、いわゆるグローバル資本主義の暴走が、世界金融危機を媒介としていかにして今日の世界経済恐慌をもたらしたか、さらに恐慌自体がいかにグローバル資本主義を変容させつつあるかを理論と実証をつうじて明らかにしようとするものであるが、この序論では、世界経済恐慌の比較的に最近の様相を記述するとともに、本書全体の問題意識をも説明しておくことにしよう。

二〇〇七年八月にフランス最大手の銀行ＢＮＰパリバが傘下の三ファンドへの融資を凍結し、九月にはイギリスの中堅銀行ノーザン・ロックで預金取り付け騒ぎが発生したことから表面化した世界金融危機は、同年末から二〇〇八年春にかけてサブプライム・ローン問題の震源地である米国でも激発し、欧米中央銀行の懸命の流動性供給・政策金利引下げにもかかわらず、同年三月には米国投資銀行第五位のベア・スターンズが事実上破綻して、米国最大手の商業銀行ＪＰモルガン・チェースに救済合併されるに至った。

これで閉幕したとすれば、この欧米金融危機は、一九八七年のブラック・マンデー、一九九七〜九八年のアジア・ロシア・中南米通貨金融危機程度の一時的危機で終わったのかも知れない。しかし、サブプライム・ローン問題に代表される金融肥大化・金融グローバル化の災いは、ほとんどすべての人々の想像を絶するほど、深刻かつ広範なものだったのだ。すなわち、本来は、信用力の低い低所得者向け住宅ローンというハイリスク・ハイリターンの融資を「住宅ローン担保証券」として証券化し、さらにそれに自動車ローンやクレジットカード・ローン等を証券化した「資産担保証券」と混ぜ合わせて再証券化し、ムーディズやS&Pといった一流の格付け機関から「超優良」や「優良」のお墨付きをもらって「債務担保証券」(CDO)として、金融グローバル化の潮流に乗って全世界にばら撒いたところに問題の根源があった。

生産や流通といった正常な市場経済活動にとって、金融は不可欠な機能である。住宅や、クルマに代表される耐久消費財もローンで購入するのが普通になってきたから、消費にとっても金融は重要である。金融の根幹は信用にある。金融の代表的な業態である銀行は、返済されることを信用して企業や個人に貸付けを行い、個人や企業は、払い戻されることを信用して銀行に預金するのである。これらの信用がすべて喪失すれば、銀行は何も行うことができず、消滅するほかない。金融のない経済活動を理論的に想定することはできるであろうが、それは、恐ろしくコストのかかる、不効率な経済であろう。

サブプライム・ローン問題に端を発する世界金融危機は、債権・債務関係を表示する「債務担保証券」をはじめとするあらゆる証券や手形への不信あるいは疑心暗鬼の念を蔓延させ、やや極端にいえば、一時的に金融のない経済を作り出したのである。信用の失われた条件のもとで、中央銀行が金融機関にいくら流動性(貨幣)を供給しても、貨幣が企業や個人に回っていく筈がない。銀行は、預金取り付けはなんとか回避できるであろうが、資産の劣化・不良債権化がすすみ、貸し渋り・貸し剝がしの行動をとるであろう。企業は、借入予定資金を入手できず、悪くすれば倒産、良くても事業活動を縮小(設備投資の抑制、従業員の解雇を含む）せざるをえない。大部分が企業の被雇用者である個人は、失職するか、あるいは失職のリスクを考慮して、消費を控え、貯蓄しようとするだろう。こうして、金融危機を契機に、銀行の貸し渋り、企業の事業活動縮小、失業増大、個人の消費縮小が悪循環し、経済活動が縮小に向かうのが、経済恐慌の一つの典型的なパターンである。

二〇〇七年に表面化した世界金融危機を二〇〇八年世界経済恐慌に転化させる重要な契機となったのは、同年七月から一〇月にかけての米国の金融危機の深化、とりわけ九月一五日のリーマン・ブラザーズの破綻（連邦破産法第一一条申請）である。リーマン・ブラザーズは、一八五〇年創業の老舗であり、米国投資銀行業界第四位の地位を占め、M&A、証券化など金融グローバリゼーションの先端に立って活動してきた巨大金融機関である。普通は、リーマンほどになると、「大きすぎて潰せない」（Too Big To Fail）という「法則」が作用するはずであり、事実、米国財務省やFRB（連邦準備制度理事会）も、国の内外にわたって「引取り先」や救済金融機関探しに努めた形跡はあるが、皮肉にも「大きすぎて救えない」（Too Big Too Save）という結果に終わったわけだ。負債総額は六一三〇億ドルで、米国史上最大の倒産劇であった。株価の下落ぶりからみて、リーマンと同様の危機的状態にあったと思われる投資銀行業界第三位のメリルリンチは、同じ九月一五日に辛うじて大手商業銀行バンク・オブ・アメリカに救済合併されることが決まった。業界第一位と第二位のゴールドマン・サックスとモルガン・スタンレーは、九月二一日に、銀行持株会社に移行することが、FRBによって承認された。預金業務をも行う銀行になると、預金者保護、金融システム安定の名目で、公的救済を受けやすくなるからである。こうして、米国型金融ビジネス・モデルを特徴づけてきた投資銀行は、単体としては消滅するに至った。

リーマン・ショックの衝撃度は巨大なものがあった。米国政府は、二〇〇八年七月に経営危機に陥っていた連邦政府系住宅金融公社（ファニーメイ、ジニーメイ、フレディマック）に公的資金投入を含む支援策を決定し、九月一六日には、クレジット・デフォルト・スワップ（証券価格下落補償保険）の失敗で経営破綻に瀕していた米最大の保険会社ＡＩＧを救済して政府管理下に置き、紆余曲折はあったものの、一〇月三日には七〇〇〇億ドル規模の金融安定化法を成立させた。しかし、これらに対しては、株式市場は大暴落をもって応えた。二〇〇七年平均で一万三〇〇〇ドルを超えていたＮＹダウ平均株価は、〇八年一〇月一〇日には一時八〇〇〇ドルを割り込み、これに追随して二一世紀になってからのピーク時には一万八〇〇〇円近くに達していた日経平均株価も、〇八年一〇月二七日には当時としてはバブル後最安値の七一六二円をつけた。これは、まさに信用凍結による金融危機が、投資・消費・輸出を累積的に縮小させ、実体経済においても過剰生産恐慌を誘発していることを示すものであった。実際、米国の実質ＧＤＰは、〇八年後半からは縮小に転じ、七〜九月期マイナス〇・五％（対前年、年率、以下同様）、一〇〜一二月期マイナス三・八％になっている。〇八年一月には四・九％であった米国の失業率も、〇九年三月には八・五％に急増した。〇九年一月にスタートしたオバマ政権も景気対策を最優先し、二月には公共支出や減税を含む七八七〇億ドル規模の「景気対策法」を成立させ、ガイトナー財務長官は、一兆ドル規模の「新金融安定化法案」を準備していると伝えられているが、ＡＩＧに加えてシティ・グループも事実上政府管理化に入り、実体経済の悪化が、さらに金融機関にも反作用していることが明らかになった。

米国実体経済の悪化を象徴的に示しているのは、いわゆるビッグ３（ＧＭ、フォード、クライスラー）の凋落である。〇八年にＧＭは、世界販売台数で七七年ぶりに首位の座から転落し、トヨタが首位となったが、トヨタも対前年比で四・二%の減少になっているのであり、GMの減少率が一〇・八%とはるかに大きかったからである。フォードの減少率は一七・五%、クライスラーに至っては実に二五%も減少している。自動車販売は住宅販売との連動性が強く、ローンへの依存度も高い。〇六年に米国住宅バブルが崩壊し、〇七年には世界金融危機が表面化し、〇八年には世界経済恐慌に転化して、その過程で投機マネーの右往左往によって原油価格の急騰・急落が生じたのだから、もともとコストが高く、燃費も悪い米国車の販売不振が顕著になったのは当然である。

一九八〇年代以来の米国産業空洞化のなかで、自動車産業は航空機・宇宙産業とともに米国に残存した数少ない製造業であり、被雇用者も多く、なによりも米国型経営の威信と名誉を担ってきた国民的産業である。米国政府は〇八年一二月にGMおよびクライスラーに緊急融資を行って救済に乗り出したが、ビッグ3の抱えている膨大な赤字を考えると、単なる政府融資程度ではそのまま生き残る可能性は小さいといっていい。エコとコストに優る欧州勢、あるいはアジア勢による救済・協力を必要とするのであろうが、世界販売台数首位のトヨタが、〇九年三月期決算では戦後初の大幅赤字(推定では約五〇〇〇億円)を記録するのだから、ビッグ3を救済するほどの余力をもった自動車会社は、世界にはないのではないか。二〇〇八年世界経済恐慌は、ビッグ3の命運を風前の灯にするほどの威力をもって襲いかかっているのだ。

二　急低落する日本経済

サブプライム・ローン問題が表面化した当初は、日本の政府と金融当局は、問題は主として米欧の金融機関にあるとして、「対岸の火災」とみなしてきたように思われる。日本の主要金融機関は、いくつかの例外はあるにせよ、バブル崩壊後の「失われた一〇年」と不良債権処理に懲りて、リスキーなサブプライム関連証券に直接には手を出していなかったからである。むしろ、日本の一部大手金融機関は、危機に瀕している米国投資銀行の救済にまで動いたのであった。

しかし、問題がサブプライムのみならず証券一般にまで及び、日本株の下落も続き、米欧大手金融機関の資産の劣化が明るみに出るにつれて、日本の金融機関の財務内容も顕著に悪化した。とくに、〇八年九月までは、円高傾向にはあったものの、新興諸国・途上国からのドルやユーロの本国還流のために、ドルやユーロもそれなりに堅調だったのだが、一〇月以降は円の独歩高が進行した。これは、全世界的な低金利のなかでは円が比較的に安全通貨とみなされていた面もあるが、かつての日本の隔絶的な低（ないしゼロ）金利の時代に盛行した円キャリートレードを清算するために一時的に円への需要が増大したという面もある。ドル・円レートは、〇八年八月の一ドル＝一〇九円（月平均）から〇九年一月には、一ドル＝九〇円（月平均）にまで高騰し、自動車・電機・一般機械といった輸出産業は、販売不振に加えて予想以上の為替差損を被ることとなった。

日本政府の公式発表によると、日本経済は〇二年二月から〇七年一〇月までは六九か月という史上最長の「実感なき景気回復」が続き、〇七年一一月からは、景気後退局面に入ったとされているが、実質ＧＤＰなどに示される実体経済が下落に転じたのは、〇八年四月以降である。すなわち、実質ＧＤＰは、対前年同期比で〇八年四～六月期はマイナス三・六％、同七～九月期はマイナス二・三％、同一〇～一二月期はマイナス一二・一％にもなっているのである。とくに鉱工業生産指数は、対前年同期比で〇八年一〇月マイナス七・三％、同一一月マイナス一七・〇％、同一二月マイナス二〇・六％というように累積的に低落している。この結果、製造業稼働率指数は、〇七年度平均の一〇四・一から〇九年二月には六〇・五にまで低落した。完全失業率は、〇七年度平均の三・八％から〇九年二月には、四・四％となり、とくに有効求人倍率は、〇七年度平均の一・〇二から〇九年二月には、〇・五九にまで低下した。

日本はサブプライム・ローンに端を発する世界金融危機の周辺にいたに過ぎないのに、実体経済においては、震源地の米国以上のスピードで低落したのはなぜか。それは、二〇〇二～〇七年の「実感なき景気回復」が極端に輸出依存的だったからである。〇二年一～三月を基準とする〇七年の日本GDPの需要項目の増加率をみると、国内需要の一・〇八倍に対し、輸出は一・八一倍にもなっている。この大きな輸出の伸びを牽引したのが、日本の異常な低金利政策にもとづく円安レートと、米国内のバブル的な住宅建設に推進された米国への輸出の増加と、中国などアジアの新興工業諸国への輸出の増加であった。しかも、中国などへの生産財の輸出の増大のかなりの部分は、中国の対米輸出の増大をサポートするためのものであった。したがって、サブプライム・ローン・ショックによって米国の住宅バブルが崩壊して米国経済が収縮し、円高傾向のもと、日本の対米輸出、中国の対米輸出に連動した日本の対中輸出がともに減少すると、日本経済が急速に低落傾向に陥ったのは当然である。実際、〇八年一〇月以降の日本の輸出の減少はいちじるしく、いずれも通関金額の前年同月比で〇八年一〇月が七・八％、一一月が二六・七％、一二月が三五・〇％のマイナスとなっている。貿易収支も、原油価格の一時的な高騰も影響して、〇八年八月からはほぼ赤字基調になっており、〇九年一月には、それまで貿易収支の赤字をカバーしてきた所得収支も三一・五％減少して、経常収支も一三年ぶりに赤字となった。

一九七〇年代の第一次石油ショックの際も、日本経済は、貿易赤字の拡大、総需抑制政策、スタグフレーションによって七四年度には第二次大戦後初のマイナス成長（マイナス〇・五％）を経験したが、欧米諸国に比べれば比較的に早期に不況を克服した。それは、集中豪雨的な輸出の増大によるところが大きいが、不況に対しては雇用量によってではなく、残業手当やボーナスなどの調整によって対応するという日本的経営のために内需の縮小が少なかったことによるところもあった。それに対して〇八年恐慌の場合は、トヨタ、キャノン、ソニー、パナソニックなどという世界に冠たる大企業が先頭に立って非正規労働者の「派遣切り」・「雇い止め」という形で雇用量調整によって輸出の縮小に対応しようとしている。〇九年二月の時点では、日本の失業率は米国ほどには上昇していないが、有効求人倍率、とくに正規労働者のそれは顕著に低下している。

終身雇用慣行・年功序列賃金・企業内組合によって特徴づけられてきた日本的経営は、一面では日本社会の企業レベルにおけるセーフティ・ネットを形成していた。しかし、九〇年代不況の最中に日経連（現日本経団連）が「新時代の日本的経営」なる新雇用政策を打ち出し、一九九九年には労働者派遣法が改悪されて派遣労働が原則自由になり、さらに二〇〇四年の同法の改悪では製造業にも派遣労働が認められるようになるに及んで、この日本的セーフティ・ネットは、ほとんど崩壊するに至った。そこへ米国発の金融危機にもとづく世界恐慌が襲来したのだから、ちょうど防波堤を取り払ったあとに大津波が来たようなものだ。日本の失業率は、〇九年二月段階ではまだ四％台にとどまっているが、事態がこのまま推移するならば、従来の最悪記録（五・六％）を超える可能性は十分にある。

日本の麻生政権は、この事態に周章狼狽し、二兆円の定額給付金を含む〇八年度第二次補正予算と一般会計総額で八八兆五四八〇億円という過去最大の〇九年度予算および国費一四兆円規模の「経済危機対策」をもって対処しようとしているが、〇八年一〇〜一二月の実質成長率がマイナス一二・一％（年率）に急落し、日本経済全体としての需給ギャップが拡大している状況で、この程度の財政施策で日本経済が自力で回復に向かうと信じている人はいない。しかも、〇九年度予算は補正を含めると四四兆円以上の新規国債発行を含み、その付則で近い将来における消費税増額を予告しているのだから、将来生活についての国民の不安を増幅させるものとなっている。悪循環的に収縮しつつある日本経済を逆転させ、すくなくともプラス成長させるためには、雇用不安・生活不安・年金不安を取り除き、人々が安心して消費できるようにする必要がある。内需の六割は個人消費が占めているのだ。内需拡大による景気の回復を考えるのであれば、迂遠なようにみえても、雇用保障・社会保障・生活保障にもっと重点がおかれるべきであろう。

三　グローバル資本主義の変容

米国発の世界金融危機に連動した〇八年世界恐慌は、米国主導のグローバル化をも変容させつつある。現代資本主義の基礎上でグローバル資本主義という段階（フェイズ）あるいは局面を展開する過渡期になったのは、一九七〇年代である。のちに詳論するように七一年には米国はいわゆるニクソン・ショックによって金・ドル交換（疑似金為替本位制）を停止し、七三年からは、主要国の通貨は変動相場制に移行した。変動相場制のもとでは、為替リスクを避けるために短期資本の国際的移動は不可欠である。初期ＩＭＦ体制においては、通常の加盟国に貿易・為替の自由化は義務として課されていたが、資本の自由化は必ずしも義務ではなかった。しかし、金・ドル交換停止、変動相場制移行後になると、資本の自由化・金融の自由化が事実上のグローバル・スタンダードとなった。こうして、為替・利子率・証券価格の変動を利用して国際的に移動しながら利得をかせごうとする膨大な投機的資本（ヘッジファンド、年金基金など）が形成されてきた。ここから経済活動における金融部門の比重の増大という意味での金融肥大化・経済の金融化が現出してきたのである。

金融肥大化・経済の金融化に拍車をかけたのが、七〇年代初頭以来のＩＴ革命である。この時期、コンピュータの小形化・高性能化・低廉化がすすみ、事務処理を含めた生産過程、生活過程に普及・浸透した。石油危機による原油の高騰の影響もあって、従来の重化学工業に替わって（あるいはそれらと並んで）ハード・ソフトを含めた情報産業が、基幹的位置を占めるようになった。とくに、九〇年代に米国が国防省高等研究計画局のネットワークを民間に開放するや、世界中のコンピュータを相互に接続しうるインターネットが形成され、金融情報を含むあらゆる情報が瞬時に地球を駆けめぐることとなった。さらにコンピュータを技術的基礎にして金融工学はほとんど無限のヴァリエイションをもつ金融派生商品（デリバティブズ）を作り出し、それらは、銀行の信用創造力をバックにしてインターネットをつうじてグローバルに取引されたのである。

このような金融グローバル化の先端に立っていたのが、米国であった。米国は、変動相場制移行後いち早く七四年一月に対外投融資規制を撤廃し、ニューヨークを世界のマネー・センターとする金融立国路線をとった。金融とか情報は、ある程度まで技術的な理由でグローバル・スタンダードを必要としており、そのスタンダードは、経済的にはもちろん、政治的・軍事的にも強力な初期の参入者によって決められることが多く、しかもスタンダード国は、そのシステムへの参加者が多くなるほど収穫逓増的に利益をあげうる傾向がある。こうして米国は、金・ドル交換停止後も基軸通貨国であり続け、世界中からマネーを呼び寄せては、ドルでの有利な対外投資を増大させてゆく金融帝国となった。

一九九〇年前後のソ連・東欧の体制転換と湾岸戦争における米国の勝利は、グローバル資本主義における米国の主導性を決定づけた。折しも、九〇年代の米国経済は、バブル崩壊後の「失われた一〇年」に苦しむ日本経済と、東側を統合した財政負担と民族紛争に悩む欧州経済を尻目に、IT・インターネット革命を推進力として「一人勝ち」し、一時は景気循環を克服した「ニュー・エコノミー」の領域に入ったとさえいわれた。しかし、一九九七〜九八年アジア・ロシア・中南米通貨金融危機は、当時「二一世紀型通貨金融危機」といわれ、米国巨大金融機関もかかわっていたヘッジファンドLTCMを事実上破綻させて、米国経済と金融グローバリゼーションの前途に暗雲を投げかけていたし、二〇〇〇年末の米国ITバブルの崩壊は、「ニュー・エコノミー」がまったくの幻に過ぎなかったことを明らかにした。

二〇〇一年初頭からのブッシュ（ジュニア）政権では、当初から地球温暖化防止京都議定書、包括的核実験禁止条約、国際刑事裁判所規定などの批准を拒否し、弾道弾迎撃ミサイル（ABM）制限条約からの脱退を決めるなど、グローバリゼーションの主導国にはあるまじきユニラテラリズム（単独行動主義）が目立っていたが、〇一年九・一一同時多発テロ以後になると、その単独暴走ぶりは目に余るものとなる。〇三年三月、米国が、EU諸国や国連安保理事会の同意を得られないままで強行した一方的イラク侵攻などは、その最たるものであった。その結果、イラク戦争は泥沼状態に陥り、世紀の転換点頃には一時黒字化した米国財政も膨大な赤字を抱えるようになり、米国経済も疲弊した。そこへ米住宅バブルの崩壊によるサブプライム・ローン・ショック、さらにはそれに連動して〇八年世界経済恐慌が襲ったわけである。〇八年一一月米国ワシントンで、世界的金融危機に対処するためのいわゆる金融サミットG20が開催された。その一か月前にも先進七か国（米、英、日、独、仏、伊、加）の財務相・中央銀行総裁会議が開催されていたのだが、金融危機が資源価格の乱高下をもたらし、途上国が外貨危機に陥り、米国の巨大金融機関が中国や産油国の政府系ファンドからも支援を受けている現状では、とうてい先進七か国だけでは問題を解決できないということで、あらためて二〇か国・機関（先進七か国のほか露、中、印、韓、インドネシア、オーストラリア、ブラジル、アルゼンチン、南アフリカ、サウジアラビア、トルコ、メキシコ、EU）の首脳が会合したわけである。このG20は、その後の金融危機・世界恐慌の進展に直接に影響を及ぼすものではなかったが、なによりも先進国のほか、新興工業諸国や資源国・途上国も参加し、一九八〇年代以来の新自由主義的潮流に歯止めをかけて、金融規制の枠組みを強化する改革を実行する方向に流れを変えた点で画期的意義をもったように思われる。経済全体のグローバル化自体は、ある程度まで不可逆的ではあるが、すくなくとも米国主導の金融グローバル化は、多極的で透明な規制を伴うものに変容してゆくに違いない。

〇九年一月にスタートした米国オバマ政権は、やや保護主義的条項をも含む国内の景気対策を最優先し、対外的にはきわめて慎重で、一一年末までのイラクからの撤兵計画も決定し、国際協力を重視しているようにみえる。〇九年度米国財政の赤字はすでに一兆ドル近くに達し、低金利を維持しながらこれ以上の米国国債を中国や日本などの諸外国にに引き受けてもらうためには、低姿勢をとるほかないであろう。もし中国や日本が米国国債をあらたに引き受けるどころか、大量に売りに出せば、米国経済は高金利のもとで深刻なスタグフレーションに見舞われ、それは当然、中国や日本を含めた全世界に反作用するであろう。その意味では、中国や日本が世界経済の命運を担っているともいえるのであって、現在のグローバル化は、一九九〇年代にみられたようなアメリカナイゼーションとしてのグローバリゼーションとは明らかに相貌を異にしているのである。

四　ポスト不況の経済社会システム

金融・実体を含めた世界経済恐慌→大不況の最中に、ポスト不況を論ずるのは早すぎるかも知れない。米国をはじめ先進資本主義諸国は、ほとんどケインズ政策に回帰して金融機関国有化を含む財政支出を拡大し、ゼロ金利ないし超低金利政策で内需を喚起しようとしているが、内需が自律的に拡大する兆しは、〇九年三月の時点では見えない。IMFは、〇九年の世界経済の実質成長をマイナス一・三％と予測している。一九三〇年代のニューディールも必ずしも景気回復に成功したとはいえず、当時の米国経済の本格的な回復は、第二次世界大戦をまたねばならなかったのだから、今回の不況からの脱出もすくなくとも数年を要するだろう。各国政府が金融機関や大企業に供与している諸延命装置は、かえって不況を長引かせる可能性がある。

しかし、今回の恐慌は、グローバル資本主義の特殊性に触発されたものだとはいえ、基本的には資本主義経済に固有の景気循環の一環にほかならない。マルクスは、すでに一九世紀中葉にイギリス資本主義を観察して恐慌を一環とする景気循環の存在を見出し、「恐慌は、つねに、ただ既存の諸矛盾の一時的な暴力的な解決でしかなく、攪乱された均衡を一時回復する暴力的な爆発でしかない」（『資本論』第三巻、第一五章）といっている。つまり、恐慌は、諸矛盾の暴力的な爆発であるとともに、一時的・暴力的な解決でもあるといっているのだ。マルクスは、恐慌論を仕上げたわけではなかったが、恐慌に関するこの言明は至当だと思われる。つまり、低金利政策にもとづく住宅バブルをネタにして、サブプライム・ローンというリスキーで無理な貸し込みを行い、そのローンを他のローンと混ぜ合わせて証券化・再証券化し、全世界にばら撒くといった詐欺まがいの商法がいつまでも続く筈がない。このような過剰信用は圧縮されねばならないし、バブルのなかで生じた利得や報酬にもとづいていた実体経済の膨脹（過剰生産）も圧縮されねばならない。今回の恐慌は、まさにこれを実行しつつあるのであり、このような圧縮の後により正常な経済が再生するのであろう。シュンペーター的にいえば、「創造的破壊」である。

ポスト不況に現出してくる経済は、量的に過剰信用・過剰生産を圧縮しただけのものではあるまい。普通の景気循環においても、恐慌・不況をつうじてある程度の構造変化が生ずるのであるが、今回のように戦後最大といわれる恐慌・不況は、グローバルなレベルで大きな構造変化をもたらすであろう。どのような変化が生ずるかは、自然に決まるのではなく、現状を見すえた地球市民の意思と行動にかかっている。そこで、一市民としての筆者の主張を述べさせていただき、読者のご批判を仰ぐことにしたい。

第一に必要なことは、バブル経済の再現を許してはならないということだ。今回の世界金融危機・〇八年世界経済恐慌の発端になったのは、米国サブプライム・ローンの証券化と関連証券の世界的散布であった。さらにその土台には、規制緩和と金融肥大化があった。この土台を残しておく限り、「浜の真砂」のように、手を変え品を変えバブルは再現してくる。〇八年一一月のG20で方向性においては一応の合意をみたように、新自由主義とは決別して、いわゆるタックス・ヘイブンを含めたすべての金融市場、あらゆる金融商品、ヘッジファンドを含めたすべての参加者に対する国際的監視・監督を強化する必要がある。グローバル・ルールとして銀行と証券との分離が考えられてもいいし、証券業についてもレバレッジ規制が行われてもよい。あらゆる短期資本移動に対するトービン税の課税も当然である。これらの監視・監督の実施には、国連もかかわるべきだと思われるが、国連が〇八年一一月に選んだ世界経済秩序の構築へ向けた提言をまとめる専門委員会には、スティグリッツ委員長をはじめ新自由主義批判派が大多数を占めているのは、心強いところである。

このように金融グローバリゼーションをある程度規制するためには、国際通貨ドルをどのように管理するかも問題になる。現在、米ドルは、有力な基軸的国際通貨ではあるが、けっして唯一の基軸通貨ではない。ユーロは、もともとヨーロッパ域内とはいえ国際通貨としてスタートしたのだから、ヨーロッパ中心に十分に基軸通貨の資格をもっている。中国人民元も、中国・ASEAN貿易では、ある程度まで国際通貨として機能している。円キャリートレードによってドルやポンド、ユーロに姿を変えて国際通貨の役割を果たしてきた円を、浜矩子氏は「隠れ基軸通貨」といっている（『グローバル恐慌』岩波新書、二〇〇九年）。したがって米ドルは「特権」に安住できるのではなく、たえずライバル通貨の圧力にさらされているのだ。その意味では、ドルはすでに事実上共同管理されているともいえるかも知れない。もちろん、理想的な形としては、全世界の共同管理下の世界中央銀行が、どの国民国家・地域からも中立的に信用創造をとおして世界共通通貨を発行することが望ましい。

第二に、現在の世界の経済的関心は恐慌・不況に集中しているが、中長期的にみて、世界にとってもっとも深刻な経済問題は、資源・食糧問題を含めた地球環境問題であろう。日本はじめいくつかの先進国は少子化に悩んでいるが、世界人口は着実に増加し、二〇〇〇年に六二億人だったものが二〇五〇年には少なくとも八〇億人には達するものと推計されている。この間、一人当たりGDPは増加するであろうから、大雑把に見積もって二一世紀半ばの世界は、八〇億の人口と現在の約二倍のGDPをもつことになろう。もちろん、技術進歩があるから、温暖化ガスの排出など環境への負荷が現在の二倍になるとは思えないが、現在でもすでに、予想以上の速さで氷河・氷山が消滅しつつあることを考えると、エネルギーと資源と水と食糧を公正に分配するシステムを構築しておくことは焦眉の急の問題である。

現在の地球温暖化は一八世紀の産業革命とともに始まり、とくに二〇世紀後半から急速にすすんでいるのだから、先に工業化の利益を享受した先進国が温暖化ガス排出規制の先頭に立たねばならぬことはいうまでもない。しかし、二〇一〇年代には、中国やインドは、経済規模の点で日本を超え、米国に並ぶような経済大国になるものと推定されているから、中国・インドをはじめとする新興工業諸国や途上国も、とうぜん温暖化防止の枠組みに参加しなければならない。グローバリゼーションの時代においては、グローバル化の利益のみならず、責任もグローバルに配分される必要がある。〇九年世界経済のマイナス成長が予想されるなかで、八%前後の成長を目標としている中国は、その目標が達成されるかどうかは疑問としても、世界経済のなかでのシェアを増大させることは必至であろう。もしかすると、〇八年恐慌の救いの神は、自律的に内需を拡大できる余地のもっとも大きい中国かも知れない。それはともかく、米国発の世界金融危機・経済恐慌をとおして中国だけではなく、新興工業諸国全体の地位は高まるであろう。それだけに、地球温暖化問題をはじめとする資源、食糧問題を含めた地球環境問題についての新興工業諸国の責任も重くなるわけである。

前述のとおり、現在の不況に直面して、米欧日の先進資本主義諸国は、ほとんどケインズ政策に回帰して精一杯の赤字予算を組み財政支出を拡大している。そのなかで、オバマ政権のグリーン・ニューディール政策は、注目に値する。それは、太陽光・風力など再生可能エネルギー技術の開発、電気自動車開発、バイオエネルギーインフラ整備等に投資して雇用を生み出すというものであり、欧日の財政支出も同種のものを含んでいるが、不況を奇貨として、地球環境保全の技術が開発・普及されるのは、まさに一石二鳥ともいえる。

最後に、若きマルクスは「恐慌は革命のチャンス」と考えたようであるが、「革命」とまではいわなくとも、家やモノが売れなくてあり余っているのに、他方では家も食もないホームレスの人々が増えているという矛盾に満ちた現実を前にして、多くの市民が、これまでの経済社会システムを考え直すひとときを作っていただきたいと思う。一九八〇年代以来の世界と日本の社会を風靡してきた新自由主義は、人間の本能である利己心の自由な発動を阻害する規制はすべて撤廃せよというものであった。しかし、利己的人間（ホモ・エコノミクス）というのは、経済の一般均衡モデルを説明するために仮設した想像上の人間であり、けっして真実の人間ではない。仮設人間をあたかも規範的人間であるかのようにみなし、それにそって規制緩和・市場優先の経済社会システムを現実に作ろうとしたところに新自由主義の根本的な誤解があったのだ。現実の人間は、利己的でもあるが、利他的でもあり、競争的でもあるが、協同的でもある。なによりも、どのような経済社会システムに生活するかによって、人間は変わってくる。

新自由主義の有力な標語の一つは「官から民へ」というものであった。しかし、その内実は、明治期の官業払下げと同じく、「かんぽの宿」問題にみられるように、不当な条件で国民の財産を一部の民間企業のものにする（プライヴァティゼーション＝私有化）ということであった。「民」と市場にまかせた結果は、格差拡大と「なんでもあり」のマネーゲームであり、それが金融危機と世界恐慌につながった。

「官から民へ」に対して、日本の一市民である私は、あえて「民から公へ」の「公」改革を主張したい。「公」というのは、国家とか「官」とは違う。国家や「官」には、オカミとか特権・強制といったニュアンスが含まれているが、「公」は、公園の「公」であり、「パブ」（英国の酒場）の「公」であり、「誰をも排除しない、誰もが関与できる」という意味である。日本は、「官」や「民」に対して「公」の領域が少なすぎるように思う。第一二章でも詳論するが、企業も、けっして株主の私有物ではなく、本来は社会の公器である。私学を含む学校も、病院も、老人ホームも、もちろん、「公」のものであり、地球環境自体、「公」のものといっていい。本来的には「公」であるべきものが、法人化・民営化（私有化）と称して、一部の人々に占有されている、あるいはされようとしているのが現状である。これを逆転させるのが、構造改革ならぬ「公」改革である。

「公」の領域の拡大は、企業改革やワークシェアリングにも連動し、マクロ経済運営においても内需のウエイトを大きくし、低くはあるが、安定成長をもたらすだろう。「誰をも排除しない、誰もが関与できる」という「公」の精神は、平等や協同の精神と共鳴し、真のグローバリゼーションにも通ずる。〇八年世界経済恐慌を「公」改革の契機として、サスティナブルな経済社会システムを作る一助にしたいという願いを込めて、この本を作った次第である。

I グローバル化とその変容

第一章　グローバリゼーションとは何か

一　グローバリゼーションの多様な意味

二〇世紀末から二一世紀初頭の世界を特徴づけている最も重要なキーワードの一つは、グローバリゼーションである。前世紀の八〇年代末までは、ほとんど学術論文にも新聞にも登場しなかったこの語が、いまや現代の社会を語るうえで不可欠の用語となっているのである。

二〇〇一年の一月一日の『朝日新聞』の社説のタイトルは、「『全球化』時代を生きる」というものであった。「全球化」とはグローバリゼーションに相当する中国語である。同紙は、あえて中国語を使った理由について、「英語のこの言葉には市場経済がもたらす負の側面もつきまとう。ところが、『全球化』には地球全体が一つ、というニュアンスが感じられる」といっている。ここにも見られるように、グローバリゼーションという語の特徴は、時代を表す重要なキーワードでありながら、多様な意味やニュアンスを含んでいることである。グローバリゼーションを「全球化」と言い換えても、その多義性が払拭されるとは思えない。

私の専門とする経済の領域に限って考えても、グローバリゼーションは、第一には、資本・商品・サービス・労働力・技術・情報といった諸資源の国際的移動の増大といった実態を意味しているが、また、このような諸資源の国際的移動を実現し、許容してきた自由化・規制緩和の政策を意味する場合もあり、さらに、世界的な自由放任こそが、ベストの効率と経済的厚生をもたらすという市場原理主義的イデオロギー＝グローバリズムを意味する場合もある。グローバリゼーションを問題にするときには、つねに実態と政策とイデオロギーとを区別して議論しなければならないだろう。

二　マルクスの把えたグローバリゼーションと現代

グローバリゼーションは、一面では、近代資本主義社会のもとでの生産力の発展に伴う国際的相互依存関係の緊密化の必然的結果である。近代資本主義社会では、生産力の発展は、技術の進歩と社会的分業の拡大という形態をとり、社会的分業は国境を越えて国際分業となる。

近代の経済学者のなかで、資本主義のもとでの生産力の発展に伴うグローバリゼーションの傾向をいち早く見抜いたのはマルクスだろう。かれは、エンゲルスとの共著『共産党宣言』（一八四八年）において、次のように述べている。「自分の生産物の販路をつねにますます拡大しようという欲望にかりたてられて、ブルジョア階級は全地球をかけまわる。どんなところにも、かれらは巣を作り、どんなところをも開拓し、どんなところとも関係を結ばねばならない。／ブルジョア階級は、世界市場の搾取を通じてあらゆる国々の生産と消費とを世界主義的《コスモポリティック》なものに作り上げた」（岩波文庫版、四四ページ）。

もっとも、グローバリゼーションについてのマルクスの予見が、すべて当たっていたわけではない。かれは、グローバル化された世界においては、産業の面でも文化の面でも民族的な独自性が失われて一様化すると考えていたように思われるが、現実の世界経済では、一様化どころか、人口数で一割程度の先進国が世界GDPの約六割を占めるほど両極化が進行しているし、現実のグローバル化とともに、文化の面では民族的アイデンティティを求める動きが強まっているからだ。

現代のグローバリゼーションは、生産力の発展一般には帰せられない特殊性をもっている。現代のグローバリゼーションを推しすすめている推進力の第一は、一九七〇年代以降の情報技術革命である。インテル社によるマイクロ・プロセサーの開発に始まるME（マイクロ・エレクトロニクス）革命は、コンピュータの小型化・高性能化・低廉化を通じて産業技術と社会生活への広範な浸透を可能にした。さらに九〇年代には、通信技術の進展とあいまって、あらゆるコンピュータ・ネットワークをグローバルに結びつけるいわゆるインターネットを展開させるに至った。このインターネットは、拡張性・接続性・開放性・双方向性をもった情報通信手段として爆発的に普及し、アジアの勃興によって閉塞状況を強めつつあったアメリカを先頭とする先進資本主義にとって新たな内延的拡張の場を創出すると同時に、知識の国際交流の速度と規模を飛躍的に増大させたのである。

現代グローバリゼーションの第二の推進力は、経済における金融の比重の増大という意味での経済の金融化である。この金融肥大化の根源には、七〇年代前半におけるアメリカの金・ドル交換停止と、それに伴う変動相場制移行があった。この制度変化によって、アメリカのドル散布がより無規律的となり、世界的に流動性は過剰となり、外国為替相場が不安定となり、特定国の規制から自由で、しかも世界のあらゆる地域に収益機会を求める大量の国際投機資金が形成された。外国為替相場、利子率、証券価格の変動は、これらの投機資金にリスクとともに収益の機会を与えるからである。さらに、これらの投機資金とそれを媒介する金融業に梃子のような力を与えたのが、前述の情報技術革命であった。金融業が取り扱う資金は、質的には象徴的かつ無差別で量的にのみ異なる独特の商品で、コンピュータ上の処理には最適のものである。コンピュータを通じて新たな金融商品が次々と作り出され、コンピュータ・ネットワークを通じて資金が瞬時に移動することとなった。情報技術革命と金融業との結合は、グローバルな金融革新を生み出し、グローバリゼーションの巨大な推進力となったのである。

現代グローバリゼーションの第三の推進力は、すでに七〇年代に凋落したかに見えたパックス・アメリカーナ（アメリカの覇権）を、九〇年代初頭のソ連・東欧社会主義の消滅を契機として、情報と金融と軍事を中心に、再構築しようとするアメリカの死活の努力である。アメリカ製造業のかなりの部分は、八〇年代の「産業空洞化」を通じて弱体化ないし海外移転され、現代アメリカの戦略的産業部門は、情報と金融となっているのであるが、情報と金融においては収穫逓増（規模の経済）が顕著に作用し、初期の参入者が圧倒的な競争力優位をもつことができ、自己に有利な標準・制度をいわゆるグローバル・スタンダードとして全世界に押しつけることができる。九〇年代アメリカの「繁栄」は、所得格差の増大、軍需部門から情報・金融部門への労働力の移動、ウインドウズ・インテル・ＢＩＳ規制など情報・金融部門におけるグローバル・スタンードの掌握によって実現したものであった。現代グローバリゼーションの重要な一側面は、情報・金融を中心とするアメリカ化である。

三　反グローバリズム運動

現代のグローバリゼーションは、マルクスの予見したような生産力発展の必然的結果という一般的性格をもちながらも、情報化・金融化・アメリカ化という点では特殊性をもち、しかもその進展度があまりにも急速であるために、その反作用も小さくない。グローバリゼーションの光と影がいわれるゆえんである。一九九八年一一月末から一二月初めにかけてシアトルで開催された第三回WTO閣僚会議は、会場を取り巻く環境NGOや労働組合等のデモのために、十分に意見を調整することができず、流会するに至った。また、一九九九年四月中旬にワシントンで開催されたIMF総会・世界銀行総会の際にも、反グローバリズムの大規模なティーチ・インやデモが行われた。二〇〇一年七月下旬のジェノバ・サミットの際にも反グローバリズムの大規模なデモが繰り返され、警備側の発砲によって死者一名を出すに至ったことは、記憶に残るところである。

たしかに、われわれはインターネットや電子メールなどグローバリゼーションの結果によって多大の恩恵をこうむっており、上述の反グローバリズムのデモの多くが、コンピュータ・ネットワークを通じて組織されたという点も興味ある事実である。しかし、他方では、外国資本の進出によって環境を破壊された住民、企業の国際統合によってリストラに直面している労働者、農業自由化によって仕事を奪われた農民など、グローバリゼーションの否定的影響を受けている人々の多くが、暴力を伴う意思表示は論外だとしても、グローバリゼーションの推進機関と目されているWTOやIMF・世界銀行やサミットに対して、反感と反発の念を抱くのも無理はないように思われる。とくに、金融グローバリゼーションの結果として通貨・金融危機に陥った発展途上国の場合、世界銀行・IMF等の国際機関は、緊急融資と引き換えに、緊縮政策やいわゆるワシントン・コンセンサスに従った経済改革の実行を条件づけているのであるが、これらが、現地の住民から二重の反感を買うのは当然である。

ほんらいならば、情報や金融を含む広い意味の生産活動のグローバル化に対応して、それらを人間的・社会的基準にもとづいて規制・調整する統治システムも、グローバル化していなければならないのであろう。とくに、国際的投機資金のグローバルな規制は急務である。しかし、現行の統治システムは、多くの程度に国民国家のレベルで形成されている。国民国家自体は、けっして絶対的存在ではなく、ある程度まで言語・習慣・宗教・文化等を共有する人工的集合にもとづくものに過ぎないが、比較的に正統性を得やすい国家形態であったために、近代資本主義に適合的であった。最近の国民国家を超えた統治機構としては、国連やEU（ヨーロッパ連合）があるが、現行の国連は、統治機構としてはあまりにも無力であり、EUは、国民国家を超えた地域国家ではあるにしても、グローバル国家ではない。生産活動のグローバル化にもかかわらず、統治システムは依然として基本的にはナショナルなレベルで作動しているところから、矛盾が噴出し、さまざまな反グローバリズム運動が起こっているのである。

四　グローバリゼーションの節度

ほんらい国際分業の利益を説いたリカードの比較生産費説は、国ごとの多様な資本・労働力・環境その他の資源の賦存を前提としたものであった。賦存には「天与の」といった意味も含まれていると考えられるが、国ごとの多様な資源の賦存を前提とする限り、各国がそれらの資源を時間をも考慮した比較優位産業に集中投入して、生産物の国際的交換を行うことによる世界的利益は明らかである。しかし、単なる生産物の交換の域を超えて、資本や労働力の国際的移動となると、自然環境を含む多様な資源の賦存という前提自体を掘り崩すことになるのみならず、経済システム、生活システム、セーフティネットなどのグローバルな同質性を必要とする。グローバルな統治システムが形成されていないからといって、一部の強国や大国がみずからのシステムをデファクト・スタンダードとして全世界に押しつけることは、許されるべきではない。

インターネットなどを通ずる文化や学術の面でのグローバリゼーションは十分に推進されてよいし、グローバリゼーションがすすむほど民族的アイデンティティも強まるというグローバリゼーション・パラドックスからいって、文化や学術が世界的に画一化する心配はほとんどない。

しかし、経済や金融の面でのグローバリゼーションには節度が必要である。なぜならば、グローバルな生産活動を規制・調整するグローバルで民主主義的な統治システムが、すくなくとも近未来においては、実現しそうにないからである。グローバルな統治システムを欠いたままの経済グローバリゼーションは、弱肉強食的な市場の暴走を許し、世界的な貧富の格差を拡大し、地球環境破壊に拍車をかけるのではないかと危惧される。

もとより、ナショナルな統治システムを前提して、経済グローバリゼーションに枠をはめようとする考え方は保守的に過ぎるという批判が、当然に予想される。経済グローバリゼーションを優先的に前提して、それに適合的な統治システムをこれから作ってゆけばいいという考え方も、ありえるだろう。しかし、グローバリゼーション優先の考え方は、現代の文脈においては、生産力・成長・効率優先の価値観にもとづくものである。二〇世紀における資本主義と社会主義の歴史は、生産力発展（効率向上）と経済成長それ自体ではかならずしも世界的なレベルの公正と平等には結びつかず、むしろ地球環境破壊という負の副産物をもたらす可能性があることを示した。二一世紀においては、世界的なレベルの公正と平等、地球環境のサスティナビリティを保障するような統治システムを優先的に構築し、その枠内にグローバルな生産活動を規制・調整すべきではないであろうか。

一九四四年のブレトン・ウッズ会議で世界中央銀行と新国際通貨バンコールを提案したJ・M・ケインズは、一九三三年に書いた一論文「国民的自給自足」においては、驚くべきほど経済の国際化に消極的な言説を述べていた。すなわち、「私は、諸国民間の経済的相互依存を最大にしようとする人々よりも、最小にしようとする人々に共感する。思想、知識、芸術、交際、旅行などは、その本性から国際的であるべきものである。しかし、財は、合理的かつ好都合になされうる限りは、国内で生産されるべきである。そして、とくに、金融は基本的には国内的なものでなければならない。しかし、同時に、一国をその国際的相互依存から解放しようとする人々は、きわめてゆっくりとまた細心の注意を払って行わなければならない」（『ケインズ全集』第二一巻、東洋経済新報社、二三六ページ）。

資本主義市場経済の自動調節機能の限界とその人為的管理の必要を誰よりも熟知していた経済学者の言説は、今日のグローバリゼーションを考えるうえでも、示唆に富むものをもっている。

第二章　グローバリゼーションと国民経済

一　グローバリゼーションという怪物

二〇世紀の最後の一〇年間の世界を特徴づけている最も重要な政治経済的現象は、グローバリゼーションである。九〇年代初頭のソ連崩壊以後、中国やヴェトナムといった社会主義国の市場経済化もすすみ、市場経済と民主主義こそが、現代世界の普遍的原理であるとして、グローバリゼーションの名のもとに、世界システムの一体化・統合化が推進されているのである。本章は、現代のグローバリゼーションを考察の対象とする。

グローバリゼーションは、まず、資本・商品・サービス・労働力・技術・情報の国際的移動の増大といった実態にあらわれている。『通商白書 二〇〇〇』（「グローバル経済と日本の針路」）によると、一九八〇年から九七年の間に、世界全体の貿易依存度（輸出＋輸入を名目GDPで除したもの）は、三五％から四五％に上昇し、対内直接投資依存度（対内直接投資を総固定資本形成で除したもの）は、二・四％から七・四％に上昇したという（六〇ページ）。グローバリゼーションはまた、このような諸資源の国際的移動の増大を推進してきた国民国家や国際諸機関の自由化・規制緩和の政策をも指している。さらに、グローバリゼーションは、世界的な自由放任（レッセ・フェール）こそが、ベストの効率と経済的厚生をもたらすという市場原理主義的イデオロギー＝グローバリズムとも結びついている。グローバリゼーションといわれているもののなかには、実態と政策とイデオロギーという三つの要素があることを注意しなければならない。

九〇年代におけるグローバリゼーションに関連した最も大きな世界制度的転換は、ウルグアイ・ラウンド（一九八六〜九四年）による協定締結と、それにもとづくGATTのWTOへの改組（一九九五年）である。第二次大戦後の国際経済関係を律してきた制度の一つであるGATTは、基本的には鉱工業品目のみを対象として、関税の包括的引下げにより貿易の多角的自由化を推進してきたのであるが、ウルグアイ・ラウンド交渉の結果として設立されたWTOは、あらたに農産物、金融・保険・司法などのサービス、貿易関連投資、知的財産をも自由化推進の対象とするに至ったのである。農産物貿易の自由化は、各国民経済の生存保障や環境保全にかかわり、サービス・知的財産取引の自由化は、多様な歴史的背景のもとに形成されてきた文化や制度の画一化（いわゆるグローバル・スタンダード）にかかわる。WTOの設立は、グローバル市場経済化をモノのレベルから、生活・文化・制度のレベルにまで推しすすめたという点で、グローバリゼーションの新たな段階を画したものといえよう。

グローバリゼーションによって千年王国が実現するという推進者側の言説とは対照的に、九〇年代は、通貨・金融危機の頻発によっても特徴づけられている。すなわち、九二年の欧州通貨危機、九四年のメキシコ通貨危機、九七年の東アジア（日本を含む）通貨・金融危機、九八年のロシア通貨・金融危機とその中南米諸国への波及等が、それである。これらの通貨・金融危機自体、金融グローバリゼーションの必然的結果なのであるが、危機に際しては、とくに発展途上国や旧社会主義からの転換途上国の場合、世界銀行・IMFなどの国際機関は、緊急融資と引き換えに、緊縮政策や、いわゆるワシントン・コンセンサスに従った経済改革の実行を条件づけ、現地の住民からグローバリズムへの二重の反感を買っている。グローバリゼーションの重圧の前では、国民経済の自立性・自主性は、危殆に瀕している。

これらの住民を含めて、企業の国際的統合によってリストラに直面している労働者、農業自由化によって仕事を奪われた農民など、グローバリゼーションの否定的影響を受けている人々の多くは、グローバリゼーションに対して反感と反発の念を抱きながらも、深い無力感とニヒリズムにとらわれているようにみえる。なぜならば、グローバリゼーションは、科学技術の進歩や社会システムの国際化に伴う必然的現象であるかのように見えるうえに、かりにグローバリゼーションに対して闘争しようとしても、対象自体を把握することが困難だからである。実体はさだかでないにもかかわらず、世界中の人間に対して死活の影響を及ぼし、しかも不死身であるかにみえるもの。グローバリゼーションは、まさに現代の怪物である。

周知のように、アメリカの経営学者であり、社会運動家でもあるデビッド・コーテンの作品に『グローバル経済という怪物』（西川潤監訳、シュプリンガー・フェアラーク東京、一九九七年）という好著がある。その原題は、*When Corporations Rule the World*（大会社が世界を支配する時）というものであるが、内容は、人間や市民社会の手から離れた大会社による世界制覇としてグローバル経済を把握したものであって、きわめて適切な日本語版タイトルであるといっていい。

最近になってようやく、環境NGO、労働組合等による反自由化・反グローバリズムの運動が高まってきている。一九九九年一一月三〇日から一二月三日にかけて米国シアトル市で開催された第三回WTO閣僚会議は、会場を取り巻くデモのために、十分に意見を調整することができず、流会するに至った。また、二〇〇〇年四月一六〜一七日に米国ワシントン市で開催されたIMF総会・世界銀行総会の際にも、反グローバリズムの大規模なティーチ・インやデモが行われた（藤岡惇「ワシントンで見た反グローバリズム市民運動」、『経済』二〇〇〇年七月号、参照）。藤岡氏によれば、四月一四日に、「グローバル化を考える国際フォーラム」（IFG）というNGOによって開催された一三時間にも及ぶティーチ・インに、デビッド・コーテンも参加して、IMF・世界銀行改革について演説したという。

グローバリゼーションがこれほど大きく人々の現実の経済生活や生き方や考え方に影響を及ぼしている以上、グローバリゼーションに対する政治経済学的検討は不可欠である。本章は、一つの角度からそれを果たそうとするものであるが、当面の論点は、次のようなものである。現代のグローバリゼーションを推しすすめている推進力は何か？　グローバリゼーションは国民経済にどのような影響を及ぼしつつあり、その結果をどのように評価すべきか？　グローバリゼーションへの対抗論理は何か？

二　グローバリゼーションの推進力

モノやサービスの生産を利潤目的で行う資本主義は、ほんらいグローバリゼーションを志向するものである。なぜならば、生産を担う資本主義企業は、制約されない限り、国境や民族といったあらゆる限界を超えて、安い原料や労働力を調達し、生産物をいかなる市場に対してでも販売しようとするからである。すでに一五〇年以上前に、マルクス・エンゲルスの『共産党宣言』は、「自分の生産物の販路をつねにますます拡大しようという欲望にかりたてられて、ブルジョア階級は全地球をかけまわる。どんなところにも、かれらは巣を作り、どんなところをも開拓し、どんなところとも関係を結ばねばならない。／ブルジョア階級は、世界市場の搾取を通して、あらゆる国々の生産と消費とを世界主義的なものに作り上げた」（岩波文庫版、四四ページ）と述べて、グローバリゼーションを予見していたのである。

しかし、二〇世紀末という特定の時点におけるグローバリゼーションは、たんに資本の文明開化的傾向や科学技術の発展といった一般的要因には帰せられないものをもっている。

現代におけるグローバリゼーションの推進力の第一は、一九七〇年代以降の情報技術革命である。すなわち、七一年のインテル社によるi4004プロセサーの開発を起点とするME（マイクロ・エレクトロニクス）革命は、コンピュータの小型化・低廉化をつうじて産業技術への広範な浸透を可能にした。折しも、七〇年代には二度のオイル・ショックを契機として重化学工業を基軸とした国家独占資本主義的蓄積体制が挫折し、新技術と新産業とが求められていたのであるが、ME技術はそれに応えたのである。八〇年代は、日本を先頭として、ME技術の生産過程への導入が本格的にすすみ、情報技術と機械体系との一体化によって多品種少量生産をも可能にするFMS（フレキシブル・マニュファクチュアリング　システム）も進行し始めるとともに、パソコンの急速な普及によってOA（オフィス・オートメーション）が推進された時代である。

さらに九〇年代には、パソコンの低廉化・高性能化が一段とすすむとともに、通信技術の進展と情報通信に関する規制緩和とあいまって、あらゆるコンピュータ・ネットワークをグローバルに結びつけるいわゆるインターネットが構築・展開された。本来、インターネットは、六九年に軍事的堅牢性をめざしてアメリカ国防省高等研究計画局のARPANETとして始まったものであるが、八九年には全米科学財団

（NSF）に移管され、とくに九三年以降は、WWW（World Wide Web）の導入とともに、拡張性・接続性・開放性・双方向性をもった情報通信手段として爆発的に普及するに至った（半田正樹「現代資本主義と情報技術の射程」、伊藤誠編『現代資本主義のダイナミズム』御茶の水書房、一九九九年、所収、参照）。七〇年代のオイル・ショック、八〇年代以降のアジアの勃興によって閉塞状況を強めつつあったアメリカを先頭とする先進資本主義にとって、このインターネットは、新たな内延的拡張の場を創出するものであった。なぜならば、インターネットは、企業—企業間、企業—消費者間、企業—政府間、消費者—政府間における瞬時の情報の流通を可能にすることによって、金融を含むEコマースともいうべき新たなビジネス領域を生み出すとともに、インターネット接続サービス、検索サービス、コンテンツ提供などの新たな産業を創出したからである。七〇年代以降の情報通信革命の最後の産物であるインターネットは、資本主義本来のグローバリゼーションを最高度にレベル・アップしたというべきであろう。

現代グローバリゼーションの第二の推進力は、上述のことと関連するが、経済における金融の比重の増大、あるいは経済の金融化である。七〇年代以降、実体経済に対する金融の比重は顕著に高まっている。たとえば、日本において名目GNPに対する金融資産の倍率は、一九七〇年度の三・七五から九五年度には八・二二に増大している。名目GNP成長の二倍以上のスピードで、金融資産が増大しているわけだ。これは、程度の差こそあれ、他の先進資本主義経済にも共通した現象である。

このような金融肥大化をもたらした根源には、七〇年代初頭における旧IMF体制の崩壊、いわゆるニクソン・ショックがあった。すなわち、戦後ブレトン・ウッズ体制のもとでは、米ドルと金とは等しい地位に置かれ、アメリカ政府は、原則として他国の政府や中央銀行に対しては、一オンスの金＝三五米ドルの比率で金とドルとの交換に応じていたのであるが、日本やヨーロッパ諸国の経済成長による競争力強化と、打ち続くヴェトナム戦争による戦費の増大のために、アメリカ経常収支赤字と金流出が増大し、七一年八月には、当時のニクソン大統領は、金・ドル交換停止を宣言するに至ったのである。これは、米ドルから金の裏づけを取り去り、事実上のドル本位制の成立を意味するものであった。これによって、アメリカは、従来以上に自国の経常収支赤字を優雅に無視して（ビナイン・ネグレクト）ドル散布を行うことができるようになり、さらに旧IMF体制下の固定レート制も不可能となって変動相場制が導入された。

アメリカのドル散布がより無規律的となり、世界的に流動性が過剰傾向となり、しかも外国為替相場が不安定になったことへの当然の反応が、七〇年代の二度のオイル・ショックであった。もちろん、オイル・ショックには、石油をはじめとする資源に対する先進資本主義国の過剰蓄積や産油国側の資源ナショナリズムといった要因もあるが、最大のものは、旧IMF体制の崩壊である。オイル・ショックによって産油国があらたに取得した石油輸出代金（オイル・ダラー）の一部は、産油国の輸入増加によって費消され、石油消費国に還流したが、産油国の費消しきれない大量のオイル・ダフーは、五〇年代頃から形成されてきたユーロ・ダラー市場に流れ込み、同市場を巨大化させ、そのことによってオイル・ダラー以外の先進資本主義諸国の遊休資金をも誘引して、ユーロ・ダラー市場を累積的に巨大化させた。高田太久吉氏の推計によれば、七三年には一三二〇億ドルであったユーロ・ダラー市場は、七九年には五〇〇〇億ドルを超える規模にまで膨脹したという（高田太久吉『金融グローバル化を読み解く』新日本出版社、二〇〇〇年、六九～七〇ページ）。ユーロ・ダラーをはじめとして、ユーロ・ポンド、ユーロ円などのユーロ・カレンシーは、特定国の規制から自由で、しかも世界のあらゆる地域に収益機会を求めている資金であり、八〇年代アメリカのレーガノミクスによる「双子の赤字」、国際不均衡の増大に伴ってさらに増殖した。外国為替相場、利子率、証券価格の変動は、これらの資金に、リスクとともに収益の機会を与えるからである。これらの資金こそ、金融資本のもっとも現代的な形態であると考えられる。金融資本のもっとも現代的形態は、産業独占との融合・癒着によってよりも、グローバルな外国為替・金融・証券市場の価格変動をめぐる投機を通じて短期・最大限の利潤をあげることをめざしているようにみえる。

このような金融資本とそれを媒介する各種金融機関の運動に、まさに梃子のような力を与えたものが、前述の情報技術革命である。ME革命とオイル・ショックに伴うユーロ・カレンシー市場の膨脹がともに七〇年代に始まったのは、さしあたりは偶然であったが、両者の結合は、相乗的効果を生み出した。すなわち、金融業が取り扱う資金は、質的には無差別で量的にのみ異なる独特の商品であって、コンピュータ上の情報処理には最適のものである。コンピュータを通じてデリバティブを含む各種金融商品を次々と作り出して市場を拡大できただけでなく、オンライン・ネットワーク、さらにはインターネットを通じて資金移動を迅速化した。オンライン・ネットワークにかかる膨大な初期投資が銀行業への新たな参入障壁を形成し、銀行の吸収・合併への誘因となった。また、金融業は、情報技術産業にとってももっとも重要な市場を形成した。こうして、情報技術革命と金融業との結合は、グローバルな金融革新を生み出し、グローバリゼーションの巨大な推進力となったのである。

現代グローバリゼーションの第三の推進力は、すでに七〇年代に凋落したかにみえたパックス・アメリカーナ（アメリカの覇権）を情報と金融と軍事を梃子として再構築しようとするアメリカの死活の努力である。七〇年代におけるニクソン・ショック、ヴェトナム戦争敗退によって、アメリカの経済的・軍事的覇権国としての地位は劇的に後退した。さらに、八〇年代後半には、経常収支赤字が続くなかで、アメリカは世界最大の純債務国に転落し、九〇〜九一年の湾岸戦争においては、アメリカは戦費をすべて日本、ドイツ、サウジアラビアなどの外国に依存するという醜態を演じて、パックス・アメリカーナの終焉を全世界に印象づけたのである。およそ、外国の資金に依存しながら、ヘゲモニーを行使した覇権国は、史上空前だったからである。ところが、九〇年初頭のソ連・東欧社会主義の崩壊による政治的・軍事的対抗力の消滅を契機として、アメリカは、パックス・アメリカーナ再構築の試みに乗り出した。これが、アメリカ主導のグローバリゼーション戦略である。この点を金子勝氏は、次のようにいっている。「グローバリゼーションの本質は、市場が世界規模で広がってボーダーレス化するといった表面的現象にあるのではない。冷戦終了後も冷戦型のイデオロギーの残像に寄り掛かりながら、なおアメリカが強引に覇権国であり続けようとする『無理』が、今日のグローバリゼーションをもたらしているのである」（金子勝『反グローバリズム』岩波書店、一九九九年、一七ページ）。

私は、金子氏のこの規定にほぼ同意するが、アメリカが押し通そうとする「無理」は、現在までのところでは、かなりな程度に成功をおさめていることに注目したい。というのは、アメリカの戦略的産業部門である情報と金融においては、収穫逓増（規模の経済）が顕著に作用し、初期の参入者が圧倒的な競争力優位をもつことができるうえに、自己に有利な標準・制度を設定し、それをいわゆるグローバル・スタンダードとして全世界に押しつけることができるからである。九〇年代アメリカの「ニュー・エコノミー」なるものは、労働力の流動化による所得格差の増大、軍需部門から情報・金融部門への労働力の移動、そしてウインドウズ、インテル、ＢＩＳ規制など情報・金融部門におけるグローバル・スタンダードの把握によって果たされたのであった。現代グローバリゼーションの重要な一側面は、情報・金融におけるアメリカン・スタンダードを政治的・軍事的ヘゲモニーのもとに全世界に押しつけようとする過程にほかならない。

三　グローバリゼーションによる国民経済の解体

これまでにみてきたとおり、現代グローバリゼーションは、主として情報通信と金融部門において進行しているのであるが、それは経済のあらゆる分野における規制緩和・自由化政策を伴い、さらに自由放任（レッセ・フェール）こそがベストの状態をもたらすという市場原理主義的イデオロギー＝グローバリズムを伴っているがゆえに、経済・社会生活の全体に深刻な影響を及ぼしつつある。否定的な影響のうちの最大のものは、国民国家によって総括された市場経済、すなわち国民経済を危機に陥れていることであろう。

本来、市場経済あるいはその最高度に発展した形態である近代資本主義経済は、国家という合法的にその成員に強制力を行使できる機関による支持を必要としている。なぜならば、資本主義経済がスムーズに運営されるためには、所有制度・貨幣制度が安定的に維持される必要があり、そのためには国家による強制力が不可欠であるうえに、資本主義はもともと社会生活の深部からというよりも外部から生まれたものであるがゆえに、労働力の再生産、社会保障、公共財の供給のためには、国家の介入を必要としているからである。

近代資本主義に適応的な国家形態は、いわゆる国民国家（nation state）であった。国民は、民族や社会という自生的集合とはちがって、ある程度まで言語・習慣・宗教・文化等を共有する人工的集合であって、むしろ初めに近代国家の成立があり、民族的・地域的関係からその成員とされた人間集合が、国民とされるのである。国民国家の人工性は、多民族国家としてのアメリカ合衆国や旧ソ連崩壊後の国家体制の再編成の状況をみても明らかである。国民国家は、けっしてヘーゲルが妄想したような理性を体現する絶対的存在ではない。資本主義が必要とするのは、なんらかの形態の国家であって、そのなかでは、国民国家は比較的に正統性を得やすい国家であったために、近代資本主義に適応的であったに過ぎないのである。国民国家の人的・地域的境界に画されて、言語や貨幣や制度を共通にしながら営まれる経済が、国民経済である。

二一世紀への転換点に立って激動に満ちた二〇世紀を回顧したとき、激動の主役のすくなくとも一つは、この国民国家であった。二〇世紀初頭はまさに帝国主義の時代であり、市場と植民地をめぐる諸列強の闘争は、第一次世界大戦を結果したのであるが、それは、戦争当事者たちの意図に反して次のような事態を作り出した。すなわち、第一に、帝国主義のもっとも弱い一環であったロシアが一九一七年革命により資本主義世界から離脱したこと、第二に、植民地・従属国においてナショナリズムが高揚し、新国民国家形成への運動が発展したこと、第三に、先進資本主義国の内部でも総力戦の遂行の過程で、階級・人種・性の間の同権意識が前進したことである。一九二九年恐慌に続く三〇年代大不況は、管理通貨制の導入を契機として、国家の経済過程への介入の増大とブロック経済を作り出し、その帰結は、第二次世界大戦であった。

第二次大戦後およそ四半世紀の間、資本主義世界においては、IMF・GATT体制のもとで、国家独占資本主義が国際的に展開され、アメリカの対内的・対外的スペンディングを梃子として持続的経済成長が実現された。戦後国家独占資本主義のメダルの表がアメリカに代表される軍事国家だったとすれば、その裏面は、北欧・西欧に代表される福祉国家であったといってよい。ところが、七〇年代以降になると、国家独占資本主義的諸機構が機能麻痺に陥り、規制緩和・民営化の新自由主義的潮流のなかで、経済に対する国家の主導性は後退する。先進資本主義国家の政策決定権は、国連・ＩＭＦ・世界銀行・サミット・ＥＵなどのリージョナル組織にある程度まで吸収されるのに加えて、自治体・ＮＧＯといったローカルな組織にも浸食されるのである。

他方、ソ連における国有・国営中心の国家社会主義ともいうべきシステムは、第二次大戦後、東欧諸国や中国・ヴェトナム等を加えて「世界体制化」し、一時は軍事技術や労働者福祉の面で資本主義に拮抗するほどの力量をもつに至るのであるが、その中央集権的計画経済の硬直性と、政治的抑圧体制のもとでの技術革新へのインセンティブ不足のために七〇年代後半以降は停滞状態に陥り、九〇年代初頭には崩壊する。

七〇年代後半以降、多くの先進諸国が、程度の差はあれ、国家の役割を縮減する方向で情報化・規制緩和・グローバリゼーションの経済を追求してきたのに対し、同じ時期にアジアＮＩＥｓ、ＡＳＥＡＮ諸国および改革・開放以後の中国が、どちらかといえば国家主導の産業政策を追求しながら急速にテイク・オフを達成し、八〇年代後半から九〇年代前半にかけては「世界の成長センター」になったことは、注目すべきことであった。ところが、一九九七年にはこれら東アジア諸国の多くは、突如として激しい通貨・金融危機に襲われ、タイ、インドネシア、韓国等はＩＭＦの緊急融資を求めて、ＩＭＦの厳しいコンディショナリティを受け入れることを余儀なくされたのである。この東アジア通貨・金融危機の原因が、①投機資金を含む外国資金の急速な国内民間部門への流入、②それにもとづく国内経済の多分にバブル的な発展、③それを見越した外国資金の急速な流出にあったことは、明白である。

このように、第二次大戦後半世紀以上をへた現在、先進資本主義の福祉国家は後退し、ソ連型国家社会主義は崩壊し、東アジア開発国家も凋落しているのであるが、その特殊的要因はさまざまであるにせよ、大きな原因がグローバリゼーションにあることは、否定しがたいように思われる。とくに、東アジアの通貨・金融危機をもたらして、東アジアの人々を塗炭の苦しみに陥れたものが、金融グローバリゼーションであることは、間違いない。投機資金ヘッジファンドのマネージャーでもあるジョージ・ソロスは、こういっている。「世界はいまや深刻な不均衡の時代に突入しており、そこではいかなる個々の国家もグローバル金融市場の権力に抗することができないし、国際的スケールではルールづくりのできる機関は実際はないに等しい」（ジョージ・ソロス『グローバル資本主義の危機』大原進訳、日本経済新聞社、一九九九年、一三三ページ）。

問題は、グローバリゼーションに拘束されている国家の危機自体にあるのではなく、国家によって総括される国民経済が危機に瀕していることにある。超グローバリスト的立場からすれば、グローバルな統治機構さえあれば国民国家も国民経済も不必要であり、国民経済の衰退はグローバリゼーションの当然の帰結ということになろう。だが、はたして国民経済をグローバリゼーションの潮流のなかに投げ捨てていいのであろうか？

私は、国民国家と国民経済をあくまでも守るべきだというナショナリストの立場に立つものではない。金子勝氏が強調するように、グローバリズムかナショナリズムかという二者択一は「不毛な対立軸」である（金子、前掲書、第二章）。さきに述べたように、国民国家もそれに総括される国民経済も、かなりな程度に人工的・便宜的なものであって、それ自体として守るに値する価値のあるものではない。しかし、現在および近未来においては、個人と民主主義的チャンネルで結ぶグローバルな統治機構（地球政府・地球議会）は想定できないのに対し、国民としての個人と国民国家との間には選挙を通じて多かれ少なかれ民主主義的チャンネルが開かれているという事実は重要である。つまり、個人の声が一人一票といったかたちで民主主義的に反映される限りで、国民国家・国民経済の自主性・自立性を維持してゆくことが必要であるように思われる。

資本主義の確立期において、国民経済の担い手となったのは産業資本であった。帝国主義の時代においても、植民地獲得・対外支配の原動力となったのは、本国内の産業独占と融合・癒着した金融資本であった。第二次大戦後、貿易・為替の自由化に続いて資本の自由化が認められるようになると、巨大独占企業は有利な市場、低賃金労働力、資源の確保、税金の回避（タックス・ヘイブン）をめざして、全世界に複数の生産拠点を展開し、多国籍企業として活躍するようになった。多国籍企業は、本国の産業空洞化を促進して雇用問題を引き起こすなど、すでに国民経済との矛盾をはらんでいたが、生産拠点を保有している限り、その移動には限界があった。しかし、七〇年代以降のグローバリゼーションの主役をなしているのは、旧IMF体制崩壊の鬼子といっていい国際的投機資金である。金との連繋を失ったドルは節度なく全世界に流出し、各国銀行の信用創造を通じて巨大な国際的マネーに増殖し、有利な運用先を求めて世界中を飛びまわる。各国は、この資金を受け入れて自国の経済に利用しようとするので、受入れを拒否しないし、逆に拒否しようとすると、市場を通じて報復を受ける。報復を避けようとすれば受け入れざるをえない。このような国際投機資金主導のグローバリゼーションに、国民経済の運命を委ねることはできないであろう。

四　グローバリゼーションへの対抗論理

戦間期のブロック経済と第二次大戦後のIMF・GATT体制下の開かれた国家独占資本主義とを比較したとき、後者の業績の方がすぐれていたことはいうまでもない。戦間期のブロック経済が再び世界大戦をもたらしたのに対し、戦後IMF・GATT体制は、いわば擬似的に金為替本位制と自由貿易体制とを作り出して、一定の貨幣的節度のもとで先進諸国の持続的経済成長を実現させた。そしてこの時期の末期には、石油危機にみられるような産油国の資源主権が確立され、オイル・マネーの余波を受けてアジアNIEs諸国のテイク・オフも始まったのである。この持続的経済成長と自由貿易を通じて、国際的相互依存関係は緊密化し、平均的所得水準や生活水準はいちじるしく上昇した。現時点において、ナショナリズム的な保護貿易やブロック経済への回帰を主張することは間違いでもあるし、不可能なことである。

しかし、だからといって世界の大勢としてのグローバリゼーションに追随し、ひたすらそれに対する国内的対応だけを考えればいいというわけではない。

現代グローバリゼーションを考える際の制約条件は、さしあたり次の三つである。すなわち、①環境破壊、③世界的な貧富の格差、③資本取引の規制。これらについて、順次、検討しよう。

1　環境破壊

地球温暖化、大気汚染、オゾン層破壊等のすべてが、経済成長に起因するとはいえないにしても、経済成長・人口増加と環境破壊との間には、密接な因果関係があることは否定できないところである。したがって、これからの経済のあり方は、どのようにして経済成長を地球環境維持の範囲内に抑えるかを主眼として決定されなければならない。しかも、これまでの環境破壊は、伝統的な工業諸国、すなわち先進資本主義国と旧社会主義国によるところが圧倒的に多いのだから、先進資本主義国は、発展途上国以上に経済成長を抑制しなければならないのである。

先述の『通商白書 二〇〇〇』は、前年のシアトルでのWTO閣僚会議に集まったNGOを意識して、「貿易と環境」という一項目を設け、「持続可能な開発の達成を図るためには、自由貿易と環境保全の両立が必要となってくる。どちらか一方を追求するのではなく、その両立にためには何をなすべきかが課題となっている」（七七ページ）と問題提起するのであるが、結論的には「多くの環境問題は貿易手段のみでは解決できるものではない。また、多くの環境問題は、貿易自体がその問題の根本的な原因ではなく、一義的には環境政策の次元で解決される問題である」（八三ページ）といって、自由貿易には少しも手を触れようとはしないのである。

たしかに、貿易自体が環境問題の根本原因ではない。しかし、貿易投資自由化はGDP押上げ効果をもつとされており、経済成長加速は環境に負の効果を及ぼす以上、自由化にも一定の歯止めをかける必要があろう。

たとえば、WTOの枠組みのなかでは、農産物も例外なく関税化・自由化の対象とされているのであるが、農業は、環境保全の面で重要な価値をもつものであり、むしろ環境の一部という性格もそなえている。農業破壊は環境破壊に通ずる。リカードの比較生産費説は、環境を含む資源・労働の賦存状態を前提したうえで、国際分業の利益を説いたのだから、その賦存状態の変更である環境破壊をもたらすような国際分業までも想定しなかったのではないかと思われる（ジョン・グレイ『グローバリズムという妄想』石塚雅彦訳、日本経済新聞社、一九九九年、一一六ページ、参照）。したがって、農産物は、原則として自由貿易の対象からはずすべきであり、各国は食糧自給に努力すべきである。これによって、世界全体としての所得水準と経済成長率は低下するかも知れないが、それは農業と環境の保全の代償として人々に受け入れられるだろう。

2　世界的な貧富の格差

グローバリゼーションの進行のなかで、「投資自由化は技術移転を通じて途上国成長に大幅に寄与」（『通商白書　二〇〇〇』六五ページ）するといわれるが、実際には世界的な貧富の格差が解消していないことは、広く知られている。一九九三年において、最富裕五か国の一人当たり平均GNPは、二万八九八三ドルだったのに対し、最貧五か国のそれはわずか一二〇ドルに過ぎなかった（杉本昭七・関下稔・藤原貞雄・松村文武編『現代世界経済をとらえる』東洋経済新報社、一九九六年、一七八ページ）。およそ二四〇倍の格差である。全世界では、総人口の六分の一に当たる約一〇億人が、一日一ドル以下の生活を強いられているとのことである（コーテン、前掲書、二七ページ）。他方、グローバリゼーションのなかで、その利益をもっとも受けていると思われる先進諸国の内部でも貧富の格差は、広がっているのだ。たとえば、「所得階層で上位二〇％に属する家計の所得合計が下位一〇％に属する家計の所得合計に対する割合は、七三年には七・五倍であったのが、九六年には一三倍へと拡大している」（高田、前掲書、一七六ページ）といわれている。

もちろん、環境破壊と同じく、貧富の格差にもさまざまな原因があり、グローバリゼーションだけに帰せられるべきではないかも知れない。しかし、効率と成長速度を最優先するグローバリゼーションが、経済的不平等を解消する力をもたないことは、明らかだ。したがって、分配的正義を実現するためには、グローバリゼーションによる効率や成長のスピード・アップよりも、国際的には途上国債務の棒引きないし減額、国内的には社会保障の充実といった大規模な所得再分配政策をただちに実施しなければならない。こういった再分配によって成長のスピードは落ちるかも知れないが、環境や資源の制約を考えれば、すくなくとも現在の技術では地球経済の規模拡大の余地はそれほど大きくはないのだから、「成長の限界」への道をそれほど急ぐ必要はないのである。

3　資本取引の規制

一九九七年アジア通貨・金融危機に見られたように、国際投機資金の急激な流入と流出は、国民経済に悲惨な結果をもたらすことがある。もともとリスクを最小限にする技術であったヘッジが、コンピュータを駆使しながら次々と金融派生商品（デリバティブ）を作り出して投機の技術に転化し、ヘッジファンドのような投機資金集団が形成される。ヘッジファンドは情報開示をしない匿名のパートナーシップ組織であって、大手金融機関からの資金も取り入れて、小発展途上国のGDPに匹敵するほどの資金力をもっている。このようなマネー・パワーが投機攻撃を仕掛けた場合、よほどの大国でない限り、太刀打ちできないのである。これらの資本に対しては、すみやかに国際的な規制がかけられるべきだろう。ジョージ・ソロスも、こういっている。「われわれの前にある選択肢は、グローバルな金融市場に国際的な規制をかけるか、それとも個々の国に任せて各国が最大限、自国の利益を防衛するかである。後者の道は間違いなく、グローバル資本主義と呼ばれる巨大な循環系の崩壊につながる」（ソロス、前掲書、二六〇ページ）。短期資本取引の規制の方法としては、すでに七〇年代にJ・トービンが提唱した「トービン・タックス」をはじめいくつかの方法があり、チリとマレーシアでは、実際に資本取引規制を実施している（高田、前掲書、Ⅸ章、参照）。グローバリゼーションという怪物を暴走させない最小限の措置が、この資本取引規制である。

さきに触れたように、『共産党宣言』は、ブルジョア階級による「革命的な役割」の結果としてのグローバリゼーションを予見していた。しかし、二〇世紀末資本主義に実現されたグローバリゼーションは、この予見をはるかに超えるものであったというべきであろう。深い共感をこめてデビット・コーテンを再び引用し、本章を結ぶこととしたい。「生命と資本主義が平和的に共存することを期待するのも現実的ではない。……限りある生命維持装置しかなく、たくさんの生物がひしめきあってくらすこの小さな地球の一生物である私たちには、資本主義を脱却した生き方を選ぶか、深刻な地球規模の社会崩壊と環境破壊を受け入れる他に道は残されていない」（デビッド・コーテン『ポスト大企業の世界』西川潤監訳、シュプリンガーフェアラーク東京、二〇〇〇年、二六ページ）。

第三章　グローバリゼーションの経済学問題

一　はじめに

現代の世界を特徴づけている最も重要なキーワードは、グローバリゼーションであるが、歴史学者ハロルド・ジェイムズによると、現代のグローバリゼーションは、一六世紀、一九世紀末に次ぐ三回目のものだとのことである（ハロルド・ジェイムズ『グローバリゼーションの終焉——大恐慌からの教訓』高遠裕子訳、日本経済新聞社、二〇〇二年、第一章）。

たしかに、一六世紀の地理上の諸発見にもとづく世界商業と世界市場の成立は、資本の時代の開幕を予告するものであった。しかし、一六世紀グローバリゼーションは、スムーズには進行せず、国民国家の形成を基礎とする絶対主義＝重商主義体制のなかに消失してゆく。

ジェイムズが第一期グローバリゼーションと名づける一九世紀末グローバリゼーションは、イギリスが主導する自由貿易帝国主義を前提とし、大西洋横断の蒸気船の定期運行や海底ケーブルの敷設など交通・通信手段の革新を契機とするものであった。第一期グローバリゼーションの重要な特質は、ジェイムズによれば、商品や資本とともに大規模な人の移動を伴っていたことにあった。すなわち、「一八七一年から一九一五年のあいだにヨーロッパを離れた人は、三六〇〇万人にのぼる。移民国家では、移民の流入によって高い経済成長を示した。同じ時期、移民が流出した国では、生産性の低い余剰人口がなくなったころから、生産性が著しく向上した」（ジェイムズ、同上書、一八ページ）。しかし、第一期グローバリゼーションも、第一次世界大戦とその帰結という性格を多分にもっている一九二九年大恐慌によって崩壊する。第二期というかたちでグローバリゼーションが復活したのは、ジェイムズによれば、とくに一九七〇年代以降だとされており、この点については、私も首肯できるところである。ところが、歴史学者ジェイムズは、過去の二度のグローバリゼーションが破綻したと同じく、現代のグローバリゼーションも破綻せざるをえないとするのである。

ジェイムズによれば、グローバリゼーションが行き詰まらざるをえないことを説明する考え方には、三つのタイプがあるという。第一は、グローバリゼーションの生み出した産物そのものが、グローバリゼーションを崩壊させるという説で、たとえば、金融グローバル化の結果である短期資本移動の額の大きさと変動の激しさが、現行システムを不可能にするというものである。第二は、グローバリゼーションに対する社会的・政治的反動が危機をもたらすと主張するもので、一九九八年一一月にシアトルで開催されたWTO閣僚会議への反対運動、一九九九年四月にワシントンで開催されたIMF・世界銀行総会などが念頭におかれている。そしてジェイムズ自身が支持する第三の説は、「グローバリズムが失敗するのは、人間や人間の作り出す制度が、世界の統合が進むことによって生じる心理的・制度的変化に十分適応できないからだと考える」（ジェイムズ、同上書、一〇ページ）ものである。

私の理解では、これらの三つの考え方は、必ずしも相互に択一的なものではなく、それぞれ異なった次元においてグローバリゼーションの矛盾を把握しているように思われる。そしてこれらの三つの考え方に対応する三つの要因のなかでは、第一の要因が根本的であり、それが運動面に反映されたものが第二の要因であり、制度・政策面に反映されたものが第三の要因であるように思われるのである。

そうだとすれば、グローバリゼーションの進行そのものが、グローバリゼーションを不可能にするメカニズムが、たんなる事実分析的ではなく、経済理論的に明らかにされねばならない。とくに、現代グローバリゼーションは、経済グローバリゼーションというかたちで表出しているのだから、グローバリゼーションを合理化し、正当化している経済理論が、再検討されなければならない。さらに、現代グローバリゼーションが現代資本主義のなかでもつ意義ないし位置を明らかにすることも必要であろう。

私は、さきに「グローバル経済の矛盾」（徳重昌志・日高克平編著『グローバリゼーションと多国籍企業』中央大学出版部、二〇〇三年、所収）において、主としてグローバル経済の進行そのもののなかから、グローバリゼーションを不可能にする要因が生まれていることを事実分析的に明らかにすることを試みたが、本章では、グローバリゼーションにかかわる経済問題をいくつか取り上げて理論的に再考してみようと思う。標題を「グローバリゼーションの経済学問題」としたゆえんである。

二　商品移動

現代グローバリゼーションを推進し、正当化している重要な経済理論の一つが、リカードの比較生産費説にもとづく自由貿易論（D・リカード『経済学及び課税の原理』吉田秀夫訳、春秋社、一九五五年、第七章）であることは、疑いない。現行のWTOを主導している基本的イデオロギーも、比較生産費説にもとづく国際分業論である。

リカードの比較生産費は、周知のように、労働のみが生産要素で、かつ労働の国際移動がないことを前提にしたうえで、二国（イギリスとポルトガル）がそれぞれ二財（ぶどう酒とラシャ）を生産しうるものとし、かりに一国（リカードの例ではポルトガル）が、両財いずれの生産においても安い生産費で生産できたとしても、他国（イギリス）に対して生産費の安い程度のいちじるしい比較優位の財（ぶどう酒）の生産に特化し、他方でイギリスが特化して生産する比較優位財（ラシャ）を輸入する方が、両国全体としての財の生産量が増大することを証明したものであって、貿易の必然性を明らかにした理論として、経済学史上、不滅の意義をもっている。これは、二〇世紀になってから、ヘクシャーとオーリンによって複数の生産要素を含むモデルに拡充され、「ヘクシャー＝オーリンの定理」として定式化されたが、その基本的骨格は変わっていない。

リカードの比較生産費説は、ある意味では社会的分業の利益一般を証明した理論ともいえるのであって、一定の時点における所与の生産資源の効率的利用という点では、自明の正しさをもっている。この理論が、さまざまな学説が対立・並存することの多い経済学の世界でもっとも反対を受けることの少ないものといわれるのも、このためである。

しかし、この比較生産費説も、立ち入って考えると、次のような問題を含んでいるように思われる。

第一に、比較生産費説は、たしかに貿易をしない場合に比べて貿易をした場合の方が、全体としての生産＝消費の総量が増大することを証明してはいるが、当事者のそれぞれが、必ず消費量を増やすことができるとは、証明していないのである。これは、輸出品と輸入品、リカードの設例でいえば、ラシャとぶどう酒との交換比率、いわゆる交易条件にかかわる。リカードは、それぞれの国の生産費に反比例して、ラシャとぶどう酒との交換比率が、イギリスにとっては、1.2：1、ポルトガルにとっては、1：9/8となって、両国ともに利益を得るものとしているが、国際分業形成後は、単一の交換比率（交易条件）が成立するはずであって、そこではかならずしも両国ともに利益を得るとは限らないのである。純理論的には、国際分業形成後の交易条件は、形成前の生産費比率の範囲内に決まるとすべきであろうが、実際には輸出価格決定における交渉力に依存するところが大であろう。そうだとすれば、強い交渉力をもち、交易条件を有利にした国だけが利益を得る場合が生じても不思議はないのである。

第二に、よく指摘されるように、比較生産費説は、一定の時点における資源の最適配分を問題にする静学理論であって、時間の経過につれた動学的変化を考慮していないことが、注意されなければならない。リカードの設例において、もしラシャ需要が年一〇％、ぶどう酒需要が年五％の速度で成長し、需要の増大に対応する資本を各国が入手できるものとすれば、所得あるいは富の増大という点では、ラシャ生産に特化したイギリスが、ぶどう酒生産に特化したポルトガルより有利なことはいうまでもない。さらに、比較生産費を動学的に把え、生産量の増大につれて生産物単位当たりの生産費が低下するという規模の経済が産業によって不均等に作用することを考慮するならば、リカードの設例においても、両国の生産量がそれぞれ不均等に増大した場合には、比較生産費がまったく違った構造をもつ可能性がある。したがって、現行の比較生産費にもとづいてただちに特化するのではなく、成長可能性が高く、かつ規模の経済も作用する戦略産業をターゲットとして、戦略産業が成長・確立するまでの一定期間は保護・育成をするという産業政策は、ある種の根拠を有するといわねばならない。

以上のように、リカード比較生産費説の静学的限界を考慮するならば、その妥当性はかなり限定されたものとして把握しなければならず、ましてやその理論を現実の貿易のあり方に直接的に適用しようとするWTOのイデオロギーは、あまりにも単純である。

現在のWTOが新ラウンド交渉における重点項目の一つにしている農産物の自由化についていえば、農産物の例外なき自由化を極限にまで推しすすめ、世界のかなりの部分に農業をもたない国を作り出すことがリカードの真意であったかどうかは、疑わしい。リカードは、穀物への輸入関税によって穀物価格と地代を政策的に引き上げる穀物条例には反対したが、スミス理論の正統な継承者として、自然的自由の体系がゆきわたった状態においても、工業と商業と農業とが並存する経済を想定していたのではないであろうか。リカードの重要な長期理論というべき利潤率低下論（リカード、同上書、第六章）は、農業の限界生産性の低下にもとづく穀物価格と地代と賃金率の上昇とを根拠としていたことが、想起されねばならない。

しかも、リカードは、現代のグローバル主義者とは違って、比較優位産業に特化する国際分業への移行に伴って生ずるのは、国内における資本と労働の移動だけであって、その他の条件については、変化しないと考えていたように思われる。その他の条件のなかには、リカード自身は明言していないものの、当然、環境も含まれるであろう。ところが、農業は、自然環境と密接なかかわりをもち、あるいは人間社会にとっては自然環境の一部をなし、温暖化ガスの吸収や治水等の点で無償の社会的効用をもたらしている。このような社会的効用を可能な限り客観的・数量的に測定して、それに相当する補助金を農業に給付し、その規模はともかく国民経済の一部に農業を保全することが、スミス、リカードなどの古典派経済学を生かす道である。

三　資本移動

前節で述べたように、リカードを頂点とする古典派経済学は、国内における資本と労働の自由移動を通じて比較優位産業への特化が行われ、このような国際分業によって自由貿易が展開されることを説明した。いいかえれば、古典派経済学は、資本と労働の国際移動をまったく考慮の外においたのである。

言語的あるいは文化的その他の理由で、労働の移動を捨象したのはともかくとして、なぜリカードは、資本の移動を捨象したのであろうか。リカードは、次のようにいっている。「経験は、その所有者の直接的統制下にないときの資本の想像上または真実の不安定と、あらゆる人がみずからが生まれ、かつ諸関係をもっている国を棄てて、かれらの固定した習慣の一切をもちながら、異なる政府と新しい法律とに身をゆだねることを嫌う自然的心情は、資本の移動を妨げるものであることを示している。かかる感情は、私はそれが弱められるのは遺憾なことだと思うが、大部分の財産家をして、外国でかれらの富に対する有利な用途を求めるよりもむしろ、自国内で低い利潤率に満足させるのである」（リカード、同上書、第七章、一四六ページ）。

ここから、リカードは、労働にとってと同じく資本にとっても国民的・制度的障壁は比較的に大きく、国際移動は不自由で、かつこの状態を肯定的に評価していたことがわかる。リカードは、けっして資本の国際移動を当然視していたわけではなかったのである。

ところが、現代のグローバル主義者は違う。かれらは、比較生産費説にもとづく国際分業による自由貿易の当然の帰結であるかのように、自由な資本移動を主張しているように思われる。

比較生産費説にもとづく自由貿易論とグローバルな資本自由移動論とのギャップを鋭く突いているのが、ジョン・グレイである。かれは、上掲のリカードの一節を引用したのちに、次のようにいう。「制約なきグローバル自由市場の理論的要求と二〇世紀後期世界の現実の間のコントラストについてはコメントの必要もない。資本が流動的な時、資本は環境および社会的コストが最低で利益が最高であるような国に移動することで絶対的な優位を得ようとする。理論においても実際においても、グローバルな資本移動は、リカード流の比較優位論を無効にする結果になる。ところが、規制なきグローバルな自由貿易という大建築物が立っているのは、この頼りない基礎の上なのである」（ジョン・グレイ『グローバリズムという妄想』石塚雅彦訳、日本経済新聞社、一九九九年、一一六ページ）。

ここでグレイが「グローバルな資本移動は、リカード流の比較優位論を無効にする」といっているのは、どのような意味であろうか。先述のとおり、リカードは、国民的・制度的障壁のために資本の国際移動は当然にも不自由であると考え、資本は国内において比較優位産業に移動するとしたのである。しかし、二〇世紀後半以降の現実世界においては、多国籍資本は、たんなる比較優位に甘んじるのではなく、多くの国民的・制度的障壁を乗り越えてグローバルに展開し、絶対優位を追求しているかにみえる。リカードの比較生産費説においては、どのように絶対的な劣位にある国でも比較優位産業をもち、国際分業の一環を形成するものとされていた。しかし、現実の多国籍企業による自由な資本移動が行われるところでは、リカードの比較生産費説の前提そのものが崩壊している、というのがグレイのいわんとしたところではないかと思われる。

リカードは、現代的にいえば、対外直接投資の場合でさえ、「異なる政府と新しい法律とに身をゆだねることを嫌う自然的心情」のために、当然に慎重であるべきだとしたのであるが、現代グローバリゼーションのもとにおいて、直接投資の場合はまだ問題は少ないといってよい。外国から進出してきた資本は、当分の間は現地に定着し、雇用効果をもたらすとともに、かなりな程度まで受入れ国の法律・習慣・文化に順応しなければならないからである。大きな問題を含むのは、為替相場、利子率、証券価格等の変動の組み合わせを利用して投機的な利益を得ようとする国際短期資本である。もともと為替相場をはじめ、国際金融市場の諸価格の変動が予想される場合にはリスクを相殺するためのヘッジ取引が不可欠なのであるが、リスクを避けるための手段が現実には投機の手段に転化しているのであり、一九九七〜九八年通貨・金融危機にみられるように、巨大なヘッジファンドの投機活動とその相乗作用は、中小規模の国民経済を容易に翻弄することになる。これに対して一国ないし数か国で国際短期資本の流出入を規制しようとすると、それらの国が国際金融市場から事実上排除される結果になりやすい。国際資本移動、とくに短期の資本移動の規制は現代における焦眉の課題である。

もともと第二次世界大戦後の通貨・金融秩序を定めたブレトン・ウッズ体制においては、経常勘定における為替管理の撤廃・為替の自由化は謳われていたが、資本の自由化は一切問題にされていなかった。ブレトン・ウッズ会議においては、世界中央銀行の設立を主張するケインズ案と金＝ドル本位にもとづくIMFの設立を主張するホワイト案とが対立したといわれているが、国際資本移動を規制すべきだとする点では、ケインズもホワイトも一致していた。ケインズ案とホワイト案の角逐については、ロバート・カトナー『新ケインズ主義の時代――国際経済システムの再構築』（佐和隆光・菊谷達也訳、日本経済新聞社、一九九三年）第一章に詳しいが、そこでカトナーは、次のようにいっている。「ホワイトは国際資本の移動を管理することに反対する意見を『一九世紀の経済的通念の遺物』と決めつけ、『加盟国政府の許可なしに、他の加盟諸国からの預金や投資を受け入れてはならない』ことを、国際通貨基金への加盟国の条件の一つに加えることに賛同を求めさえした」（カトナー、同上書、五六ページ）。

このように第二次大戦後しばらくの間は、資本の国際移動を規制することが当然のこととされていたのであるが、一九五〇年代末以降のドル過剰＝ドル危機を契機として、いわゆるユーロ・カレンシー市場が形成され、その規模は、一九七一年の金・ドル交換停止、七三年の変動相場制移行以後、飛躍的に増大した。ユーロ・カレンシーは、特定国の規制からは自由で、しかも世界のあらゆる地域に収益機会を求めて浮動する貨幣資本であり、ヘッジファンド、ミューチュアル・ファンド、年金基金や退職基金も参入して、八〇年代以降は、さらに増殖したものと考えられる。外国為替相場、利子率、証券価格の変動は、これらの貨幣資本に、リスクとともに、収益の機会を与えた。そして、これらの貨幣資本を取り入れ、その運動を媒介することが各種金融機関の重要な業務となり、先進諸国のみならず、発展途上国までが、先を争って資本の自由化（資本の流出入の自由と果実の送金自由）を行うようになったのである。

この実態を考慮して、IMF暫定委員会は、一九九七年のIMF年次総会で、国際資本移動の自由化に関する声明を採択し、現行のIMF協定では経常勘定取引に限定されている通貨の交換性の定義を資本勘定取引にまで拡大するよう協定を改正することを要請した。この要請をめぐって、経済学者の間で賛否両論の意見が交わされたが、その代表的な意見は、S・フィッシャーほか『IMF資本自由化論争』（*Should the IMF Pursue Capital-account Convertibility?*, 1998. 岩本武和監訳、岩波書店、一九九九年）におさめられている。

　ここで注目されるのは、経済実態における資本の自由化の進行に対して、経済学の世界では資本自由化に対する消極論が少なくないことである。たとえば、ハーヴァード大学教授でボストン連邦準備銀行議長を経験したこともあるリチャード・N・クーパーは、結論的に次のようにいっている。「十分に発達し高度化された金融市場を持つ大国で、投資の分散が十分に進んでいる国以外は、自由な資本移動と変動相場制は基本的に両立しない。もちろん、自由な資本移動と調整可能な固定相場制とも両立しない。したがって、各国は、自国の通貨を永久に主要国通貨に固定するか、ある主要国通貨を自国通貨として採用する意思がないならば、少なくとも何らかの種類の資本流入および資本流出に対して、法律上規制する権利を保持しておこうとするのが理に適ったことであろう」（同上書、三七ページ）。また、ハーヴァード大学ジョン・F・ケネディ校の国際政治経済学教授であるダニ・ロドリックは、一九七五〜一九八九年の資本勘定の自由化と経済パフォーマンスとの相関を示す国際データを検討して、「資本規制をしていない諸国がより速く成長し、より多くを投資し、低インフレである、といういかなる証拠も得られない」（同上書、一一九ページ）といい、さらに「資本勘定の交換性を賛美する議論に対する私の一番の懸念は、ロンドン、フランクフルト、ニューヨークの二十数名から三十数名程度のカントリー・アナリストの気まぐれや思いつきによって、典型的な『新興市場』の経済政策が振りまわされることである。外国投資家を喜ばせることが最優先課題の大蔵大臣は、経済開発という目的にはほとんど注意を示さないであろう。外国投資家の目的と経済開発という目的が常に一致すると信じることは、国際資本市場の効率性と合理性を盲信することになってしまう」（同上書、一一三ページ）と結論している。

したがって、現行のノン・システムともいうべき変動相場制のもとでは、資本の自由な国際移動は、自由貿易以上の問題を含んでいるといってよいであろう。資本の国際移動にあたっては、一九九七〜九八年通貨・金融危機にみられるように、金融市場にもともと内在していた不安定性がいっそう増幅されて現れるからである。資本の国際移動の規制が、この不安定性を取り除くことは不可能であるが、不安定性を低減させることはできるのである。

四　人口移動

第一節で述べたように、現代と比べて、一九世紀末の第一期グローバリゼーションの重要な特質の一つは、大規模な人口移動――移民――を伴っていた点にあった。一八七一〜一九一五年のあいだにヨーロッパを離れた人口は三六〇〇万人にものぼり、その多くは米国やオーストラリアへ向かった。人口を放出したヨーロッパ諸国は、かえって労働の限界生産力を上昇させ、人口を受け入れた諸国は、移民を梃子として本源的蓄積を推しすすめた。人口移動の結果として、放出国も受入れ国もともに一人当たり所得を増やし、経済成長を加速させたものと考えられる。

人口移動のもつこのような経済的効果は、現代グローバリゼーションのもとにおいても、潜在的には存在しているといっていい。多くの発展途上国は、人口爆発と過剰人口に悩み、いくつかの先進諸国は、少子化・高齢化に悩んでいるのだから、純経済的に考えれば前者から後者への人口移動が大規模に行われても不思議はない。ところが、現代においては、商品や資本の自由な国際移動とは対照的に、人口の国際移動は公式にはきわめてきびしく制限されている。また、商品や資本の自由な国際移動による便益を強調するグローバル主義の経済理論も、人口の自由な国際移動については、ほとんど発言していないのである。これはなぜであろうか。

たんなる商品や資本の移動とは異なって、生きた人間の移動は、生命・生活の移動であり、言語、文化、宗教、習慣等のさまざまな障壁をもっている。さらに現代の先進諸国においては、多かれ少なかれ、社会保障・社会福祉の制度が存在し、これらの国にとっては、移民の受入れは社会保障・社会福祉のコストの増大を意味するから、現代の先進諸国が移民の受入れに消極的であるのは理由のないことではない。むしろ、グローバル時代の資本を代表する多国籍企業にとっては、移民をできる限り制限して、先進諸国と発展途上国との賃金格差を残存させておき、低賃金地域に生産拠点を移動させることの方が得策だと考えられているように思われる。

もっとも、現代において移民がまったく行われていないわけではない。サスキア・サッセンによれば、多国籍企業による対外投資は、資本輸出国と資本輸入国との結びつきを深め、あらたな移民を生み出す誘因になったとのことである。すなわち、「移民を抑止すると一般的には考えられている方策──発展途上国への外国投資と輸出志向型成長の発展──は、まったく逆の効果をもっていたと考えられる。一九七〇年代と一九八〇年代の合衆国への移民の主要な供給国のなかには、南・東南アジアの新興工業国があり、これらの国の高い成長率は、一般的にはおもに輸出向け製造業への外国投資の結果であると考えられている」（サスキア・サッセン『グローバリゼーションの時代──国家主権のゆくえ』伊豫谷登士翁訳、平凡社、一九九九年、一五一ページ）。

これは、むしろ意図せざる結果であり、現代国家は、経済のグローバル化に対してとは対照的に、移民の受入れには原則として消極的である。この点をするどく突いているのが、サスキア・サッセンである。すなわち、「経済のグローバリゼーションは、国民国家を脱国家化《デナショナライズ》し、それとは対照的に、移民は、政治を再国家化《リナショナライズ》する。諸国家のあいだでは、資本、情報、そしてサーヴィスの流れを撤廃し、よりひろくいえばグローバリゼーションを促進しようとする合意ができつつある。しかし、移民や難民のこととなると、北アメリカ、西ヨーロッパ、日本のいずれの国においても、国民国家は、自国の国境を管理する主権国家の権利を主張する際に「国民国家の」過去のすべての栄光をもちだすのである。このことに関しても、諸国家のあいだには、合意が存在している」（サッセン、同上書、一二九ページ）。

商品移動や資本移動に関するグローバリズムと人口移動にかんするナショナリズムは、現代国家のダブル・スタンダードと過渡性を表現しているものにほかならない。現代国家が、国民国家であり続ける限りは、多国籍企業や金融資本のグローバリゼーションへの要求に抗して、商品移動や資本移動についての国民的規制を課すべきであろう。現代国家が、脱国民国家化するというのであれば、商品移動や資本移動に対してと同じく、人口移動に対してもいかなる規制も課すべきではない。このいずれの道をもとりえず、右往左往し、逡巡しているのが、多くの現代国家の姿ではないであろうか。

五　むすび

以上に見てきたように、商品、資本、人口の国際移動は、もしなんらの規制もなしに行われるならば、さまざまな国・地域における多様な資源の賦存という経済活動の前提自体を掘り崩すおそれがある。そうならないためには、グローバルな経済活動を規制・調整するグローバルで民主主義的な統治システムが、必要であろう。グローバルな統治システムを欠いたままの経済グローバリゼーションは、弱肉強食的な市場の暴走を許し、世界的な貧富の差を拡大し、地球環境破壊に拍車をかけるのではないかと危惧される。

現代のグローバリゼーションは、経済グローバリゼーションとして突出しており、その根底にある考え方は、生産力・成長・効率優先の価値観にもとづくものである。しかし、二〇世紀における資本主義と社会主義の歴史は、生産力発展（効率向上）と経済成長それ自体では、必ずしも世界的なレベルの公正と平等には結びつかず、むしろ地球環境破壊という負の副産物をもたらす可能性があることを示した。経済活動は、人間にとって重要な意味をもつものではあるが、所詮は、人間的幸福を実現するための手段に過ぎないことが、銘記されねばならない。ジョセフ・E・スティグリッツは、『世界を不幸にしたグローバリズムの正体』（*Globalization and its Discontents*, 2002, 鈴木主税訳、徳間書店、二〇〇二年）を書いて、IMFと米国財務省を痛烈に批判したが、グローバリゼーションによる経済活動の効率向上のために人間が不幸になるとすれば、本末転倒もはなはだしい。しかもその効率向上は一時的かつ部分的であり、その負の代償は、一九九七〜九八年通貨・金融危機にみられるように、長期的で大局的でありうるのだ。

二一世紀においては、世界的なレベルの公正と平等、地球環境のサスティナビリティを保障するような統治システムを優先的に構築し、その枠内にグローバルな経済活動を規制・調整すべきであろう。

第四章　金融資本再考

一　はじめに

自由競争的資本主義における支配的資本が産業資本であったのにたいして、帝国主義ないし現代資本主義における支配的資本は金融資本であるといわれてきた。周知のように、P・M・スウィージーは、すでに『資本主義発展の理論』（都留重人訳、新評論社、一九六七年）において、金融資本という用語から銀行の産業に対する支配という含意を取り除くことは困難であり、しかも銀行の産業に対する支配は二〇世紀の現実においては適合的でないとして、金融資本のかわりに独占資本という用語を使うことを提案していたのだが、この見地は、P・A・バランとの共著『独占資本』（小原敬士訳、岩波書店、一九六七年）において、いっそう強調されていたのである。

これに対して、私は、スウィージーの金融資本消滅論は企業の必要資金が内部資金でほとんど事足りた停滞的な一九三〇年代を背景としたものであって、第二次大戦後の現実には妥当しないといって批判し、金融資本を、現実的には独占的産業資本と独占的銀行資本からなる、企業や産業の枠を超えた金融グループないし企業集団として把握する観点から、「現代の独占資本主義を分析するさいに、独占資本をたんなる自立的な巨大会社としてではなく、金融資本の一環をなすものとして把握する見地が重要である」（鶴田満彦『独占資本主義分析序論』有斐閣、一九七二年、六六ページ）ことを主張した。

金融資本消滅論ないし企業の自己金融論は、第二次大戦後、とくに一九七〇年代以降の旧ＩＭＦ体制崩壊後の国際的貨幣資本の膨大化と経済における金融業の比重増大という事実によってもっとも雄弁に批判されているように思われるが、同時に、そのような金融業の活発化のなかで、ヒルファディング（『金融資本論』上・中・下、岡崎次郎訳、岩波書店、一九五五年）、レーニン（『帝国主義』宇高基輔訳、岩波書店、一九五六年）以来の伝統的な金融資本概念も、再考を促されているようにみえる。すなわち、「生産の集積、そこから発生する独占、銀行と産業の融合あるいは癒着」（レーニン、同上、七八ページ）に代表される金融資本概念の現代的適合性が、あらためて問題にされているように思われるのである。

たとえば、一九七〇年代以降の国際的投機的金融業を代表する一人であるジョージ・ソロスは、『グローバル資本主義の危機』（大原進訳、日本経済新聞社、一九九九年）のなかで次のようにいっている。

「金融資本は特権的な地位を謳歌している。資本は他の生産要素より移動しやすいものだが、金融資本は直接投資よりもさらに移動性が激しい。金融資本はどこであれ、最も儲かるところに移動していく。個々の国はそれを繁栄の先駆けとして競って引き寄せようとする。そうした有利な立場をいかして、資本はますます金融機関や上場されている多国籍企業に蓄積され、その蓄積過程を金融市場が仲介することになる」（二二二〜二二三ページ）。

もとより、ここでソロスが金融資本といっているものは、ヒルファディングやレーニンがいっているものとは異なり、ヘッジファンドに代表されるような投機的貨幣資本なのであるが、「特権的地位を謳歌」

しながら「最も儲かるところに移動」する投機的貨幣資本が現代世界を特徴づけていることもまた事実であり、ソロスが、金融資本という用語を誤用したといって済まされる問題ではないであろう。

ヒルファディング、レーニン以来の伝統的な金融資本概念は、ソロスがイメージしているような現代的金融資本を包摂しうるものであろうか？　金融資本を支配的資本として位置づける現代資本主義論は、現代を特徴づける投機的貨幣資本をどのように位置づけるべきか？　これらの問題を検討することが、本章の課題である。

二　株式会社における機能と所有の分離

現代における資本の代表的存在形態が株式会社であり、金融資本は、それをどのように把えるにせよ、株式会社における機能（経営）と所有との分離を重要な根拠にしていることはいうまでもない。個人企業においては、主要な利害関係者は資本家と労働者であるが、株式会社においては、資本家が株主と経営者（企業者）に分化し、株主、経営者および労働者の三者となる。株主と経営者はともに資本を代表しているといっていいが、株主が株価と配当の最大化に関心をもつのに対し、経営者は企業者利得を含めた会社利潤の最大化と会社成長（現実資本蓄積）に関心をもつ。株式会社が支配的となった資本主義社会では、理念的には資本家が株主と経営者に分化していることが重要である。

マルクスは、株式会社におけるいわゆる「機能と所有の分離」にもっとも早く注目した経済学者の一人である。すなわち、「［株式会社の形成によって］現実に機能している資本家が他人の資本の単なる支配人、管理人に転化し、資本所有者は単なる所有者、単なる貨幣資本家に転化する」(『資本論』第三巻、全集刊行委員会訳、大月書店、一九六八年、五五七ページ)。あるいは「株式会社では、機能は資本所有から分離されており、したがってまた、労働も生産手段と剰余労働との所有からまったく分離されている」(同上、五五七ページ)。

もっとも、マルクスは、株式会社という当時としては比較的に新しい制度に幻惑されて、「所有と経営の分離」を極端に解し、経営者を一種の管理労働者とみなしている傾向があるが、経営者は資本機能を代表する限り資本家に属するのであって、資本所有を代表する株主とも、生産手段からまったく疎外されている労働者とも利害を異にするのである。株式会社が支配的となる社会は、株主・経営者・労働者の重層的・複合的対立を含んでいる。機能と所有の分離をある程度まで実現する株式会社は、比較的短期間に巨大な新資本を集中・動員することを容易にすると同時に、異なる所有主体のもとにある既存の諸資本を比較的にスムーズに一個の資本に集中・融合することを可能にした。したがって、株式会社は、一方では鉄道、通信、電力といった創業に巨大な新資本を必要とする公益事業的産業を勃興させるとともに、他方では、重工業におけるトラスト、コンツェルンといった独占組織を形成するのに役立った。トラストは、複数の旧企業の所有者・株主が新会社に資産を譲渡して、その対価を新会社の株式で受け取るという形式であり、コンツェルンは、会社自体が他の会社の株式を所有することによって、支配関係を縦横に拡大するという形式であって、ともに株式制度を不可欠の要素としている。

株式会社は、資本の集中をつうじて、所有の集中を上回る現実資本に対する支配の集中を実現しうる。すなわち、株式会社の最高意思決定は、株主総会における多数決によって行われるから、過半数の株式所有は、一〇〇パーセントの支配(決定把握)を可能にするのである。さらに、株式会社が大規模化して、株式所有の分散がすすむと、過半数に満たない比較多数の株式所有であっても、少数者による会社支配を可能とし、極限的な場合には、個人的にはまったく株式を所有していない経営者が、会社支配を行うこともありうる。さきに見たように、マルクスは株式会社における機能と所有の分離を予見し、「このような、資本主義的生産の最高の発展の結果こそは、資本が生産者たちの所有に、といってももはや個々別々の生産者たちの私有としてのではなく、結合された生産者である彼らの所有としての、直接的社会所有としての所有に、再転化するための必然的な通過点なのである」（同上、五五七ページ）とか、「株式制度――それは資本主義体制そのものの基礎の上での資本主義的な私的産業の廃止であって……」（同上、五五九ページ）といっている。たしかに、株式会社における機能と所有の分離は、機能（支配）権の基礎には所有権があるとする資本主義的イデオロギーを深刻に動揺させるものではあるが、けっして株式会社の私的・資本主義的性格を変えるものではない。

株式会社における機能と所有の分離に対応するものとして、株式資本における現実資本形態と株式＝擬制資本形態との「二重化」現象がある。マルクスはいう。「信用制度は結合資本を生みだす。証券は、この資本を表す所有証書とみなされる。鉄道や鉱山や水運などの会社の株式は、現実の資本を表している。すなわち、これらの企業に投下されて機能している資本、またはこのような企業で資本として支出されるために株主によって前貸しされている貨幣額を表している。とはいえ、それらの株式がただの詐取を表しているということも、けっして排除されているわけではない。しかしこの資本は二重に存在するのではない。すなわち、一度は所有権の、株式の、資本価値として存在し、もう一度は前記のような諸企業に現実に投下されているかまたは投下されるべき資本として存在するのではない。それはただあとのほうの形態で存在するだけであって、株式は、この資本によって実現されるべき剰余価値にたいする按分比例的な所有権にほかならないのである」（同上、五九七～五九八ページ）。たしかに、株式＝擬制資本は、けっして独立的には存在しえず、たとえばそれに対応する現実資本が破産等によってゼロになった場合は、同様にゼロになる。しかし、株式資本は、一方では株式＝擬制資本として所有を代表する株主のもとで証券市場での売買や配当取得をつうじて増殖し、他方では、現実資本として支配を実行する経営者のもとで生産過程・流通過程をつうじて増殖するのであって、この二つの資本運動は、相互に絡み合いながらも、資本としては別種のものであり、その限りでは二重化しているといってもいい。両者は、相互に絶対的に独立しているわけではないが、ちょうど資本家階級の内部での株主と経営者との関係と同様に、相対的には独立しており、相互間にさまざまな矛盾・軋轢を作り出すのである。

株式資本＝株式会社は、重工業が生産力の基軸となった資本主義における資本の代表的存在形態であるが、株式会社のもっとも重要な特性は、現実資本としては生産過程・流通過程に固定されながら、株式＝擬制資本としては証券市場をつうじて自由に動化され、ある場合には、会社を合併・分離するのに役立ち、他の場合には、現実資本との乖離を極限にまで拡大する点にある。

三　株式会社と銀行業

銀行は、資本主義経済には不可欠の信用制度の中核にある組織である。資本主義は、銀行を中核とする信用制度なしには、拡大再生産を行ってゆくことができないし、社会的需要に対応した資本の適正配分もスムーズには行ってゆくことができない。本来、銀行は、社会のなかのさまざまな形態の遊休資金を預金として受け入れるとともに、他方では銀行券や預金通貨の発行（信用創造）という形態で貸付けを行って社会的再生産を調整・促進する任務を負っているのであって、いわば資本主義の枠内での社会的組織である。

銀行業の重要な特徴の一つは、それが預金通貨を含む貨幣という等質物を取り扱っている点にある。産業や流通業がある程度まで使用価値的製品差別にもとづいて顧客にアピールできるのに対し、銀行が取り扱う貨幣にはそのような差別はほとんど存在しないので、銀行と銀行との競争は、利子率といった量的なものをめぐるものにならざるをえず、過当競争（cut throat competition）になる傾向がある。他方、銀行業には、規模の経済が顕著に作用する。すなわち、通常は、銀行は大規模になるほど信用力も大きくなると考えられているので、大銀行は、中小銀行に比べてより安いコストで預金を集めることができ、より優良な貸付け先を選別することができるのである。規模の経済の作用は、参入障壁を形成する。

したがって、銀行業においては、相互間の過当競争を防止するためのカルテルを形成する傾向とともに、集中・合併をつうじて大規模銀行を形成する傾向が作用し、これらの傾向にもとづいて独占的巨大銀行とそれらの銀行によるカルテルやシンジケートが出現することになる。

銀行業における集積と独占の形成は、さきに見た株式会社の発展と相互に作用するものであった。銀行自体、その必要最小資本量の大きさのために株式会社形態で組織されることが多かったが、集中・合併の過程ではほぼ必然的に株式会社化した。銀行は、もともと短期の預金を受け入れるとともに、信用創造による貸付けを行うことを業務としていたが、その貸付けは、預金が短期であることに対応して短期のものにならざるをえなかった。ところが、資本主義の発展のもとで、必要最小資本量の増大、とくに固定資本の巨大化のために、長期の資金への需要が増大するという傾向が生じたのであるが、このディレンマを解決する契機となったのが、株式会社であって、銀行は、本来の短期商業金融のほかに、株式担保貸出とか株式保有というかたちで、事業会社に対して事実上の長期資本信用を供与できることとなったのである。産業独占の形成による独占利潤の増大や固定資本の巨大化による減価償却資金の増大にもとづく銀行預金源泉の拡大と銀行カルテルの形成による銀行間市場の発展は、銀行の長期金融を支援するものとなった。

もちろん、株式会社の発展とそれに伴う株式市場・証券市場の発展は、事業会社にとって、直接には銀行を経由することなく長期資金を調達できることを意味している。しかし、事業会社による株式や社債の発行にあたっては、実際には、直接・間接に巨大銀行が関与する場合が多いのである。すなわち、第一に、株式や社債などの証券発行に際しては、引受け業者が存在していなければならないが、ドイツのように、銀行自体が、いわゆるユニバーサル・バンクとして引受け業者（引受けシンジケートを含む）を兼ねている場合もありうる。この場合は、銀行と事業会社の関係は直接的であり、証券引受け価格と証券市場価格との差額は、銀行が、創業者利得として取得することとなる。第二に、イギリスやアメリカのように、本来の銀行とは別のマーチャント・バンクや投資銀行・証券会社等が引受け業者となる場合には、銀行と事業会社との関係は間接的となり、引受け業者が創業者利得を取得するが、銀行は、引受け業者へ融資することをつうじて、また引受け業者から株式を購買・保有することをつうじて、創業者利得の再分配に参加し、事業会社に影響力を行使することができるのである。

このようにして、株式会社の発展にともなって、巨大独占銀行は、短期商業金融という本来の業務のほかに、株式・社債等の発行・流通・保有に関連したあらたな業務を展開することとなり、長期固定資本金融を行うことも可能となった。株式・社債等の証券の引受け・保有という形態での金融であれば、銀行は、必要な場合は、保有する証券を売却することによって資産を流動化することができるからである。したがって、株式会社の発展とともに金融市場と並んで、証券（資本）市場が重要性を増し、両市場が一体化して金融資本市場を形成するに至る。

株式会社の発展に伴う銀行業の範囲の拡大によって、銀行と事業会社との関係は、一面ではより長期化し、密着化する傾向をもった。さきに指摘したように、銀行業は、本来、資本主義内部の社会的組織という側面をもっているのであるが、銀行による株式・社債の保有、役員派遣・経営参加等は、銀行による事業会社の支配・管理を強めるものになるのである。しかし、他面では、株式会社制度に内在する機能と所有の分離、現実資本と株式＝擬制資本の二重化の傾向は、銀行と事業会社の関係をより短期化し、疎遠化するものとなった。銀行を含むある種の金融機関は、事業会社の事業の内容によりも、証券の引受けや売買による創業者利得やキャピタル・ゲインの取得にのみ関心をもつ傾向をもった。証券価格は、事業会社の収益力、利子率、証券市場の構造や規模など複雑な要素にもとづいて投機的に変動する可能性をもつが、銀行を含むある種の金融機関は、情報独占や大量売買によって、リスクを最小化し、収益を最大化して、一種の独占利潤を取得しうるからである。マルクスは、株式会社制度のこのような側面について、「それ［株式制度］は、新しい金融貴族を再生産し、企画屋や発起人や名目だけの役員の姿をとった新しい種類の寄生虫を再生産し、会社の創立や株式発行や株式取引についての思惑と詐欺との全制度を再生産する。それは、私的所有による制御のない私的生産である」（『資本論』第三巻、五五九ページ）といっている。

四　金融資本の二つの類型

株式会社制度の発展、株式会社と金融業との絡み合い、そして産業と金融業における独占の形成は、産業資本とも銀行資本とも異なる新たな資本を生み出し、その資本の少なくとも一部は、多分に投機的性格をもち、「私的所有による制御のない私的生産」ともいうべき無責任な性格をもつようになるのであるが、そのような新たな資本を、二〇世紀初頭の時点において、「金融資本」（Finanzkapital）という新たな概念で説明しようとしたのが、ヒルファディングとレーニンであった。

ヒルファディングの『金融資本論』における金融資本の規定は、周知のように、第三篇「金融資本と自由競争の制限」のなかの第一四章「資本主義的独占と銀行。資本の金融資本への転化」において行われている。第三篇に先立つ第一編は、「貨幣と信用」と題されており、第二篇は「資本の動員。擬制資本」と題されていて、ヒルファディングの金融資本概念は、銀行資本および株式資本のうえに積み上げられるべきものとして規定されているのである。

ヒルファディングの有名な金融資本の定義は、次のようなものである。すなわち、「産業の資本のますます増大する一部分は、これを充用する産業資本家のものではない。彼らは銀行をつうじてのみ資本の処分権を与えられ、銀行は彼らに対して所有者を代表する。他面、銀行は、その資本のますます増大する一部分を産業に固定せざるをえない。これによって、銀行はますます大きい範囲で産業資本家となる。かような仕方で現実には産業資本に転化されている銀行資本、したがって貨幣形態における資本を、私は金融資本と名づける。それは、所有者に対して常に貨幣形態を保持し、彼らによって貨幣資本、利子つき資本の形態で投下されており、かつ彼らによって常に貨幣形態で回収されうる」（『金融資本論』中、九七ページ）。

ここで、ヒルファディングが、「産業資本に転化されている銀行資本」と呼んでいるのは、銀行から産業企業への信用供与（融資）や投資（株式引受け）をつうじて、手形、社債、株式等の形態をとっている銀行資本を指すものであろう。手形、社債、株式等は、「常に貨幣形態を保持」しているとはいえないが、金融資本市場を介して貨幣形態に擬制しうる擬制資本＝利子生み資本だからである。

したがって、ヒルファディングのいう金融資本とは、結局、銀行に保有されている有価証券ということになろう。かれが、金融資本を資本の「最も高度なかつ最も抽象的な現象形態」（同上、上、九ページ）であるといい、あるいは、「金融資本は貨幣資本として現われ、そして、じっさい、貨幣資本の運動形態G―G′、貨幣を産む貨幣、資本運動の最も一般的で最も無概念的な形態をもっている」（同上、中、一一四ページ）といっているのは、そのためである。金融資本の本質を有価証券＝擬制資本において把えるとするならば、それが銀行に保有され、支配されているかどうかは、必ずしも本質的条件ではなくなる。ヒルファディング自身は、銀行が証券業務も兼営して、最大の有価証券保有者にもなっているというドイツ＝オーストリア的現実にひきずられて、「産業資本に転化されている銀行資本」という把え方をしたのであるが、有価証券に転化しうる資本は、銀行資本以外であってもいいはずである。

じっさい、ヒルファディングは、単純な銀行支配論を主張しているのではなく、「銀行資本の処理権をもつものは銀行であり、銀行に対する支配権をもつものは銀行株式の過半数の所有者である」という事実を指摘し、「所有の集中の進展につれて、銀行に対する支配力を与える擬制資本の所有者と、産業に対する支配力を与える擬制資本の所有者とがますます同じものになることは、明らかである」(同上、中、九七〜九八ページ)といっているのである。したがって、金融資本の人格的代表者である金融資本家の支配とは、ヒルファディングによれば、次のようなものである。「我々は、産業がますます銀行資本に従属するに至るのを見たが、それは決して、産業貴族もまた銀行貴族に依存するようになることを意味するものではない。むしろ、資本そのものがその最高の段階において金融資本となるように、資本貴族が、金融資本家が、ますます国民的総資本の処理権を銀行資本の支配の形態において、一身に合一するのである」(同上、中、九八ページ)。ここに、「銀行資本の支配の形態において」(in der Form der Beherrschung des Bankskapitals)とあるのは、いわゆる金融資本家は、独自に産業株式を所有することによって一部の産業を支配するとともに、多くの産業株式を保有している銀行の株式をも所有し、したがって銀行を支配することをつうじて産業をも支配するという形態も利用して、国民的総資本の支配権を独占的に掌握するという意味であろう。

株式資本における現実資本形態と擬制資本形態への二重化のうち、後者に注目したヒルファディングとは対照的に、前者に注目して金融資本概念を構成したのが、レーニンである。レーニンの金融資本の定義は、次のようなものである。すなわち、「生産の集積、そこから発生する独占、銀行と産業との融合あるいは癒着——これが金融資本の発生史であり、金融資本の概念の内容である」(『帝国主義』七八ページ)。

ここで問題となるのは、「銀行と産業との融合あるいは癒着」の意味・内容であるが、これは、レーニンの「金融資本とは、産業家の独占団体の資本と融合している独占的な少数の巨大銀行の銀行資本」(同上、一四四ページ)とか「金融資本とは、独占にまで成長して銀行資本と融合した巨大産業資本である」(「マルクス主義の戯画と『帝国主義的経済主義』について」、全集刊行委員会訳『レーニン全集』第二三巻、大月書店、一九五七年、所収、四三ページ）という言説にてらして、擬制資本レベルの融合ではなく、コンツェルン的な現実＝機能資本レベルの企業集団を指すものであろう。産業においても、銀行業においても「規模の経済」が作用して、それにもとづく参入障壁が形成され、寡占を含む広義の独占が成立する傾向が存在するとすれば、産業独占と銀行独占とが緊密な結合をとげて、コンツェルン的な企業集団を組織するに至ることは、一般的には、明らかである。産業独占が、独占的競争のなかでその地位を強化し、危機に陥った場合にも生き延びうるためには、銀行独占の支持を必要とする。他方、銀行独占も、有利な融資先・投資先を確保するためには、産業独占と長期的・恒常的な結合をもつことを必要としている。産業独占と銀行独占は、相互に補完し合って、収益性と支配力を高めうるのだから、出資・融資・役員派遣その他の形態で結合する傾向をもつのは、当然である。このような産業独占と銀行独占との結合としての金融資本は、さまざまな独占的支配力をも利用しつつ集団資本全体の利潤率を長期的に最大限にすることを目標とするであろう。

以上に、ヒルファディングとレーニンの金融資本概念をやや極端に対照化させることをつうじて、金融資本の二つの類型ともいうべきものが検出されたように思われる。ヒルファディング的な擬制資本レベルの産業と銀行との融合としての金融資本は、産業にせよ、銀行業にせよ、企業への直接支配よりもむしろ、高利回り、企業の設立や再編に関連した有価証券の発行や売買による創業者利得やキャピタル・ゲインの取得に主たる関心をもつ。もともと、創業者利得やキャピタル・ゲインを効率的に実現するためには、株式を支配証券として長期的に保有することをあきらめて、短期的に繰り返し売買しなければならないのであるが、この種の金融資本は、この意味で短期的行動をとるといっていい。

他方、レーニン的な現実＝機能資本レベルの産業と銀行との融合としての金融資本は、長期的な株式保有・融資・役員派遣・取引関係等をつうじて企業集団を形成し、企業内部における再編成や技術革新、企業集団としての情報共有や取引費用節約や交渉力強化等によって、集団全体としての利潤率を長期的に最大限にすることに関心をもつ。

これらの金融資本の二つの類型は、ともに株式会社の発展、産業と金融業との融合に基礎を置くものでありながら、独占資本主義ないし現代資本主義において異なった傾向を反映しているのである。

五　現代の金融資本

第二次大戦後の現代資本主義、とくに一九七〇年代以後の最近の資本主義の特質の一つは、経済における金融の比重の増大、いわゆる金融肥大化にある。七〇年代以降、実体経済に対する金融の比重は顕著に高まっている。たとえば、日本において名目GNPに対する金融資産の倍率は、一九七〇年度の三・七五から一九九五年度には八・二二に増大している。名目GNPの二倍以上のスピードで、金融資産が増大しているわけである。これは、程度の差こそあれ、他の先進資本主義経済にも共通した現象である。

このような金融肥大化を引き起こした重要な原因の一つとして、一九七〇年代初頭における旧IMF体制の崩壊がある。すなわち、戦後ブレトン・ウッズ体制のもとでは、米ドルは、金と等しい地位に置かれ、米政府は、財務長官権限にもとづいて他国の通貨当局に対しては、一オンス＝三五ドルの固定レートで金と米ドルとの交換に応じていたのであるが、日本や西欧諸国の復興と成長による競争力強化と、六〇年代後半のヴェトナム戦争本格介入による戦費の増大のためにアメリカ国際収支赤字と金流出が増大し、七一年八月には、当時のニクソン大統領は、金・ドル交換停止を宣言するに至った。これは、米ドルから金の裏づけを取り去り、事実上のドル本位制の成立を意味するものであった。これによって、アメリカは、従来以上に国際収支の制約から自由となり、さらに旧IMF体制下の固定レート制も不可能となって、一九七三年二〜三月頃からは、主要国はいわゆる変動相場制を採用した。アメリカのドル散布がより無規律的となり、世界的に流動性が過剰傾向となり、さらに外国為替相場が不安定になったことへの当然の反応が、七〇年代における二度のオイル・ショックであった。もちろん、オイル・ショックには、石油をはじめとする資源に対する先進資本主義諸国の過剰蓄積や産油国側の資源ナショナリズムといった要因もあるが、最大のものは、旧IMF体制の崩壊である。石油価格高騰によって産油国があらたに取得したオイル・ダラーの一部は、産油国の輸入増加によって費消され、石油消費国に還流したが、産油国が費消しきれない大量のオイル・ダラーは、五〇年代頃から形成されてきたユーロ・ダラー市場に流れ込み、同市場を巨大化させ、オイル・ダラー以外の先進資本主義国の遊休資金をも誘引して、ユーロ・ダラー市場を累積的に巨大化させた。高田太久吉氏によれば、一九七三年には一三二〇億ドルであったユーロ・ダラー市場は、七九年には五〇〇〇億ドルを超える規模にまで膨脹したといわれる（高田太久吉『金融グローバル化を読み解く』新日本出版社、二〇〇〇年、六九〜七〇ページ）。

ユーロ・ダラーをはじめとするユーロ・カレンシーは、特定国の規制からは自由で、しかも世界のあらゆる地域に収益機会を求めて浮動する資金であり、ヘッジファンド、ミューチュアル・ファンド、年金基金や退職基金の参入によって、八〇年代以降は、さらに増殖したものと考えられる。外国為替相場、利子率、証券価格の変動は、これらの資金に、リスクとともに収益の機会を与えたのである。さらに、これらの資金とそれを媒介する各種金融機関の運動に梃子のような力を与えたものが、七〇年代のＭＥ革命に始まる情報技術革命であった。ＭＥ革命とオイル・ショックに伴うユーロ・カレンシー市場の膨脹がともに七〇年代に始まったのは、さしあたりは偶然であったが、両者の結合は、相乗的効果を生み出した。コンピュータ技術の普及は、デリバティブを含む金融商品を次々に作り出して市場を拡大しただけではなく、オンライン・ネットワーク、さらにはインターネットは、資金移動を迅速化した。情報技術革命と金融業との結合は、グローバルな金融革新を生み出し、金融肥大化をいっそう促進したのである。

きわめて大雑把にいって、二〇世紀の初頭から一九六〇年代に至る資本主義経済においては、重化学工業に基礎を置き、産業独占と銀行独占の融合・癒着を体現するレーニン的金融資本が支配的であった。これに対して、産業独占との融合・癒着によってよりも、グローバルな外国為替・金融・証券市場の価格変動をつうじて短期・最大限の利潤をめざしてコンピュータ・ネットワーク上を浮動する資金、まさにヒルファディング的な金融資本は、一九七〇年代以降の現代を特徴づけるものといっていいように思われる。一九九七〜九八年のアジアに始まってロシア、南米にいたる通貨・金融危機は、このような金融資本の行動が引き起こしたものであった。もともと株式会社制度は「私的所有による制御のない私的生産」という性格をもっていたのであるが、産業独占と銀行独占との融合・癒着は、そのような私的生産の金融資本的組織化という一面を含んでいた。二〇世紀末以降の金融肥大化・情報技術革命・グローバル化の潮流は、このような金融資本的組織化をも溶融させつつある。そして、現状を放任するならば、生産からもっとも疎外され、グローバルな金融・証券市場を浮動する金融資本が、バブルと危機とを繰り返しつつ、二一世紀の人間活動を統御してゆくように思われるのである。

第五章　現代資本主義の変容と多様性

一　はじめに

自分たちがそのなかに生きている社会の歴史的位置とその基本的動向を洞察することは、経済学をはじめとする社会諸科学のもっとも基本的な課題である。マルクスも、『資本論』の最終目的を「近代社会の経済的運動法則を暴露すること」(『資本論』第一巻序言、新日本新書版①一二ページ)にあるとした。ここで、「近代社会」とはいうまでもなく一九世紀初頭に確立した近代資本主義社会のことであり、「運動法則」というのは、やや物理学的印象を与えるものの、じつは資本主義の生命維持活動のための新陳代謝的循環的メカニズム、ならびに発生・発展・消滅の歴史的・非可逆的メカニズムを含むものであった。

資本主義を人間にたとえていえば、経済学は、一方では人間がいかにして外界から必要な成分を吸収して呼吸・脈動・消化などの生命維持活動を行い、不要となった成分を外界に放出しているかの循環的メカニズムを研究するとともに、母親から産まれた子どもが、青年に成長し、やがて中年・老年になり、次第に生命活動能力を低下させて最期を迎える歴史的メカニズムをも研究しなければならないのである。

経済学の二〇〇年余りの歴史のなかで、資本主義の生命維持活動のための循環的メカニズムに関する研究は、大きく進歩したといってよい。とくにマルクスは、唯物史観と剰余価値論にもとづいて『資本論』によって、資本主義の循環的メカニズムの他の生産様式の循環的メカニズムに対する共通性と差異性を明らかにした。

他方、資本主義の発生・発展・消滅の歴史的変容に関する研究は、マルクス以後、画期的に前進したとはいえない。たしかに、レーニンは、『帝国主義』（一九一七年）によって、マルクスの資本の集積・集中論にもとづいて資本主義の独占資本主義への移行を明らかにするとともに、独占資本主義が支配する資本主義の最後の段階としての帝国主義の特徴づけを行ったが、二〇世紀初頭という時代的制約のために、「死滅しつつある資本主義」とか「帝国主義戦争の不可避性」というミスリーディングな命題にとらわれていた。レーニンが、帝国主義を「死滅しつつある資本主義」と特徴づけてから約一世紀が経過しているが、資本主義二〇〇年の歴史のなかでその半分が死滅しつつあったとは、いかなるレーニン主義者でも強弁することはできないであろう。反対に、一九九〇年前後のソ連型社会主義の崩壊を契機として、世界は終局的に資本主義と民主主義に収斂する以外にないといった「歴史の終り」論（F・フクヤマ『歴史の終り』上・中・下、渡辺昇一訳、三笠書房、一九九二年など）も、盛んになっている。

資本主義の発生・発展・消滅の歴史的変容に関する理論に関連して、資本主義の発展と存在の多様性に関しても、解くべき問題がある。マルクスは、一九世紀中葉において、資本主義がもっとも発展している場所はイギリスだとして、「産業のより発展した国は、発展の遅れた国にたいして、ほかならぬその国自身の未来の姿を示している」（『資本論』第一巻序文、①一〇ページ）といっている。この限りでは、マルクスは、ドイツや米国もやがてイギリスのようになると考えていたようにもみえる。たしかに、ドイツも米国も資本主義への道をすすんだという点では、マルクスの予言どおりであったが、ドイツ資本主義や米国資本主義は、けっしてイギリス資本主義のコピーではなかった。その後に成長してきた他の資本主義も含めて、一世紀以上の経過のなか、グローバル資本主義といわれる最近の段階においても、資本主義の国民的・地域的差異は容易に解消しなかったのである。したがって、資本主義の歴史的変容とともに、このような現代資本主義の国民的・地域的多様性とその根拠も明らかにされなければならない。

本章は、以上のような問題意識のもとに、資本主義の歴史のなかで、われわれが生きている現代がどのような位置にあるかを明らかにするとともに、現代資本主義の多様性とその根拠について検討しようとするものである。

二　人類史のなかでの資本主義

資本主義の歴史のなかでの現代の位置を問題にする前に、まず、人類史のなかでの資本主義の位置を概観しておくことにしよう。最近は、資本主義の普遍性・絶対性を強調する議論が多いので、資本主義の歴史性・部分性を明らかにしておくことは必要であろう。

この点に関しては、馬場宏二氏が近著『もう一つの経済学』（御茶の水書房、二〇〇五年）第一三章「資本主義の来し方行く末」で必要かつ十分な説明を与えているので、読者にはそれを読んでいただければ済むのであるが、まだ読んでいない読者のために、主として、馬場氏の前掲書とマディソン『経済統計で見る世界経済二〇〇〇年史』（金森久雄監訳／（財）政治経済研究所訳、柏書房、二〇〇四年）に拠りつつ、筆者なりの説明をしておきたい。

人類史といっても人類をいかに定義するかによってさまざまな時間的範囲をもつことになるが、現人類の元祖としてのホモ・サピエンスがこの地球上に出現したのは、約三万〜四万年前だといわれる。この人類が最初の文明（メソポタミア・エジプト・インダス・黄河）をもち、文字で書かれた歴史をもつようになったのが、約五〇〇〇年前である。書かれた歴史としての、もっとも狭く定義された人類史は、約五〇〇〇年だといってよい。

この人類史のなかで、資本主義はいつから始まるか。資本主義の意味を広く解し、西暦一五〇〇年前後の地理上の諸発見を契機とする世界商業と世界市場の成立をもって資本主義の開始の指標とすれば、約五〇〇年前ということになる。他方、資本主義をやや狭く解し、英国産業革命の一応の完了と周期的な産業循環運動の開始をもって資本主義の確立の指標とすれば、約二〇〇年前である。ここでは、資本が社会的生産を把握した生産様式としての資本主義の意味を重視し、後者の定義を採用することにしよう。そうすると、資本主義の時代は、書かれた歴史としての人類史の約二五分の一、約四％しか占めていないことになる

ところが、時間的範囲としては約四％にすぎない資本主義が、人類の社会と経済を一変させた。マディソンの前掲書は、紀元〇〜一九九八年にわたって、世界の人口とその増加率、一人当たり実質GDP（国内総生産）とその成長率、主要地域別実質GDPとその成長率を総括的に示している（三一ページ）。それによると、世界人口は、西暦〇年には二・三億人、一〇〇〇年には二・七億人、一八二〇年には一〇・四億人、一九九八年には五九・一億人となっている。つまり、世界人口の年平均増加率は、〇〜一〇〇〇年におい

ては、〇・〇二％、一〇〇〇〜一八二〇年においては、〇・一七％、一八二〇〜一九九八年においては、〇・九八％となっていて、第一ミレニアムに比べて、第二ミレニアム末期の資本主義時代には、約五〇倍のスピードで人口が増え続けたわけである。人口の物的基礎をなしているGDPにおいては、この対照はいっそういちじるしい。一人当たりGDPの年平均増加率は、〇〜一〇〇〇年においては、〇％、一〇〇〇〜一八二〇年においては、〇・〇五％、一八二〇〜一九九八年においては、一・二一％となっていて、第一ミレニアムは〇だから比べようがないが、資本主義時代の一人当たり実質GDPは、一〇〇〇〜一八二〇年と比べても約二四倍のスピードで増加したのである。さらに、マディソンは、世界を欧、米、日本などからなるAグロープと、日本を除くアジア、旧ソ連・東欧、アフリカなどからなるBグループとの二地域に分けて分析している。興味深いのは、西暦一〇〇〇年における一人当たり実質GDPは、Aグループ平均が四〇五ドル（一九九〇年国際ドル、以下同じ）、Bグループ平均が四四〇ドルとなっていて、資本主義時代には「後進国」とみなされてきたBグループの方が高いことである。この傾向は、一五〇〇年頃までは続いたのであろう。しかし、一八二〇年にはAグループ一一三〇ドル、Bグループ五七三ドルとなり、一九九八年には二万一四七〇ドルと三一〇二ドルにまで格差が拡大するのである。

右にみてきたように、約五〇〇〇年の人類史のなかで、最近二〇〇年の資本工義時代における人口とGDPの増大は驚異的であるとともに、脅威的でもある。GDPの増大は、おそらく資源消費・廃棄物・排出物の増大を意味し、現実に地球温暖化・異常気象・資源枯渇などというかたちで地球環境との矛盾を激化させている。しかも、GDPの増大は、世界において不均等にすすんだから、テロやイラク戦争にみられるような国際間の軋轢《あつれき》をも生み出す。さらに、人類史のなかで一八二〇年頃までは年率〇％〜〇・

〇五％という一人当たり実質ＧＤＰ成長率で生きてきた人類が、そのライフ・スタイルとのかかわりで、年率一％以上という成長に耐えられるかという問題もある。長い人類史のなかでは資本主義はむしろ異常な時代である。冷戦体制崩壊後、市場と民主主義と自由が普遍化する世界の出現をもって「歴史の終り」とした見方が、いかに皮相であったかは、明らかであろう。

三　現代資本主義の変容

資本主義は、成立当初から今日に至るまでの約二〇〇年の間、平坦かつ一様に発展してきたわけではなく、一連の段階的変容をとげながら発展してきた。英国産業革命をつうじて一九世紀初頭に確立した資本主義が、必要最小資本量の相対的低位とそれにもとづく参入障壁の相対的低位のために自由競争的・個人企業的経済システムであり、それが一九世紀末から二〇世紀初めにかけて、生産力の重化学工業化に伴う必要最小資本量の増大と参入障壁の高度化を契機に独占的・株式会社的経済システムに移行したことについては、表現の仕方はともかくほとんどの論者が認めるところであろう。現代の主要な資本主義の多くも、基本的には、独占的・株式会社的経済システムである（一九世紀末以降の資本主義の基礎には独占資本主義が定着しているという観点からの一貫した分析としては、北原勇・鶴田満彦・本間要一郎編『現代資本主義』有斐閣、二〇〇一年、参照）。

一九世紀末から今日に至る独占資本主義においてもいくつかの段階的変容がみられる。第一次大戦までは、古典的独占資本主義といっていい。いわゆる「規模の経済」が作用する鉄鋼、機械、化学といった重化学工業においては、株式会社形態をつうじてカルテル、トラスト、コンツェルンといった諸独占組織が形成され、独占＝寡占価格の維持・吊り上げが行われた。こうした産業の重化学工業化・独占＝寡占化は、最先進資本主義国の英国はもとより、後発資本主義国のドイツや米国においてはより急速にすすみ、さらにフランス、日本、ロシアもその潮流に加わって、一九世紀末から二〇世紀初頭にかけては、「諸列強」の帝国主義的対立・並立が出現した。帝国主義的対立・並立は、「諸列強」が保護関税政策・植民地領有政策・軍備拡張政策・社会政策を採用することを促進し、かつての「安上がりの政府」に替わって、「経費膨脹の法則」の作用する「大きな政府」を出現させた。ここで注意しなければならないのは、この時期においては、基本的には通貨体制としての金本位制が維持されていて、独占＝寡占価格の維持・吊り上げといっても、「大きな政府」の出現といっても、金本位制のきびしい制約のもとにに置かれていたことである。たとえば、米国についてのGDPに占める全政府支出の割合は、一九一三年において八・〇％、一九七三年において三一・一％となっていて（マディソン、前掲書、一五九ページ）、第二次大戦後とは格段の違いがある。古典的独占資本主義といわれるゆえんである。

第一次大戦後から一九二九年大恐慌を挟んで第二次大戦に至る時期は、古典的独占資本主義が現代資本主義に変容していく過渡期だったといっていい。この時期における重要な変化は次の二つである。

第一は、典型的な帝国主義戦争としての第一次大戦の最中に「諸列強」のもっとも弱い一環をなしていたロシアが、一九一七年に社会主義革命により資本主義体制から離脱したことである。もちろん、革命直後のソ連の経済的・軍事的力量は矮小なものであり、その社会主義性にも疑念が抱かれるほどであったが、とにかく資本主義に代替すると称する新たな体制の出現は、資本主義諸国に国民の動員と統合のための大きな圧力を加えることになった。

第二は、第一次大戦後約一〇年にして、再建された金本位制の脆弱性と過大な対ドイツ賠償による国際不均衡が重要な要因となって一九二九年恐慌が勃発し、それに続く一九三〇年代大不況の過程で金本位制(兌換制)が停止されたことである。これによって、資本主義諸国は、さしあたり国際均衡を度外視して国債を発行し、銀行救済や失業者救済といった不況対策を実行できるようになり、国家の経済過程への大規模かつ恒常的な介入としての国家独占資本主義への道を準備した。

この意味で、大内力氏が、国家独占資本主義成立の指標を一九三〇年代初めにおける金本位制の停止に求めたのは、卓見であった(大内力『国家独占資本主義』東京大学出版会、一九七〇年)。しかし、大内氏が、労賃騰貴による利潤率の低下に恐慌の原因を見る宇野恐慌論(宇野弘藏『恐慌論』岩波書店、一九五三年)に引きずられて、金本位制停止の意義をインフレによる実質賃金率低下をつうじて、恐慌・不況を緩和することに帰着させたのは誤りであった。金本位制停止の意義は、国家がなによりもまず失業対策事業や社会福祉や軍備の拡大による有効需要の拡大をつうじて、経済過程への大規模な介入を可能にした点にあり、結果的には実質賃金率の低下を伴うとは限らないのである。しかも、一九三〇年代初めの金本位制停止とそれに続く為替ダンピング・近隣窮乏化政策は高関税に囲まれたブロック経済をもたらし、それは第二次大戦に直結したのであって、金本位制停止は国家独占資本主義成立の端緒とはいえても、本格的な確立を意味するものではなかったのである。

第二次大戦後は、第一次大戦までの古典的独占資本主義に対して、国家独占資本主義あるいは福祉国家資本主義の時代である。ここで国家独占資本主義とは、国家と巨大企業が癒着して国の利益を独占している資本主義という意味に解されやすいが、必ずしもそうではない。北原勇氏によれば、「『国家独占資本主義』は、独占資本主義の矛盾の深化による資本主義体制の危機の醸成に対し、国家が経済制度・経済過程に大規模かつ恒常的に介入することによって特徴づけられる独占資本主義である」(北原・鶴田・本間編、前掲書、一五～一六ページ)。したがって、体制危機の緩和・宥和に役立つ限り、独占的巨大企業・巨大銀行の救済のためであれ、軍備の拡大のためであれ、雇用の拡大や社会福祉の充実による社会安定のためであれ、多様なかたちで国家が経済制度・経済過程に大規模かつ恒常的に介入するのが、国家独占資本主義なのである。この意味では、軍事的ケインズ主義国家と福祉国家とは、国家独占資本主義というメダルの表裏をなしているといっていい。

ここで、第二次大戦後、独占資本主義の基礎上で、国家の大規模かつ恒常的な介入を必要にした条件と、それを可能にした条件とを考えよう。国家による介入の増大を必要にした条件としては、第一に、ソ連型社会主義が世界体制化して、軍事的・イデオロギー的にも強大化するとともに、かつての植民地・従属国の大部分が独立して国際社会で発言権をもつに至ったので、米国をはじめとする独占資本主義国は、軍事費ならびに対外援助などの財政支出を拡大せざるをえないこととなった。第二に、独占資本主義国国内においても、二度の大戦＝総力戦をへて同権化がすすみ、労働者・農民・中小商工業者などの力量が増大したので、国家は、雇用保障、所得保障、中小企業対策、社会保障などの財政支出を拡大することとなった。

国家による恒常的な介入の増大を可能にした条件としては、第一に、「初期ＩＭＦ体制」の形成がある。井村喜代子氏によれば、「『初期ＩＭＦ体制』は、第二次世界大戦前における金本位制崩壊後の為替切下げ競争、為替管理、ブロック経済化、ブロック間対立激化→戦争を回避するために、アメリカ主導で構築された統一的な国際通貨体制である」（井村喜代子『日本経済――混沌のただ中で』勁草書房、二〇〇五年、九ページ）。「初期ＩＭＦ体制」の柱は二つある。一つは、米国ドルを事実上金と等しい地位に置き、これに対応して米国政府も、外国政府および外国通貨当局に対しては、金一オンス＝三五ドルの公定レートで金の売却に応じることとしたことである。無差別・無制限ではなく、このような限られた範囲でのドルと金との交換性は、この体制の金為替本位制の疑似的性格を示すものであるが、疑似的であるにせよ、「初期ＩＭＦ体制」のもとでのドルは金の裏づけをもち、金に制約されていたことは重要である。もう一つの柱は、人為的・政策的に為替の安定を実現するために、米国ドルを基準として、いわゆる固定レート制を設けたことである。この結果、一九三〇年代にみられたような為替ダンピング競争は不可能になり、資本主義諸国は、基本的には、生産性の向上・合理化をすすめることによってしか輸出競争に勝利しえないことになった。

国家による介入の増大を可能にした条件の第二は、冷戦体制下の東西軍備競争と固定レート制下の輸出競争の圧力もあって、生産性の向上、技術革新、新技術の普及がすすみ、空前の経済成長が出現したことである。とくに第二次大戦の被害を大規模に被った欧州と日本は、大戦直後には圧倒的な経済力をもっていた米国の新鋭重化学工業の技術を導入することによって、急速な経済回復をとげた。マディソンによれば、一九五〇～一九七三年における一人当たり実質ＧＤＰ年平均成長率は、先進資本主義国平均では三・七二％で、他の時代にくらべて突出している（たとえば、一八七〇～一九一三年では、一・五六％）。とくに、西欧は四・〇八％、日本は八・〇五％で、先進資本主義国平均を大きく上回っている（マディソン、前掲書、一五二ページ）。史上にも稀な急速な経済成長にもとづいて、先進資本主義国家は、米国のように軍備を拡大するとともに対後進国援助を増大し、欧州のように社会保障・社会福祉を充実し、日本のように産業基盤を整備するというかたちで、経済過程に大規模かつ恒常的に介入することができたのである。マディソンは、一九五〇～一九七二年を「黄金時代」と名づけているが、これはまさに、国家独占資本主義あるいは福祉国家資本主義の「黄金時代」であった。

このような「黄金時代」にピリオドを打ったのは、直接には一九七三～七四年の第一次石油危機であったが、これは、じつは一九七一年のいわゆるニクソン・ショックの必然的結果であった。すなわち、西欧・日本の追い上げ、米国巨大企業の多国籍化やベトナム戦争に伴う米国軍事支出の増大のために、米国国際収支の赤字が累積し、それに伴って外国保有ドルの金との交換も増大して、米国の公的金保有は、必要最低限といわれていた一〇〇億ドル近くにまで減少したので、一九七一年八月、ニクソン大統領（当時）は、一オンスの金＝三五ドルの交換を停止したのである。この公定レートでの金・ドル交換の停止は、ドルに金の裏づけがないことを明白にし、ドルを基準とした固定レート制をも瓦解させて、一九七三年二～三月には、主要先進国の通貨は、すべて変動相場制に移行した。かくして金・ドル交換と固定レート制を二大支柱としていた「初期ＩＭＦ体制」は事実上崩壊した。金・ドル交換の停止は、米国がより自由に対外支出を行うことを可能にし、変動相場制は、建前上は固定レート維持のための緊縮政策を不要にすると考えられていたために、国際的に大量の過剰流動性（遊休資金）が形成され、インフレ期待も高まった。このような条件のなかで、第一次石油危機が勃発したのである。ニクソン・ショックと石油危機という相互に結びつく二つの要因が、第二次大戦後の国家独占資本主義あるいは福祉国家資本主義の条件を喪失させたと考えられる。

一九七四～七五年恐慌とその後のスタグフレーションの過程を契機として、資本主義は、低成長、情報化、金融化、グローバル化、福祉削減・民営化の新自由主義などの諸現象によって特徴づけられる新しい局面を展開してきた。この新しい局面の展開について、井村喜代子氏は「現代資本主義の変質」（井村、前掲書、序章）といい、伊藤誠氏は「逆流する資本主義」（伊藤誠『逆流する資本主義』東洋経済新報社、一九九〇年）といい、北原勇氏は「世界大の国家独占資本主義」（北原勇・伊藤誠・山田鋭夫『現代資本主義をどう視るか』青木書店、一九九七年）といい、北村洋基氏は「情報資本主義」（北村洋基『情報資本主義論』大月書店、二〇〇三年）といっている。新しい局面を特徴づけるネーミングは、ある程度まで便宜的であってよく、独占資本主義を基礎としながら、古典的独占資本主義や国家独占資本主義あるいは福祉国家資本主義と段階的に区別される含意があればよいと思われるのであるが、筆者は、ジョージ・ソロス『グローバル資本主義の危機』（大原進訳、日本経済新聞社、一九九九年）、SGCIME編『マルクス経済学の現代的課題』シリーズ（全九巻、御茶の水書房、二〇〇三年〜）、馬場宏二氏の前掲書（とくに第一三章）などとともに、「グローバル資本主義」と規定した（鶴田満彦編著『現代経済システム論』日本経済評論社、二〇〇五年、とくに第三章。また本書への批評と新たな時期区分の提案については、八尾信光「グローバル資本主義の形成と将来展望」、『政経研究』第八五号、二〇〇五年、（財）政治経済研究所、を参照）。

国家独占資本主義あるいは福祉国家資本主義からグローバル資本主義への変容の基礎には、次のような変化があった。

第一に、石油危機を契機に従来のエネルギー多消費型の重化学工業に替わって、ME（マイクロ・エレクトロニクス）革命に始まるハード・ソフトを含めた情報産業が、あらたな産業的基軸となった。情報産業においても、基礎的な部品や基本ソフトの開発と生産には、重化学工業に劣らぬほどの巨額の必要最小資本量を要する。この意味では、情報産業を基軸とするグローバル資本主義も依然として独占資本主義なのである。

第二に、生産過程における情報化・コンピュータ化は、従来の労働のあり方を一変させた。すなわち、一方では、一人で一日中コンピュータ画面を黙視し続けるような分散的労働があり、他方では、ソフトウエアの開発のように創造性を要求される高度な科学的労働があって、労働の一体化は解体することとなった。このような労働の多様化　分散化・個別化は、雇用形態の多様化（非正規労働の増加）をも作り出して、七〇年代末以降、世界的な規模で労働運動の弱体化をもたらした。

第三に、七〇年代以降のコンピュータ情報化は、九〇年代のインターネット革命と結びついて通信の高速化・大容量化・低廉化をもたらし、経済活動のグローバル化をすすめた。とくに、井村喜代子氏が指摘しているように（井村、前掲書、一六～一七ページ）、「初期ＩＭＦ体制」崩壊の際、米国はいち早く資本取引規制を撤廃し、金融面での規制緩和＝金融自由化を国内外で推進して、これが結果的には大量の国際的投機資金を生み出すのであるが、この国際的投機資金とそれを媒介する金融業が、情報通信革命と結合したとき、巨大な相乗効果をもたらした。情報通信革命は、デリバティブを含む金融商品を次々と作り出して市場を拡大するとともに、資金移動を画期的に迅速化して、グローバルな金融革新を生み出し、グローバル化と経済の金融化をすすめた。

第四に、経済政策の面では、七〇年代末以降、規制緩和・民営化の新自由主義が台頭してくる。サッチャーリズム、レーガノミクス、中曽根臨調路線などが、その代表である。グローバル化・国際化のなかでは、国家による規制は無効・無用になるという面もあるが、それだけではない。第二次大戦後の国家独占資本主義あるいは福祉国家資本主義のもとで主流をなしてきたケインズ的需要管理政策が、七〇年代のスタグフレーションに有効性を発揮できず、いたずらに財政赤字を累積させたので、その反動として、需要管理を放棄し、マネー・ストックだけをコントロールする新自由主義が選好されたという面もある。さらに、独占資本が、財政赤字累積・低成長・低賃金という現実に悪乗りして、従来の福祉国家体制を見直し、低福祉・低賃金のもとでの蓄積体制の再構築を追求したという面もあろう。

このように産業構造、労働形態、金融制度、経済政策のいずれをとっても、一九七〇年代においては重要な変容が生じている。もちろん、国家独占資本主義あるいは福祉国家資本主義からグローバル資本主義への変容といっても、国家の介入がまったくなくなったとか、福祉国家体制が崩壊したといっているわけではない。一九九〇年代、米国政府によるLTCM（ヘッジファンド）の救済、日本政府による住宅専門金融機関や大銀行の救済にみられるように、グローバル資本主義のもとにおいても国家は依然として「最後の救いの神」であり、福祉国家体制もスリム化はしているが、現存している。しかし、七〇年代末以降の資本主義を主導し、特徴づけている要素は、もはや国家介入や福祉国家ではなく、グローバル化・情報化・自由化であるように思われる。

四　現代資本主義の多様性

グローバル資本主義といっても、かならずしもさまざまな資本主義が最優位の単一モデルに収斂することを意味するものではない。生き物と同じように、さまざまなタイプの資本主義が共存する場合、相互に模倣し合い、浸透し合って収斂する面と、相互に接触することで反発し、かえって差異性を強めて拡散する面と両方あるように思われる。

ところで、さまざまな資本主義とか、資本主義の国民的・地域的差異とはどういうことであろうか。資本主義とは、資本主義的生産様式を基礎にした社会といった程度に定義しておくこととするが、資本主義的生産様式のコアは、労働者が資本家に雇用されて労働することをつうじて剰余価値（純生産と労働者が受けとる実質賃金の差）を生み出すという関係である。労働者も資本家もさしあたりは諸個人としてあらわれ、かれらが生産に参加する際に入り込む有機的組織体は企業と呼ばれる。社会を維持してゆくためには、公共財の供給など公共業務を行う公的機関が必要であり、その公的機関は政府と呼ばれる。したがって、資本主義のより現実的な個性や特性は、資本・賃労働関係をコアとして、諸個人・企業・政府といった諸経済主体がどのような相互関係にあり、どのように行動するかによって決まるといってよい。しかも、これらの諸経済主体の相互関係にしても、かれらの行動様式にしても、けっして最適原理のような単純な原理で決まるのではない。それらは、さしあたりは自然的・社会的・国際的環境の制約のもとで、制度・慣行にもとづいて決まり、さらに環境・制度との相互作用やそれぞれ意思や意欲をもった諸経済主体間の相互作用をつうじて変化するのである。社会的環境や制度や慣行は歴史的経路によって決定されることが多いから、経済学における歴史的・社会的アプローチは重要である。たとえば、労働者と資本家との関係、諸個人と企業との関係、諸個人と政府との関係は、歴史や慣行を異にする諸資本主義国のあいだで、いちじるしく相違していることが多いのである。

第二次大戦後の冷戦期において、資本主義と社会主義の体制間対抗が前面に出ていたあいだは、体制間対抗に規定されて、資本主義は、米国を中心に結束し、国家独占資本主義あるいは福祉国家資本主義という厚化粧をほどこしてきた。冷戦後、ソ連型社会主義が崩壊して体制間対抗という重圧が消滅すると、一方では資本主義の本性がより赤裸々なかたちで表出するとともに、現代資本主義の多様性がクローズアップされてきたのである。

現代資本主義の多様性を表す諸モデルは、さしあたり次の三つである。第一は、米英などアングロサクソン型資本主義で、個人主義の色彩が濃く、「すべてを市場に任せよ」という市場優位型である。これは、資本主義が英国においてもっとも早く発祥し、共同体から市場経済化への移行がもっとも早く行われたからであり、しかもこの市場経済システムがより純粋なかたちで米国に導入されたからである。文化的には封建制およびそれ以前の伝統をもたない米国は、英国以上に自己責任社会・市場優位社会になった。

第二は、ドイツに代表されるヨーロッパ型資本主義で、相互扶助など共同体的伝統を残し、社会優位型である。ヨーロッパは、中世封建世界の中心で、封建制の基盤は共同体にあったのだから、共同体的伝統が強いのも当然である。したがって、ヨーロッパ型資本主義のもとでは、市場は社会の一部であって、有用ではあるけれども絶対的・普遍的制度であるとは考えられていない。このような伝統が、第二次大戦後ドイツを特徴づけてきた社会的市場経済を生み出し、そこでは企業の労使共同決定制度や政府による株式保有制度などを含む社会優位の資本主義が形成されてきた。

第三は、日本型資本主義で、その特徴は企業優位型である。日本型資本主義の中核となる大企業の内部では、終身雇用慣行と年功序列型賃金と企業別組合という日本的経営が定着し、この日本的経営と企業間の株式相互持ち合いにもとづいて経営者支配が成立している。そしてこの大企業体制が、企業集団、系列下請け、政官財複合体といったネットワークによって支援されているというのが、日本型資本主義の大雑把な仕組みである。日本型資本主義は、かつては「ジャパン・アズ・ナンバーワン」といわれるほどの生産効率性をあげたが、他方では長時間労働やサービス残業、さらには家族や地域の崩壊といった負の副産物を生んだ。そしてそれは、バブル崩壊後の長期不況のなかでは非正規雇用の増大、成果主義賃金の導入、株式相互持ち合いの解消というかたちで変容してきているが、その骨格は残存しているといっていい。

これらのうち、現代のグローバル資本主義の主要な担い手となり、既存の社会・労働システムや福祉システムに対してもっとも破壊的な影響を及ぼしつつあるのが、米国に代表されるアングロサクソン型資本主義であり、これはすでに、ＥＵや日本にもかなりな程度浸透してきていると考えられる。ＥＵや日本における社会福祉の縮小、労働者保護の削減、労働市場の柔軟化（非正規雇用の自由化）の傾向は、このことを示している。しかし、前述のとおり、異なった型の資本主義が共存する場合、浸透・収斂の力が働くばかりでなく、逆に反発・拡散の力も働く。とくにＥＵは、その内部に小国際社会があり、多様な文化や価値を共存させる力量と経験に富んでいるうえ、ユーロというドルへの代替可能性がある国際通貨をもっているから、ＥＵの基盤となっている社会優位のヨーロッパ型資本主義が簡単にアングロサクソン型資本主義に同化するとは考えられない。

日本型資本主義は、長期不況のなかで疲弊したうえ、小泉＝竹中ラインの構造改革によってアングロサクソン型資本主義に同化する傾向もみせているが、かならずしもそればかりではない。もともと歴史貫通的な企業の本質は、「ものづくり協働体」にあり、終身雇用慣行や内部経営者支配の特徴をもつ日本型資本主義は、「ものづくり協働体」としての実体を比較的に備えている。自動車など「すり合わせ」型製造業における強い競争力の秘密もそこにある。日本の企業の公共性・社会性を強めて、反社会的な側面を払拭できるならば、日本型資本主義は、アングロサクソン型資本主義への対抗モデルとして十分に生き残りうるであろう。

さまざまな型の資本主義があり、かならずしも簡単には単一モデルに収斂しないということは、資本主義の枠のなかにあっても、可能な範囲内で社会的・国際的環境や制度や慣行を変えることによって、より望ましい型に変えることが可能であるということを意味する。もちろん、そのためには、何が望ましいかについての諸個人の民主主義的な合意形成が不可欠であるし、望ましさの要素をなしている自由、平等、正義、利己、博愛といった価値や規範に関する情報も豊富に交換され、共有される必要がある。

望ましい社会経済システムの選択は、資本主義の枠内に限定される必要はない。諸個人の合意形成があれば、社会的・国際的環境、制度や慣行、諸個人・企業・政府の相互関係を変えることによって、諸個人間の平等が保障され、諸個人が企業や政府のあらゆる決定に参加できるような社会主義的なシステムを選択することも可能である。現代のグローバル資本主義の暴走、資源枯渇や温暖化など地球環境危機の深刻化、世界的不平等の絶望的な拡大といった現実をみるとき、資本主義と人類との平和共存は、困難なように思われる。このような認識が全人類のものとなったとき、社会主義が現実のものになるだろう（鶴田満彦「望ましい経済システム」、『政経研究』第八四号、二〇〇五年、（財）政治経済研究所、および本書終章を参照）。

II

現代国家の危機と将来

第六章　現代国家の危機

一　二〇世紀における国家の興亡

世紀の転換点に立って激動に満ちた二〇世紀を回顧したとき、激動の主役の少なくとも一つは、近代国民国家であったように思われる。

二〇世紀初頭はまさに帝国王義の時代であった。世界に先駆けて産業革命を達成し、「世界の工場」となってパックス・ブリタニカを展開したイギリスに対し、重工業を産業的基礎として急速に金融資本的蓄積を推進したドイツ、アメリカが工業力ではイギリスを凌駕し、旧世界の伝統的大国であるフランス、さらに後発のロシア、日本とともに、いわゆる「諸列強」を形成する。金融資本は、本来、自由な競争ではなく独占と帝国主義的支配を志向するものであり、多かれ少なかれ金融資本に経済的基礎をおく列強が、市場と植民地をめぐって闘争したときは、戦争に至らざるをえない。かくして、第一次世界大戦は、典型的な帝国主義戦争となったのである。

この最初の帝国主義戦争は、同時に、人類史上初めての世界を舞台にした総力戦であり、英・米・仏ブロックの勝利と独・墺ブロックの敗北に終わったが、戦争当事者の意図に反した次のような結果ももたらした。それは、第一に、帝国主義のもっとも弱い環であったロシアが一九一七年革命により資本主義世界から脱落したこと、第二に、植民地・従属国においてナショナリズムが高揚し、新国民国家形成への運動が発展したこと、第三に、帝国主義国・先進資本主義国の内部でも総力戦の遂行の過程で階級・人種・性の間の同権意識が前進したことである。

ロシア革命は、社会主義を標榜しながら、国家資本主義から、国有・国営化を推進し、事実上、国家社会主義ともいうべきシステムを構築するに至り、その国家主導の計画性と大衆福祉志向性は、資本主義諸国にも強烈なインパクトを与えた。植民地・従属国における民族自決・民族解放運動の発展は、国民国家主義に新たなエネルギーを注入するものであった。同権化の前進は、社会コンフリクトを激化し、国家による調整の必要度を高めた。

このように、第一次大戦をつうじて社会システムにおける国家の役割は一段と上昇したのであるが、たとえばGNPにおける公的部門の比率などに示される国家の経済的比重は、一九二〇年代の大多数の資本主義経済においてまだ一桁にすぎなかったのである。

一九二九年恐慌とそれに続く三〇年代大不況は、資本主義の自動調節機能に対する人々の懐疑を決定的なものとし、国際金本位制の解体・管理通貨制の導入を契機として、資本主義国家の経済過程への介入を画期的に強めるものとなった。いわゆる国家独占資本主義の成立である。イギリスは、英連邦諸国を統合して関税障壁を高め、既得権益を維持しようとし、アメリカはニューディール政策によって国内的雇用の確保をはかり、ドイツ・日本などは、軍事侵略によって自己の再生産圏を拡大しようとした。こうした一国レベルの諸国家独占資本主義は、ブロック化をつうじて、国際的対立を激化せざるをえず、第一次大戦後二〇年余にして第二次世界大戦をもたらした。

第二次大戦は、第一次大戦を上回る総力戦であって、米・英・仏ブロック対独・日ブロックという帝国主義戦争であると同時に、ソ連にとっては社会主義防衛戦争であり、中国など多くのアジア諸国にとっては民族解放戦争であった。大戦の性格が多面的であることに対応して、大戦の結果は多面的であったが、いずれの面においても注目すべきことは、国家の役割の増大である。

まず先進資本主義諸国においては、戦後の国際経済関係を律するものとしてIMF・GATT体制が確立され、アメリカ・ドルが金と等しい地位に置かれ、アメリカの対内的・対外的スペンディングを梃子として、いわば国家独占資本主義が国際的に展開されたのである。一九三〇年代のブロック経済下の国家独占資本主義が短期間のうちに行き詰まりをみせ、世界大戦に突入せざるをえなかったのに対し、戦後パックス・アメリカーナのもとでの国家独占資本主義は相対的にはオープン・システムであり、より長期に存続しうる可能性をもつものであった。その意味で、先進資本主義諸国に国家独占資本主義体制が確立したのは、第二次大戦後であるといっていい。先進諸国のGNPにおいて公的部門の割合が恒常的に二桁になるのも、第二次大戦後のことである。

戦後の政治的・軍事的な国際関係を律したものは、いわゆる東西冷戦であり、それは部分的には朝鮮戦争やヴェトナム戦争のような大規模な熱戦をも伴っていた。この冷戦に強制され、またある場合にはそれを口実として、アメリカは、およそGNPの一〇%に近い軍事支出を行い、乗数効果をつうじて需要拡大による経済成長を実現した。軍事支出自体は再生産外消耗に過ぎず、長期的には潜在成長力を低下させるが、短期的には剰余を吸収することによって稼働率を高め、実現利潤率を高める効果をもつ。また軍事支出に伴う軍事効果優先の採算を度外視した研究開発は、核やロケット技術をはじめ、コンピュータ、エレクトロニクス、新素材など、民生にも転用できる画期的新技術を生み出した。第二次大戦後のいわゆる科学・技術革命は、東西冷戦に伴う軍事支出と無関係ではないのである。

第二次大戦後の国家独占資本主義のメダルの表がアメリカに代表される軍事国家（war-fare state）だったとすれば、その裏面は北欧・西欧に代表される福祉国家（welfare state）であった。同権化は、第一次大戦の時期以上のテンポですすみ、北欧・西欧諸国の多くでは社会民主主義政権が成立して、最低賃金制、医療保障、雇用保障、年金制度などの社会保障制度が整備された。西ドイツ（当時）では、労働者の経営参加も制度化された。社会保障後進国といわれるアメリカでも、一九四六年の雇用法、一九六〇年代の公民権法とジョンソンの「偉大な社会」計画などを梃子として、福祉国家化がすすんだ。日本でも、戦後改革を土台として医療保険、失業保険などの社会保障を整備し、七〇年代初頭には公的年金制度をととのえるに至った。

しかし、一九七〇年代後半以降になると、イデオロギーの面でも経済政策の面でも、規制緩和・民営化の新自由主義的潮流が優位をしめるようになり、福祉国家は陰りをみせてくる。先進諸国の政策決定権は、国連・ＩＭＦ・世界銀行・サミットといった公式・非公式の超国家的組織にある程度まで吸収されるのに加えて、自治体・ＮＧＯといった組織にも浸食される。さらに、九〇年代には、ヨーロッパ連合（ＥＵ）がスタートし、九九年からは通貨統合も実現して、近代国民国家に挑戦している。

ひるがえって、他方、第一次〜三次の五か年計画をつうじて重工業化をすすめ、国有・国営中心の国家社会主義を建設しつつあったソ連にとって、第二次大戦は、苛酷な試練であったにちがいない。大戦中は、国土の多くをドイツ軍に占領され、約二五〇〇万人の死傷者を出し、二つの五か年計画の成果に相当するおよそ一二八〇億米ドル（当時価格）の損害を被った。しかし、重工業化の基礎にもとづいて、祖国防衛という単純明快なスローガンで多民族国民を統合し、連合国の米・英からの援助も引き出しながら、ヨーロッパ戦線では勝利の主役となったことは、ソ連にとって巨大な成果であった。大戦後、ソ連は、東ドイツおよび東欧六か国を衛星国化し（ユーゴスラヴィアは後に離脱）、他方、中国革命が成功して、当時としてはソ連型の国家社会主義が「世界体制化」したのである。

戦後の東西冷戦も、ソ連に対してはGNPの一五％以上に及ぶ軍事支出を強いるなど、経済的には重い負担となったが、国内政治的には集権的な国家社会主義の抑圧体制を強化し、それへの批判を封じ込めるのにむしろ役立った。逆説的にいえば、第二次大戦と戦後の東西冷戦こそが、国家社会主義が生き延びることを可能としたのである。

第一次大戦時から引き続いている民族自決・民族解放の運動は、第二次大戦中と戦後において劇的な前進をとげ、アジア・アフリカの多くの旧植民地が独立を達成した。すなわち、一九四〇年代後半には、中国、ヴェトナム、北朝鮮における民族解放革命の勝利＝人民民主主義国家の樹立と並行して、インド、パキスタン、インドネシア、韓国など東アジア諸国において独立国家が誕生し、五〇年代には、エジプト、ガーナ、アルジェリアなどアフリカ諸国が独立を達成した。さらに、五〇年代末にはキューバ独立革命が勝利して、アメリカの中南米支配に楔が打ち込まれた。

一九七〇年代前半には、先進諸国の国家独占資本主義的発展への当然の反作用といっていい資源危機（第一次石油危機）が爆発するとともに、それと連動して七四年には国連で「新国際経済秩序」（ＮＩＥＯ）

が宣言され、資源ナショナリズムが一段と高揚した。しかし、七四〜七五年の世界同時恐慌の後、省エネルギー・省力化・ME化の産業構造変化のなかで、資源ナショナリズムは停滞し、それに代わって七〇年代末からは国家主導の加工輸出戦略をとる韓国、台湾、香港、シンガポール（アジアNIEsあるいはfour dragons）がテイク・オフをとげてゆく。八〇年代には、ASEAN諸国および中国がアジアNIEsを追いかけて急速に工業化をすすめた。世界銀行が「東アジアの奇跡」と呼んだこの東アジアの急成長の過程には、国家主導の産業政策・輸出戦略があり、経済発展における国家の役割があらためてクローズ・アップされたのである。

以上のように、二〇世紀において社会システムにおける国家の比重は、先進諸国、いわゆる社会主義諸国、発展途上諸国によってさまざまな状況を見せているにせよ、ある時期までは増大していた。ところが、一九九〇年前後には、ソ連型の国家社会主義体制は崩壊し、先進諸国の国家独占資本主義＝福祉国家体制も、七〇年代末以降になると、規制緩和・民営化の潮流のなかで顕著に後退してゆく。さらに、時期はやや遅れるが、一九九〇年代後半には、「東アジアの奇跡」の主役をなした東アジア諸国が通貨・金融危機の波に飲み込まれて、その国家主導のシステムを解体されてゆく。

この意味で、世紀の転換点の現代は、国家受難の時代であるといえる。現代国家の危機の様相はどのようなものか？　危機の原因は何か？　現代国家はどこへ行こうとしているのか？　これらを明らかにすることが、本章の目的である。

二　国家社会主義の崩壊

一九一七年ロシア革命によって創出され、レーニンやスターリンの指導によって形成・確立されたソ連型社会・経済システムを国家社会主義と定義することには、もちろん、異論が予想される。最大の異論は、大谷禎之介氏（〔3〕）やチャトパディヤイ（〔12〕）がいうように、旧ソ連は社会主義ではなく、国家資本主義にほかならなかったというものであろう。たしかに、社会主義のエッセンスを「ひとりひとりの自由な発展がすべての人々の自由な発展の条件となっているような association」（『共産党宣言』）と把握するならば、ソ連型システムが社会主義とは程遠い存在であったことは、明白である。しかし、社会主義を「社会化された人間、結合された生産者たちが、……物質代謝を合理的に規制し自分たちの共同的統制のもとに置く」（『資本論』第三巻、第四八章）という程度にゆるく定義するならば、ソ連型システムも、社会主義の一種のヴァリエイションと見てもいいのではないかと思われる。ただ、ソ連型システムにおいては、マルクス理解がきわめて粗雑かつ一面的であって、「結合された生産者」＝集団化とされ、「合理的規制」＝非人間的・官僚的規制とされ、「共同的統制」＝中央集権的計画経済とされたのである。

ソ連型システムの最大の特徴は、国家に付与されている強大な権力である。本来、マルクス思想のなかには「国家の死滅」という要素が存在したのだが、ソ連型システムの確立・発展は、国家の強大化の過程でもあった。国家の強大化は、その中核をなす前衛党・特権的官僚機構の強大化を意味した。

もともとロシア革命の指導者レーニンは、第一次大戦期ドイツの「ひとつの中心から六六〇〇万人の経済生活を指導する」（［20］一六九ページ）といわれた戦時国家独占資本主義に強い印象を受け、かれの新社会建設の構想のなかには、既存の国家資本主義ないし戦時国家独占資本主義の要素を物質的基盤として社会主義に継承し、利用しようというものがあったように思われる。たとえば、レーニンは、一九一七年九月に書かれた小冊子「さしせまる破局、それとどうたたかうか」のなかで次のようにいう。「国家独占資本主義は社会主義のための最も完全な物質的準備であり、社会主義への入口であり、それと社会主義と名づけられる段階との間にはいかなる中間段階もないような一歴史段階である」（［21］三八六ページ）。もしレーニンが、社会主義とは目的と指導部だけが替わった国家独占資本主義だと解していたとすれば、「自由な人々の association」（『資本論』第一巻）というマルクスのアイディアからの大きな偏向があったといわねばならないだろう。

しかし、レーニンは、戦時共産主義を一九二一年にネップ（新経済政策）に転換し、いわば市場社会主義を実験するなかで、国家を介してひとつの中心から社会の全成員を指導する社会主義という構想を変えていったように思われる。従来、ネップは、戦時共産主義の失敗を回復するための苦肉の妥協策と解される傾向があったが、岡田和彦氏の研究によれば、けっしてそうではなく、そこにはレーニンの市場理論の根本的転回があったとのことである。すなわち、氏は、次のようにいう。「レーニンは、商品経済の流通諸形態が社会的再生産過程に対して一定の独立性を有し、資本主義的生産関係のみならず社会主義的生産関係にも付着しうる、との認識を実践的に獲得したのである。こうして、商品、貨幣が存在していても社会は必ずしも資本主義化するとは限らないこと、プロレタリアート独裁下での国家による経済『瞰制高地』の掌握を前提すれば、商品経済の流通諸形態を社会主義経済建設のために利用しうることが承認された。

そして、社会経済発展の社会主義的方向性を保障すべく、市場を適度に活気づけつつ市場独自の道具で意識的に制御することが追求されたのである。」（［4］一四九ページ）

だが、レーニンの死（一九二四年）とそれに続くソ連共産党内の主導権闘争でスターリンが勝利をおさめたことにより、ネップは一九二七年までには打ち切られ、一九二八年からは重工業優先の工業化と富農排除の農業集団化をめざす第一次五か年計画が開始される。富農からの収奪と農業集団化によって生み出された物的・人間的剰余を重工業化のために投入するという社会主義的原始蓄積である。資本主義的原始蓄積の場合と同じく、国家を介する強力が重要な役割を果たした。一九三〇年代には、農業集団化と共産党内反対派の大量粛正のために、少なくとも数百万の人々が抹殺されたといわれる。

こうした殺戮と恐怖の上に構築されたものが、ソ連型の国家社会主義である。ヒットラーのナチスも国家社会主義（Nationalsozializsums）と称していたが、ヒットラーとスターリンとの間には、社会的・イデオロギー的基盤の相違こそあれ、非人間的・全体主義的手法においては共通するものがあった。

ソ連型の国家社会主義が、なんとか一九七〇年代前半頃までは見るべき業績をあげることができ、九〇年前後まで生き延びることができたのは、一面では労働者国家としての社会福祉・教育の充実に加えて、資源や動員可能な労働力の豊富さのためであったが、他面では、前述のとおり、第二次大戦と戦後東西冷戦を梃子とする国民的動員＝統合のためでもあった。いかなる犠牲を払っても、大戦中のドイツの侵略、戦後のアメリカを盟主とするソ連包囲網から祖国を防衛しようという国民的感情が、非人間的・抑圧的体制を許容したのである。もちろん、スターリンの死後、一定の「雪解け」現象が生じ、一九六五年には分権化の方向をめざして経済計画管理制度の改革が試みられるが、国有・国営の企業体制には手がつけられなかったので、その効果も一時的なものにとどまった。

一九七一年の米中国交正常化、七三年のアメリカによるヴェトナム撤退、七五年の解放戦線側の勝利にもとづく南北ヴェトナムの統一は、世界的にデタントの潮流を作り出し、東西冷戦体制を事実上解体させたが、皮肉なことに、七〇年代後半以降になると、ソ連経済の停滞が顕著となってくるのである。とくに、七九年には、第二次大戦後はじめて石炭・鉄鋼・機械の生産がいずれも前年度を下回るに至った。このソ連経済の停滞ないし後退は、資源・労働力投入型の経済成長に行き詰まりが出てきたこと、世界的な石油危機後・冷戦後の産業構造転換にフレキシブルに対応できなかったことなどに加えて、東西冷戦を梃子とする国民的動員・統合の力が低下したことにもとづいている。ソ連国民にとって、ヴェトナム支援は「大義ある闘い」であったが、八〇年代のアフガニスタン侵略はまったく「大義なき闘い」でしかなく、むしろ国家への忠誠心を喪失させるのに役立った。

旧態依然とした政治的抑圧体制が続くなかで、経済活動が不振に陥り、国民的・国家的求心力も低下してくると、社会生活は解体の危機に瀕する。一九八五年からのゴルバチョフのペレストロイカは、情報公開、自由化、民主化、市場化をつうじて社会主義を上から再活性化させようとするものであったが、むしろ長年にわたって累積してきた対立や軋轢を噴出させる結果に終わった。かくして、一九九一年、保守派によるクーデタ失敗を契機に、ソ連国家は解体するのである。

一九九〇年前後には、ソ連のみならず、東ドイツおよび東欧でも国家社会主義が崩壊し、体制転換が行われた。革命ともいっていいこの体制転換において注目されるのは、ルーマニアなどごく一部を除いて、ほとんど流血の惨事を伴わなかったことである。革命のような体制転換の際には、既存利益を守ろうとする集団が武力に訴えてでも体制転換を阻止するというのが、これまでの国家の歴史の示すところであったのだが、その常識が幸いなことに覆されたわけである。国家社会主義のもとでの市民社会的良識が成熟していたのか、既存利益維持集団が絶望的なほど少数であったのか、将来のありうる再転換もまた無血で行われると期待していいのか、いずれにしても、国家論に対して挑戦的な課題を投げかけたものといっていい。

情報公開、自由化などの政治改革を先行的に実施しようとしたソ連のペレストロイカが、結果的には国家解体に帰結したのとは対照的に、中国は、政治的抑圧体制を維持しながら、経済活動においては開放・改革路線を大胆に推しすすめて、社会主義市場経済を構築しつつある。ヴェトナムやキューバも、大筋においてこの路線を追求しつつあるように見える。ネップの経験が示しているように、社会主義と市場経済はけっして両立不可能なものではないが、市場経済の成功による所得水準・生活水準の上昇は、おそらく政治的・市民的自由への需要も増大させるはずであって、これらの諸国にあっては、社会主義と市場経済と政治的・市民的自由を鼎立させることが、国家存続の条件となるであろう。

三　福祉国家の後退

ソ連をはじめとする国家社会主義諸国にとって一九七〇年代が重要な転換期となったように、先進資本主義諸国の国家独占資本主義体制にとっても、七〇年代は画期となった。

さきに述べたように、第二次大戦後の国家独占資本主義は、ＩＭＦ・ＧＡＴＴ体制のもとで、アメリカの対内的・対外的スペンディングを起点としてオープンな性格をもっていた。ここでは、アメリカはある程度まで国際収支に制約されることなく積極的・自律的にスペンディングを行って、パックス・アメリカーナを維持しながら自国の経済成長を達成することができ、西欧・日本は、かなりな程度まで対米輸出に依存しながら、国内的蓄積をすすめることができた。すなわち、アメリカの自律的スペンディングを起点として、先進諸国内部では、輸出・投資・消費が相互依存的に拡大したのである。そのなかでは、敗戦国として、老朽設備・老朽技術から比較的に自由でキャッチ・アップの余地をもっとも多くもっていた日本と西ドイツの高成長が際立っていた。

しかし、戦後ＩＭＦ体制の根本的矛盾は、アメリカは自己の国際収支を赤字にすることによってしか、世界経済の拡大に見合う流動性を供給することができず、アメリカ国際収支の赤字の持続はドルへの不安を高めて、ドルから金への兌換を増大させ、アメリカの保有する金を枯渇させる可能性をもっていたことである。一九四九年には二四六億ドルに達していたアメリカの公的金保有は、五九年には二〇〇億ドルを割るに至り、六〇年代に入ると対外短期債務残高を下回るようになる。とくに、一九六五年にヴェトナム戦争に本格介入して以降は、アメリカからの金流出は急激となり、一九六八年には金プールの停止、金の二重価格制が行われるに至った。金一オンス＝三五ドルを公的金価格としていたＩＭＦ体制は、まったく形骸化した。

このような背景のもとに、一九七一年八月にはニクソン大統領による金・ドル交換停止の声明がなされた。いわゆるニクソン・ショックである。同年一二月のスミソニアン合意にもとづいて再建された固定レート制も束の間に瓦解し、七三年二～三月からは、主要国通貨は、金との連繋を失ったまま、フロート

（変動相場）するようになる。

一九七一〜七三年におけるＩＭＦ体制の崩壊は、戦後国家独占資本主義体制の危機を意味するものではあっても、ただちにアメリカの国際的地位の危機を意味するものではなかった。なぜならば、名実ともに不換となったドルは、依然として国際通貨として通用したのであり、アメリカは、自己の金保有に制約されることなく、スペンディングを行うことができたからである。アメリカのいわば貨幣鋳造権（signorage）は、むしろ強まったといっていい。

ニクソン・ショックへの直接の反作用は、国際的インフレであった。金の制約からより自由になったアメリカは、いっそう節度のないスペンディングを行い、西欧や日本も、ドル準備増大にもとづいてマネー・ストックを増加させる。一九七一〜七三年の時期の日本は、輸出競争力低下につながる円高を回避しようとして、「調整インフレ」策すら採用したのである。かくして、国際的にも過剰資金＝過剰ドルがユーロ・ダラーなどの形態で累積するとともに、先進諸国内部にも過剰流動性が形成され、インフレ要因となった。

先進諸国のインフレ傾向に対する当然の結果として、資源国・発展途上国が交易条件を維持ないし改善するために資源価格の引上げを行った。五〇年代〜六〇年代の国家独占資本主義的蓄積の国際的展開は、すでに資源制約を強めていたし、一九七四年の国連の「新国際経済秩序」（ＮＩＥＯ）宣言にもみられるように資源ナショナリズムも高揚していたから、資源価格の引上げは、比較的に容易であった。

このような背景のもとに生じたのが、一九七三〜七四年のＯＰＥＣ（石油輸出国機構）による原油価格の四倍引上げ、いわゆる第一次石油危機である。これは、もともと第四次中東戦争に際してのアラブ側の戦略として行われたものであるが、先進諸国の資源浪費的蓄積ならびにインフレ的通貨・金融政策に対する必然的な反作用という性格をもっていた。これによって、多くの石油消費国・先進諸国は、経常収支の赤字、所得移転による需要不足ならびに二桁の物価上昇に悩まされ、いわゆるスタグフレーションの様相を示すことになる。一九七四〜七五年は、第二次大戦後初めてといっていい本格的な世界同時恐慌の年となった。

第一次石油危機を契機とする過剰生産恐慌に対して、多くの先進諸国は、財政赤字をつうじて需要の注入をはかりつつ、公定歩合引上げなどのインフレ対策を行うことを余儀なくされた。その結果、七〇年代後半には、多くの先進諸国において財政赤字が急増する。また、民間部門では、高石油価格に適応しようとして、省エネルギー・省力化の技術革新がすすみ、伝統的な重厚長大の素材産業中心型から軽薄短小の加工産業・情報通信産業・サービス産業中心型へと産業構造の転換がすすんだ。とくに、七〇年代初頭に開発されたマイクロ・エレクトロニクス（ＭＥ）技術は、七〇年代後半以降になると、小型コンピュータ、数値制御、多品種少量生産などのかたちでオフィスや工場に応用・導入され、のちには流通や消費部面を含んだ社会生活全体を一変させる原動力となった。

他方、石油価格引上げによって産油国には膨大なオイル・マネーが累積し、一部は産油国の国内開発や輸入増などに使われたものの、大部分は有利な運用先を求めてアメリカやユーロ・ダラー市場に還流した。このオイル・マネーにＩＭＦ体制崩壊の過程で形成されていた過剰資金・過剰ドルが加わって、一国の経済規模をはるかに超えるような国際的投機資金（ホット・マネー）を形成した。そして各国は、この投機資金を取り入れて自己の蓄積に役立てようとして、金融・資本市場の整備と開放・自由化に努めるのである。

イラン革命を契機とする一九七九〜八〇年の第二次石油危機は、原油価格引上げ率こそ二・五倍にとどまったものの、規模の点では第一次を上回るほどの影響を石油消費国・先進諸国に与えた。オイル・マネーを含む国際的投機資金の規模は、一段と増大した。先進諸国では、インフレ、高金利、高失業率のスタグフレーションが再現したが、日本は、いわゆる日本的経営やME技術を利用した合理化と、集中豪雨的な工業製品の輸出によって、その影響を比較的に軽微なものとした。もっともミゼラブルな立場におかれたのは、非産油・発展途上国であった。

一九七〇年代における以上のような発展の結果、第二次大戦後の『資本主義の黄金時代』〔18〕を支えてきた国家独占資本主義的蓄積様式は一変するに至る。その根拠は、次のような諸点にあるように思われる。第一に、財政赤字が拡大し、国債費も増大して、いわゆるフィスカル・ポリシーを機動的に発動することが困難になってきたことである。もともとケインズ的フィスカル・ポリシーは、不況期には赤字財政、好況期には黒字財政を編成して、長期においてはバランスさせるというものであったが、実際には、政治的・行政的理由で好況期においても黒字財政を編成することは難しく、結局、国債残高が累積することになる場合が多かった。この点、もっとも顕著なのが日本であって、名目GDPに対する国債発行残高の比は、一九六五年の〇・六%から、七〇年には三・七%、七五年には九・八%、八〇年には二八・七%、八五年には四一・五%へと上昇している。世紀の転換点では、この比率が約七〇%にも達しているのである。第二に、変動相場制のもとにおいては、フィスカル・ポリシーを発動しても、それを相殺するように為替レートが変動して、その効果を打ち消してしまう場合が多いことである。たとえば、不況対策として財政支出を拡大しても、それがクラウディング・アウト効果をつうじて金利の上昇を招き、自国通貨レートが上昇すると、財政支出拡大の効果は打ち消されてしまうであろう。第三に、六〇年代の貿易・為替の自由化に続いて、七〇年代には、前述のとおり、ユーロ・ダラーやオイル・マネーなど国際的投機資金の国際移動をスムーズにするための金融の自由化・国際化・グローバル化がすすんだために、一国規模の金融政策の効果はいちじるしく減殺したことである。たとえば、不況対策として、一時的に金利を引き下げたとしても、その低金利のマネーは高金利の外国へ流出して、雇用増大につながる国内投資には向かわないかも知れないのである。さらに第四に、七〇年代スタグフレーションと、その間のME化やグローバル化のために賃金労働者の社会的力関係が弱体化し、国家政策決定者は、実質賃金を維持しながら雇用を確保する必要をそれほど感じなくなってきたことである。経済成長と雇用拡大が続いていた間は、労働力需給の逼迫もあって、賃金労働者は、雇用主や国家に対して比較的に大きな交渉力をもっていたように思われる。しかし、スタグフレーションは、労働力需給を緩和し、ME化にもとづく産業ロボットやオートメーションは労働力需要を削減し、グローバリゼーションは、ある程度の労働者の国際移動をもたらした。国家政策決定者は、大量失業や雇用条件の悪化を「見て見ぬふり」できるようになったわけだ。

以上のような諸事情は、国家独占資本主義の基礎を掘り崩し、「ケインズ連合」〔16〕を崩壊させると同時に、福祉国家を後退させるものであった。「小さな政府」、「民営化」、「自己責任・自助努力」などのスローガンで、福祉国家主義を攻撃した新しい潮流が、イギリスのサッチャーリズム、アメリカのレーガノミクスそして日本の中曽根臨調路線である。これらは、相互にかならずしも同じものではないが、基本的には新保守主義とか、新自由主義といわれるイデオロギーと経済政策の混合物であった。

これらの新自由主義的潮流が実際にどの程度まで福祉支出を削減できたかといえば、その結果は、けっして過大に評価すべきではない。たとえば、N・ジョンソンは、『福祉国家のゆくえ』において、国家の教育・保健・年金・失業補償への支出を社会支出と定義し、OECD諸国について、実質GDP年成長率と実質社会支出年成長率とを一九六〇～七五年と一九七五～八一年の両時期で比較している。それによると、OECD諸国平均して、両成長率ともに一九七五～八一年の時期の方が低下しているが、実質GDPは、一・九％低下しているのに対し、実質社会支出は、三・八％も低下していることがわかる。とくに目立っているのは、一九七五～八一年期において、イギリスの実質教育支出が年率二％低下していることと、アメリカの実質失業補償支出が年率九・五％低下していることである〔[9]一七二～一七三ページ〕。これは、データの一端にすぎないが、新自由主義的潮流が、実際に成し遂げえたのは、福祉支出を絶対的に削減することではなく、その伸びを鈍化させた程度だといっていいであろう。

福祉国家へのイデオロギー的・経済政策的攻撃は、一九九〇年前後の国家社会主義崩壊以降、いっそう強まっている。その攻撃力も過少評価すべきではないであろう。しかし、福祉国家への攻撃は、両義的意味をもつ。というのは、それは一方では、「自己責任・自助努力」の個人主義的人間を作り出すが、他方では、国家への忠誠と幻滅を捨てて、まさに「自助」のネットワークを作るかも知れないからである。福祉国家の後退は、現代国家が正統性の喪失へ向かう第一歩となる可能性がある。

四　東アジア国家の凋落

一九七〇年代後半以降の先進諸国が、程度の差はあれ、国家の役割を削減する方向で構造改革を推しすすすめ、情報化・規制緩和・グロバリゼーションの経済を追求してきたのに対し、同じ時期に、アジアNIEs（台湾、韓国、香港、シンガポール）、ASEAN諸国（マレーシア、タイ、フィリピン、インドネシア）および改革・開放以後の中国が、相互にかなりの相違を含みつつもどちらかといえば国家主導の産業政策を追求しながら急速に経済成長を達成し、八〇年代後半から九〇年代前半にかけては「世界の成長センター」となったことは、興味あることである。

これらの東アジア諸国の多くは、六〇年代までは輸入障壁を設けて輸入代替工業化政策を追求し、それが縮小均衡を招いて失敗に終わると、七〇年代から八〇年代にかけては外資も積極的に導入した輸出産業育成政策に切り換えて成功したといわれる。上述の東アジア九か国の平均経済成長率は、一九八五年六・〇%、九〇年六・四%、九五年八・五%となっている。

中川信義氏によれば、「アジア新工業化」の担い手は、国家と国内企業と多国籍企業の「トリプル・アライアンス」〔14〕二七ページ）だとのことである。ここで、国家とは東アジア型の開発独裁国家であり、国内企業とは、財閥、技術形成的中堅企業、国有・国営企業等であり、多国籍企業は、日・米・欧系多国籍企業ならびにNIEs系・ASEAN系多国籍企業を含む。

ところが、一九九七年にこれら東アジア諸国の多くは、突如として激しい通貨・金融危機に襲われた。すなわち、従来ドルにリンクしていたタイ・バーツ、インドネシア・ルピア、マレーシア・リンギ、香港ドル、韓国ウォンが売りにさらされて価値急落し、その多くはフロート化したが、通貨当局は自国通貨価値を維持しようとして高金利政策をとったので株式・不動産価格が暴落し、対外債務支払い不能となった金融機関の倒産、それに伴う事業会社の倒産があい次いだ。タイ、インドネシア、韓国はIMFに緊急援助を求めて、IMFのきびしいコンディショナリティを受け入れ、緊縮財政、金融引締め、さらに財閥解体などの構造改革を余儀なくされた。これらの結果、一九九八年には、大部分の東アジア諸国はマイナス成長に陥り、「東アジアの奇跡」は一転して「東アジアの悲劇」となったのである。

この東アジア諸国の通貨・金融危機の原因が、①投機資金を含む外国資金の急速な国内民間部門への流入、②それにもとづく国内経済の多分にバブル的な発展、③それを見越した外国資金の急速な流出にあったことは、ほぼ明白なことである。問題は、東アジア諸国の多くがかつて貿易の自由化や外資の導入の際には比較的に慎重だったにもかかわらず、金融の自由化（国内金融部門の自由化と資本取引の自由化）を拙速的に行ったことにあった。このため、「世界の成長センター」に誘引されて、ヘッジファンドなどの投機資金を含む外国資金が民間部門に流入し、国内経済を攪乱したあと一挙に流出するという結果を招いた。しかも、西口清勝氏が明らかにしているように、IMFの事後の処方箋は、この新しいタイプの通貨危機を古いタイプの通貨危機と誤診し、ひたすら緊縮政策をのみ押しつけて、国内勤労者・弱者の犠牲の上に、救済資金で国際的な民間金融機関を保護するという驚くべき結果をもたらしたのだ（［15］二二三～二二五ページ）。

東アジアの通貨・金融危機は、旧IMF体制崩壊の鬼子といっていい国際的投機資金「マッド・マネー」（［10］）の脅威を示している。金との連繋を失ったドルは節度なく全世界に流出し、ドルのままであるいは現地通貨に交換され、銀行の信用創造をつうじて巨大な国際的マネーに増殖し、有利な運用先を求めて世界中を飛び回る。各国は、この資金を受け入れて自国の経済に利用しようとするので、受入れを拒否しないし、逆に拒否しようとすると、市場をつうじて報復を受ける。報復を避けようとすれば、受け入れるほかない。どの国にも自由に入り、自由に去ってゆくこの国際的投機資金が「グローバル資本主義」の主役である。変動相場と金利差のもとで、もともとリスクを最小にする技術であったヘッジが、コンピュータ技術を駆使しながら次々と金融派生商品（デリバティブ）を作り出して投機の技術に転化し、ヘッジファンドのような投機資金集団が形成される。ヘッジファンドは情報開示をしない匿名のパートナーシップ組織であるが、大手金融機関からの資金も取り入れて、中位の発展途上国のＧＤＰに匹敵するほどの資金力をもっている。このようなマネー・パワーが投機攻撃を仕掛けた場合、よほどの大国でないかぎり、普通の国家は太刀打ちできないのである。

実際ヘッジファンドのマネージャーでもあるジョージ・ソロスは、「世界はいまや深刻な不均衡の時代に突入しており、そこではいかなる個々の国家もグローバル金融市場の権力に抗することはできないし、国際的なスケールではルールづくりのできる機関は実際にはないに等しい」（［11］三三ページ）といって、グローバル資本主義の危うさを警告している。

ＩＭＦの処方箋に屈服してグローバル・スタンダードに従ったタイ、韓国、インドネシアに対し、マレーシアは資本取引規制によって投機資金を含む短期資金の流出入に対抗し、ある程度の成功をおさめているように見える。ここから、「グローバル資本主義」に対抗するものはナショナリズム以外にはないといった風潮も生じているが、ナショナリズム自体、一九三〇年代にもどしかねない危険をはらんでいるうえ、これだけ情報化・国際化・金融化がすすんだ世界でどこまで通用するかという問題もある。

国際金融資本主導のグローバリゼーションにはどのように対抗するか。アメリカやＩＭＦ・世界銀行はこのグローバリゼーションの推進者であり、その意味では元凶なのだから、かれらによる金融市場規制やルールづくりには、ほとんど期待することができない。そうだとすれば、個々の国や地域が共同して自助のセーフティネットを構築してゆくほかないであろう。ちょうど先進諸国における福祉国家の後退に対して、個人やコミュニティが自助のネットワークで対抗するのと同様である。金子勝氏は、市場か計画かという二分法を排し、社会的共同性にもとづいて自己決定権を高めるという視点から、次のようにいっている。「自己決定権を高めるためには、リスクをシェアするためのセーフティネットをキー概念にして、いかなる共同性が必要かをぎりぎりまで問い詰めてゆかねばならない。もちろん、共同性を担保するコミュニティの単位は、ナショナリストたちが想定する国民国家だけではない。激しい国際短期資本移動によって市場が暴走の様相の状況を呈している下では、アジアというリージョナル（地域）・レベルでも、国民国家のうちにあるローカルというレベルでも、セーフティネットの張り替えが必要となるからである」（［5］一〇～一一ページ）。

ほんらい、近代資本主義とともに形成された国民国家は、利害を異にするさまざまな国民諸集団を権力的に統合しながら、公共財の供給など一般的共同社会的業務を果たすことにより、市民社会を総括してきた。国家社会主義と国家独占資本主義における国家の総括は過剰であったのに対し、市場の暴走をゆるすグローバリゼーションの現代にあっては、国家は、市場によって拘束され、国民の期待に応えることもできず、国家による市民社会の総括は形骸化しつつある。もとより、こうした状況がただちに現代国家を死滅に導くとは思われない。しかし、現代国家が現在の市民社会を十分には総括しきれなくなっていることは確かであって、そこから現代国家の危機の諸様相が生じ、NGO・NPOその他のさまざまな国家代替物が形成されているのである。

参考文献

［1］伊藤誠『市場経済と社会主義』平凡社、一九九五年
［2］井村喜代子『現代日本経済論〔新版〕』有斐閣、二〇〇〇年
［3］大谷禎之介・大西広・山口正之編『ソ連の「社会主義」とは何だったのか』大月書店、一九九六年
［4］岡田和彦『レーニンの市場と計画の理論』時潮社、一九九七年
［5］金子勝『反グローバリズム』岩波書店、一九九九年
［6］川上忠雄『第二次世界大戦論』風媒社、一九七二年
［7］北原勇・伊藤誠・山田鋭夫『現代資本主義をどう視るか』青木書店、一九九七年
［8］重田澄男『社会主義システムの挫折』大月書店、一九九四年
［9］N・ジョンソン『福祉国家のゆくえ』青木郁夫・山本隆訳、法律文化社、一九九三年
［10］S・ストレンジ『マッド・マネー』櫻井公人・櫻井純理・高嶋正晴訳、岩波書店、一九九九年
［11］G・ソロス『グローバル資本主義の危機』大原進訳、日本経済新聞社、一九九九年
［12］P・チャトパディヤイ『ソ連国家資本主義論』大谷禎之介・叶秋男・谷江幸雄・前畑憲子訳、大月書店、一九九九年
［13］鶴田満彦編『現代経済システムの位相と展開』大月書店、一九九四年
［14］中川信義「アジア工業化と二一世紀アジア資本主義」、『経済理論学会年報』第三四集、青木書店、一九九七年
［15］西口清勝「アジアの通貨・経済危機」、『経済理論学会年報』第三六集、青木書店、一九九九年
［16］萩原伸次郎『アメリカ経済政策史』有斐閣、一九九六年
［17］深町郁彌『国際金融の時代』有斐閣、一九九九年
［18］S・マーグリン／J・ショア編『資本主義の黄金時代』磯谷明徳・植村博恭・海老塚明監訳、東洋経済新報

社、一九九三年

〔19〕宮本憲一『現代資本主義と国家』岩波書店、一九八一年

〔20〕『レーニン全集』第二三巻、大月書店、一九五七年

〔21〕『レーニン全集』第二五巻、大月書店、一九五七年

第七章　現代国家の将来

一　はじめに

資本主義とは、自己増殖する価値の運動体としての資本が、人間の生存に不可欠な生産活動を担当する社会システムにほかならないが、資本は、けっして自律的・完結的に生産を行いうるものではない。資本は、もともと商品貨幣流通の表層に発生したものであって、自然と人間との物質代謝過程としての歴史貫通的な生産過程を十分には包摂しうるものではなかったからである。流通形態である資本が生産過程を包摂するためには、なによりもまず、国家による支援を必要とする。その理由は、たとえば、社会システムとしての資本主義は、労働力の商品化を前提条件とするが、労働力商品を創出するためにも、それを再生産・保全するためにも、国家という各個別経済主体に対して強制力をもっている機関を必要とすることをあげるだけでも明らかであろう。

もちろん、資本主義が国家を必要とするといっても、資本主義が国家を作り出したわけではない。マルクス主義のいわゆる原始共同体社会、自然法思想あるいは功利主義が想定する自然状態にあっては、国家は存在しなかったのであり、これは、古代史研究によっても裏づけられている。マルクス主義の通説に従うならば、人間社会のなかに非和解的な対立が発生したときに、その対立を調整・解消するとともに、もともと社会の共同業務として行われていた公的業務を併せて担当する特殊な機関として国家が発生したのであった。

したがって、資本主義国家以前にも、古代都市国家、アジア的専制国家、地方的封建国家など、さまざまな国家形態が存在している。一九七〇〜八〇年代ドイツにおいて盛んに行われたヨアヒム・ヒルシュらによる国家導出論争は、論理的に資本が国家をいかに必要とし、その意味で国家を生み出すかという主題をめぐるものであるが（ボブ・ジェソップ『資本主義国家』第三章参照）、その進行のなかで論理と歴史の混同が生じ、あたかも歴史的にも資本が国家を生み出したかのような一面をもつに至ったことは否定できない。

実際には、資本主義は、既成の国家を受容し、改造し、利用したのである。すなわち、封建制後期に成立した絶対主義国家は、国富の増進のために封建的秩序を再編成・強化しようという政策主体者の意図にもかかわらず、重商主義政策をつうじて初期産業資本を勃興させ、残酷な労働者法や団結禁止法をつうじて、資本に順応する労働力の陶冶に貢献した。資本主義成立期の絶対主義国家は、封建的勢力と資本家的勢力の均衡に立ちつつ一面では中央集権的封建国家であり、他面では初期資本主義国家だったのだ。

初期資本主義国家の一面をもつ絶対主義国家が資本によって作り出されたものではないのと同様に、いわゆる国民国家も、資本によって作り出されたものではない。国民国家において、国家が先にあって国民が作られるのか、国民が先にあって国家が作られるのかは、難問であるが、国民というのは、単なる民族でも地域住民でもないのだから、国家を前提すると考えるべきであろう。すなわち、初めに国家が成立し、なんらかのかたちでその国家領域に帰属する人間が国民とされるのである。人間にとって、社会や民族は自然発生的なものであるが、国家は、人間社会が非和解的な対立を包含するなど、一定の特質をもつに至ったときに作り出される人工的な機関である。本質的には人工的な機関でありながら、あたかも自然的な機関であるかのような形態をもっていた方が、合法的に強制力を行使する特殊な機関としての正統性を得やすい。したがって、民族、言語、宗教、習慣等を共有する集団を国民として成立する国民国家が、資本主義を含む近代社会においては、比較的に普遍的になったのである。しかし、国家の本質はその人工性にある。その点は、アメリカ合州国のような多民族国家や南北朝鮮のような同一民族二国家をみれば明らかであろう。

人工的なものでありながら一定の特質をもった社会には必要とされる国家は、将来、どのような運命をたどるか。この点に関して、私は、かつて二〇世紀末から二一世紀初頭の現実にもとづいて次のように述べた。「ほんらい、近代資本主義とともに形成された国民国家は、利害を異にするさまざまな国民諸集団を権力的に統合しながら、公共財の供給など一般的共同社会的業務を果たすことにより、市民社会を総括してきた。国家社会主義と国家独占資本主義における国家の総括は過剰であったのに対し、市場の暴走をゆるすグローバリゼーションの現代にあっては、国家は、市場によって拘束され、国民の期待に応えることもできず、国家による市民社会の総括は形骸化しつつある。もとより、こうした状況がただちに現代国家を死滅に導くとは思われない。しかし、現代国家が現在の市民社会を十分には総括しきれなくなっていることは確かであって、そこから現代国家の危機の諸様相が生じ、NGO・NPOその他のさまざまな国家代替物が形成されているのである」（鶴田・渡辺編著『グローバル化のなかの現代国家』二一一～二一二ページ、本書、一三一ページ）。

情報化・金融化・アメリカ化を伴う現代グローバリゼーションのなかで国家が危機に陥っているという認識には、現時点においても変わりはない。しかし、第六章においては、現代グローバリゼーションに対応する限りでの比較的に狭い範囲の国家について問題にしたに過ぎず、したがって問題とするタイム・スパンも比較的に短いものであった。本章においては、資本主義における国家の役割を再考することにより資本主義と国家の矛盾という問題を仮設し、そこから資本主義国家の将来におけるあり方を考えるとともに、社会主義を含めた未来社会における国家のあり方全般を検討することとしたい。

二　資本主義における国家の役割

周知のように、マルクスは、『資本論』のなかには国家についての特定の編や章を設けていないが、「原資本論」といってよい『経済学批判要綱』には、「国家」を含むいくつかの経済学批判体系プランを提示していた。その代表的な一つは、次のようなものである。「篇別は明らかに次のようにされるべきである。一、一般的・抽象的諸規定、したがってそれらは多かれ少なかれすべての社会諸形態に通じるが、それも右に説明した意味でである。二、ブルジョア社会の内部的仕組みをなし、また基本的諸階級が存立する基礎となっている諸範疇。資本、賃労働、土地所有。それら相互の関係。都市と農村。三大社会階級。これら諸階級間の交換。流通。信用制度（私的）。三、国家の形態でのブルジョア社会の総括。それ自体との関係での考察。「不生産的」諸階級。租税。国債。公信用。人口。植民地。移住。四、生産の国際的関係。国際的分業。国際的交換。輸出入。為替相場。五、世界市場と恐慌」（『経済学批判要綱』①三〇ページ）。

いわゆる経済原論や経済学原理のなかに国家を位置づけるという方法は、けっしてマルクスに特有なものではない。スミスの『国富論』、リカードの『経済学および課税の原理』、J・S・ミルの『経済学原理』など、当時の経済原論や経済学原理を代表する著作は、すべて国家、財政、貿易をも取り扱っていたのであって、マルクスのプランは当時の常識に従っていたのである。

したがって、必ずしもプランのすべてをカバーしたものではない現行『資本論』においても、国家は、再三再四登場している。たとえば、第一巻第三章第一節における法による貨幣度量標準の規制の記述、同第二節における「強制通用力をもつ国家紙幣」の規定、同第八章における国家による労働日の制限の規定、同第二四章の本源的蓄積における国家権力の役割に関する記述、第三巻第二七章における株式会社の形成が「国家の干渉を呼び起こす」との規定、同第三九章における差額地代が国家に帰属するとの仮定等々。だから、マルクスにもとづいて経済原論あるいは経済学原理を構成する場合には、けっして国家を排除すべきではない。国家を抜きにした完全に自生的・自律的な市場経済あるいは資本主義というのは、空想の産物でしかないのである。

いわゆる唯物史観の公式によれば、「生産諸関係の総体は社会の経済的機構を形づくっており、これが現実の土台となって、そのうえに、法律的、政治的上部構造がそびえたち、また一定の社会的意識諸形態は、この現実の土台に対応している」（『経済学批判』一三ページ）といわれる。通説的には、国家は当然にもこの「法律的、政治的上部構造」に属するものと考えられ、「現実の土台」のメカニズムを記述する経済原論の世界からは排除されていたのであった。しかし、国家とはある特質をもった社会が作り出した機関であり、機関は制度といいかえてもいい。学校や教会や株式会社が制度であるのと同様に、国家も一種の制度である。国家の機能のすべてではないが、すくなくともその一部は経済的なものであり、「現実の土台」のメカニズムの一環をなしていると考えられる。この限りでの国家は、当然に経済原論の世界の一プレイヤーになる。もとより、国家についての経済的分析が経済原論のレベルだけで十分というわけではない。宇野経済学のいう段階論のレベルでも、国家の役割の歴史的変化・地域的偏差がより具体的に明らかにされねばならないであろうが、これは、けっして国家への原理的規定を不必要とするものではない。

では、原理的に考えて、資本主義における国家の基本的役割はいかなるものか。

いうまでもなく、資本主義は、市場経済＝商品経済が最高度に発展し、労働力や土地をも商品化した社会システムであって、社会の欲望に応じた生産手段と労働力の配分および労働生産力の向上のための自動的・内的メカニズムを備えている。いわゆる市場メカニズム、すなわち、価格の自動調節機構と景気循環がそれである。しかし、価格の自動調節機構や景気循環が、ある程度正常に機能するためには、一定の制度的前提が必要であって、この制度的前提を創出し、維持するためには、じつは国家という社会のすべての成員に対して合法的に強制力を行使できるような機関が必要なのである。この点は、一九九〇年代以降のロシア・東欧といった旧社会主義国において、国有・国営を廃絶し、市場を自由化しただけでは、必ずしも資本主義が成長しなかったことによっても再認識されている。

第一に、市場自体が正常に機能するためには、所有や契約や貨幣に関するルールが存在し、守られなければならない。市場のもっとも基礎的な機能は、貨幣を媒介とする商品の交換であるが、交換という人間行為が成り立つためには、商品所有者が確定されていなくてはならない。交換と所有とは、ある程度まで相互規定的であり、交換によって所有も明確になるという面もあるが、交換が安定的に行われるためには、所有権の確立、いいかえれば非所有者の強制的排除が必要である。これは、かなりな程度まで習慣や倫理によってても可能であるが、最終的には、社会に承認された合法的な強制力によるしかない。

さらに、いかなる商品を貨幣商品とするかは、商品所有者たちの社会的共同行為によるのであるが、貨幣商品のいかなる分量を貨幣＝価格の一単位とするかは、一般的妥当性を必要とする制度的ルールの問題である。ある個人や一部の集団が決めたルールは、それだけでは社会的・一般妥当性をもちえない。合法的な強制力をもつ国家が法律で規定することによって、貨幣の度量基準は有効なものとなる。また、商品経済の発展とともに不可避的に増加するさまざまな貨幣代理物（紙幣・銀行券・預金通貨等）は、本来の貨幣以上に貨幣制度の産物であり、制度を支援する国家の強制力を不可欠なものとする。資本主義のもとでは、鋳貨や紙幣の偽造は、同種の犯罪のなかではもっとも重く罰されるのが通例である。

第二に、資本主義を支える基軸は労働力商品にほかならないが、その労働力商品を創出し、再生産し、保全するためには、国家の強制力を必要とする。労働力が商品化するためには、生産手段からも自由で、身分的・人格的にも自由ないわゆる「二重の意味で自由な労働者」の存在を前提するが、このような二重の意味で自由な労働者を創出する過程が本源的蓄積であり、そこには国家をはじめとする多くの強制力が作用していたことはいうまでもない。明治期日本の本源的蓄積を推進した諸契機、すなわち秩禄処分、地租改正、松方デフレなどは、いずれも国家が深くかかわっていたものである。

労働力という商品の特性は、個人や家族の生活をつうじて、非資本主義的にしか再生産されないところにある。工業生産物など普通の商品であれば、不足した場合は資本が投入されて増産され、過剰な場合は資本が引き揚げられて減産されるというかたちで、需要の増減に調節されるのであるが、労働力の場合は、そうはいかない。貨幣賃金率の上昇が労働人口の増大、その低下が労働人口の減少に結びつくとは必ずしもいえないし、仮にいえたとしても一五~二〇年というかなりのタイム・ラグを伴うからである。そこで資本主義は、産業予備軍を形成し、それを利用しうる限りは蓄積をすすめ、それが枯渇して利用できなくなると蓄積を減衰させるという景気循環で対応することになる。したがって、資本主義は、好況期のピークには産業予備軍という失業者・半失業者群がゼロになるとしても（実際にはゼロにはなりえないが）、平均的にはプラスの産業予備軍が存在するということになり、この産業予備軍を誰の負担でいかに維持するかが、問題となる。

賃金率は労働力の再生産費を基準として決定されるといっても、かなりフレキシブルなものだから、現実には失業者や半失業者は、就業中に形成した貯蓄や親戚や友人からの支援で自己の生活を維持し、労働力を再生産しているのであろう。しかし、原理的に考えれば、資本が賃金労働者に貯蓄や他人への支援をゆるすような賃金率を支払う必然性はない。したがって、産業予備軍の維持が社会的総資本にとって必要である以上、資本の利潤の一部が再配分されて産業予備軍の維持のために充てられるほかないのであるが、個々の資本にとっては、産業予備軍の維持のために利潤の一部を拠出する必然性は存在しない。この場合には、国家が個々の資本から強制力をもって利潤の一部を徴収し、産業予備軍の維持のために充当することになる。

資本主義成立期や自由主義段階の救貧制度は、右のような根拠にもとづいて成立したものと考えられる。この制度は、労働者階級の力量が増大し、社会の同権化がすすむと、帝国主義期の社会政策、さらには現代資本主義における社会保障に発展する。

産業予備軍の維持とはやや違うが、就業労働者の労働力の保全を目的とする工場法も、共通の性格をもっている。個々の資本は、「あとは野となれ山となれ」式に、個々の労働者との契約がゆるす限り、最長の労働時間、最大の労働強度を労働者に押しつけようとするし、急速な機械化が進展して、労働力の需給関係が労働者にとって圧倒的に不利な産業革命期などには、労働者はこれを受け入れざるをえない。このような状態を放任しておくならば、労働時間の延長と労働の強化がすすみ、労働力の再生産が不可能になるか、萎縮されたかたちでしか労働力が再生産されないことになるが、競争に制約される個々の資本のなかには、この傾向を停止させる力はない。そこで、国家が強制力を行使することになるのである。

かつて大河内一男氏は、工場立法は社会的総資本による労働力保全策であるとして、これをいわゆる大河内社会政策学の主要命題とした（同氏『社会政策（総論）』参照）。労働力保全策であるとする点は、そのとおりだと思われるが、個別資本と区別された社会的総資本というのは、やや曖昧な存在である。大河内氏は、マルクスの「資本は、労働者の健康と寿命にたいしては、それを顧慮することを社会から強制されるのでなければ、何ら顧慮しない」（『資本論』第一巻、新日本出版社版、②四六四ページ）という文章を引いて、「ここに『社会から強制されることのないかぎり』という場合の『社会』とは明らかに、個別資本にたいする社会的総資本の立場をいうのであり……」（前掲書、二七ページ）といっているが、この解釈は、疑問とせざるをえない。個別資本にせよ、社会的総資本にせよ、資本に労働者の健康や寿命について顧慮することを強制する「社会」とは、マルクスの言葉でいえば、「かれら［労働者たち］」が資本家との自由意志的契約によりかれら自身およびかれらの同族を売って死滅と奴隷状態に至らしめることを防止する力強い社会的防止手段」（『資本論』第一巻、②五二五ページ）のことであり、むしろ国家と解すべきであろう。もちろん、国家には、資本の利害や意思も反映されているが、労働者のそれも反映されているのである。国家の強制力によらない限り、資本は、労働者の健康や寿命については考えようとしないのであって、このことは、過度労働の場合に対してのみならず、環境破壊に対しても妥当する。

第三に、資本主義は、人間社会の存続に必要な財の多くを市場をつうじて生産するが、いわゆる公共財のように市場をつうじては生産できないものもあり、それらの公共財は、国家のような非市場部門によって生産されるほかないのである。公共財とは、道路や港湾や公園のように、人間社会にとって必要でありながら、非排除性と非競合性をもっているために、市場で取引される商品にはなりえないものをいうが、本来の財のみならず、司法制度、貨幣制度、安全保障といった制度にまで拡張されて理解されている。私的に対する公共とは、「誰に対しても無差別に」といった程度の意味であろう。言葉の真の意味での公園は、誰もが無差別に利用することができ、利用者が増えても一人当たりの満足が減少することのない施設である。フェンスで囲い込んで入場料を支払った者だけを入場させる「公園」は、もはや公共財としての公園ではなく、ある程度まで市場財である。

アダム・スミスは、市場の「見えざる手」が経済活動全般を制御すると説いたが、にもかかわらず、非市場的な国家のなすべき事業として国防と司法と公共事業をあげた（『国富論』第五篇）。これらはまさに非排除的であるところに意義があり、受益者にとっては非競合的であって、公共的性格をもっている。私的資本は、公共的性格をもった財やサービスや制度を提供できないのである。

もちろん、公共財は、国家によってのみ供給されるわけではない。コンピュータのある種のソフトウエアやネットワークは、無料で開放されている限り、公共財である。ローカルマネー・地域通貨も、ある程度まで公共的性格をもっている。人間生活には、公共空間が必然的に伴っており、資本主義の内部においてもむしろ増大する傾向にある。しかし、市場で供給されない公共財（サービスや制度を含む）は原則として国家によって供給されるほかない。むしろ、国家は、公共財の供給をつうじて単なる私的機関ではなく、公共的な機関であることを国民に印象づけるのであり、その結果みずからの公共性を強めてゆくのである。

三　資本主義と国家の矛盾

以上に見てきたような資本主義における国家の役割から、資本主義と国家との間には、ごく基礎的なレベルで考えても、ある種のズレ、あるいはやや大袈裟にいえば矛盾が存在することが明らかであろう。すなわち、国家は、国民国家にせよその他の国家形態にせよ、資本によって発明されたのではなく、資本は、資本の原理に従って社会を編成する際に既成の国家を利用し、再構築したのである。この限りでは、国家は資本にとっての道具である。しかし、国家は、単なる道具ではなく、国民を統合する正統性をもったある程度まで自律的な機関であり、そのためにこそ社会に承認された強制力をもっている。したがって、資本の原理が国民の健康や生存、自然環境の保全を危うくする場合には、国家が資本の原理を拘束することになる。しかも、国家は、市場では供給されない公共財を供給することをつうじて次第に公共性を強め、資本にとっての単なる道具としての存在とは乖離を広げてゆく。

周知のように、『共産党宣言』は、「近代的国家権力は、単に、全ブルジョア階級の共通の事務をつかさどる委員会にすぎない」（『共産党宣言』四一ページ）といって、国家道具説の主要な起源となった。たしかに、一九世紀半ばにおける代議制国家においては、所得・財産制限や性差別のために労働者や女性がその代表者を国家の意思決定機関＝議会に送ることはほとんど不可能であった。その限りでは、当時の国家は、地主階級や貴族層をも広義のブルジョアに含めれば、「全ブルジョア階級の共通の事務をつかさどる委員会」にほかならなかった。しかし、資本主義のもとで重工業化がすすみ、労働者がより多数となり、労働組合等をつうじて組織化されてくると、議会から労働者の代表を排除することは、きわめて困難となるばかりか、国家の正統性に疑念を抱かせることとなった。とくに、帝国主義期のように、国家と国家が総力戦というかたちで政治的・軍事的に衝突する場合には、国民の多数を占める労働者階級を政治的にも総動員することは不可欠である。かくして、多くの先進資本主義国では、第一次世界大戦を契機として男子の普通選挙制が確立し、第二次世界大戦を契機として女性の参政権が確立した。公正な普通選挙制のもとで、社会のあらゆる階級・階層がその代表者を国家の意思決定機関に送ることができるようになると、このような国家は、もはや「全ブルジョア階級の共通の事務をつかさどる委員会」とはいえなくなる。

もちろん、このような民主主義的な代議制国家が、資本主義のもとであらゆる階級・階層に対して中立的な機関となったというわけではない。資本家、あるいは資本家機能を果たす人々は、平均をはるかに上回る資産と所得をもち、企業や報道機関を支配していることが多いので、議会への代表者の選出にあたっては、大きな影響力を行使できる。国家を構成する他の機関、行政機関や司法機関の職員は、選挙によるのではなく、能力試験によって選抜されるのが普通であるが、基本的には既存の秩序・体制を維持しようというイデオロギーをもつ者が選抜される傾向がある。ここでイデオロギーというのは、主義・思想といったほどのものではなく、「思い込み」の程度のものであるが、資本主義のなかで生きている人々の大部分は、どのような階級・階層の人々であろうと、資本主義を成り立たせている秩序・制度、すなわち所有、交換、貨幣、市場、企業、雇用、国家などは当然（自然）のものであり、半永久的に続くという思い込み（イデオロギー）にとらわれている。このイデオロギーがすべていわゆる虚偽意識だとはいえないにしても、人間には、過去にあったことが将来も続くと思い込むことである種の安心感をもつ傾向があり、この傾向にもとづく意識である限りは、イデオロギーにほかならないのである。

このように、国家は、階級支配の機関という本質を全人民のための公共的機関という表層でカバーし、さらに現存の制度が半永久的に続くというイデオロギーによって防御されている。国家の階級支配機能を最終的に保証するのは、軍事力・警察力といった武装装置であるが、それらが表面に出たときの国家は、むしろ弱体化した国家である。強い国家は、公共性と体制維持イデオロギーのみによって十分に存続しうるのである。

以上のように、資本主義と国家の間には、ごく基礎的なレベルで考えても、一種の矛盾が存在し、その矛盾を国家の表層的な公共性と体制維持イデオロギーによって隠蔽しているのであるが、二〇世紀の二つの世界大戦をへたのちのいわゆる現代資本主義においては、この矛盾は、いっそう激化して現れることとなった。

第二次世界大戦後の現代資本主義は、一九五〇年代から七〇年代にかけて、ソ連型社会主義が世界体制化するという危機を前にして、国家が経済過程に大規模かつ広範に介入することによって、軍事力強化と経済成長と階級宥和をともにはかるという意味で、国家独占資本主義ないし福祉国家資本主義という性格をもった。ボブ・ジェソップは、「ケインズ主義的福祉型国民的国家」といっているが（『資本主義国家の未来』第二章）、おおよそ同じ内容であろう。

第二次世界大戦後、しばらくの間、資本主義国家において支配的となったケインズ政策は、管理通貨制にもとづき、国家が需要を創出して遊休設備と失業者を稼働させ、主として大企業に利潤を保証して蓄積を促進させ、その結果、被雇用者所得をも増大させるということを本質としている。その限りでは、ケインズ主義国家は、資本主義とも、労働者階級とも親和的であった。しかし、ケインズ政策の結果として、失業率が低下し、労働者の拮抗力が増大し、最低賃金制・雇用保障・年金制度・医療保障等のかたちで社会保障制度が整備され、単なるケインズ主義国家が福祉国家化してくると、資本と国家との間の矛盾は、再びクローズ・アップされてくる。

加藤榮一氏は、「元来、福祉国家は資本主義と相性がよいものではない」（『現代資本主義と福祉国家』一七八ページ）と書いた。たしかに、国家の需要創出による雇用増大や最低賃金制などは、「二つの意味で自由な労働力」の商品性を弱めるものであり、資本による労働力支配を不完全にする。もとより、現代資本主義における福祉国家化といっても、米国・南中欧・北欧・日本などにおいてそれぞれ異なっているのであるが、程度の差はあれ福祉国家化したのは紛れもない事実である。「相性」が悪いはずの福祉国家と資本主義が、第二次世界大戦後の一時期に両立したのはなぜか。

第一には、なんといっても、第二次世界大戦後の資本主義と社会主義とのきびしい体制間対抗であろう。大戦をつうじて、ソ連型社会主義はその支配領域を東独を含む東欧に広げただけでなく、中国、ヴェトナム、北朝鮮などが、資本主義領域から離脱し、社会主義をめざし始めた。これらの諸国の社会主義なるものが、マルクスが構想していた本来の社会主義（アソシエイショニズム）とは似て非なるものであったことは、大谷禎之介氏（同氏編『二一世紀とマルクス』他）や小松善雄氏（「資本主義から社会主義への移行過程――古典家たちはいかに捉えていたか」ほか）らの研究が明らかにしているとおりであろう。しかし、ソ連型社会主義を国家資本主義だとするのは、資本主義の拡大解釈というほかない。ソ連型社会主義は、生産手段の国有と国家・党官僚の独裁にもとづく経済開発体制でもあるが、利潤原理や競争原理に拘束されていない限りでは、一種の社会主義だといってもいいのである。このソ連型社会主義が、内実はともかく、完全雇用・教育費や医療費や年金の国家負担を標榜して、戦後の一時期までは重工業優先の高度成長を遂げたのだから、米国をはじめとする資本主義の側にはかなりのインパクトを与え、資本主義の側としても、国民統合のためにもソ連型社会主義に劣らぬ福祉国家を構築する必要に迫られたのである。

第二には、第二次世界大戦後の資本主義におけるめざましい生産力発展である。大戦中に主として米国で開発された軍事技術に関連した、核・電子・宇宙を含む新鋭重化学工業技術が西欧や日本に普及し、ソ連圏にも影響を及ぼした。アンガス・マディソン『経済統計で見る世界経済二〇〇〇年史』によると、一九五〇～一九七三年期における一人当たり実質GDP平均成長率は、先進資本主義国平均で三・七二％で、他の時期に比べて突出して高い。とくに、キャッチ・アップ効果が作用した西欧と日本は、それぞれ四・〇八％と八・〇五％で、先進資本主義国平均を大きく上回っている。生産力が急速に上昇している場合には、労働者の実質賃金を引き上げながら、企業利潤も増大させ、国家の軍事支出や福祉関係支出をも増大させることが可能である。この時期について、前掲のマディソンは、「資本主義の黄金時代」と呼び、レギュラシオン派はフォーディズムと呼んでいるが、国家の形態からいえば、米国に代表される対冷戦軍事国家と北欧に代表される福祉国家が両立できた幸福な時代だったといえるだろう。西欧諸国と日本は、程度の差はあれ、対冷戦軍事国家的要素と福祉国家的要素とを併せもっていたと考えられる。

しかし、「資本主義の黄金時代」といっても、資本主義と国家との間の矛盾が解消したわけではない。この時期における矛盾の代表的な表現形態は、多国籍企業とユーロ・ダラー市場である。多国籍企業（あるいは超国籍企業）は、一九六〇年から用いられ始めた新造語であるが、実際には、一九五〇年代後半から活動していたものと考えられる。多国籍企業は、世界中に事業拠点を有し、企業内分業を世界的に展開する巨大独占企業であって、とくに先進資本主義諸国間で活発に行われた水平的資本輸出の企業形態である。もちろん、多国籍は無国籍を意味するのではなく、拠点なり本社法人は、特定国（たとえば米国）に存在するのであるが、生産や販売の事業所は、必ずしも当該国（たとえば米国）に存在するとは限らない。したがって、たとえば米国政府が、米国系の多国籍企業に発注したとしても、現実の生産と雇用の増加は外国で行われる可能性があり、利潤やそれに対する税収の増加も米国内で生ずるとは限らないのである。さらに、多国籍企業は、本社と在外子会社との取引価格を操作して、もっとも税の安い地点で利潤が生じたように見せかける傾向をもっているから、多国籍企業は、本国政府の庇護を受けながらも、相応の税金を支払わないことが多いのである。

このような多国籍企業から生み出されながらも、本国には還流しない利潤の主要な受入れ先となったのが、一九五〇年代末頃から発生したロンドンを中心とするユーロ・ダラー（あるいはユーロ・カレンシー）市場である（ユーロ・ダラー市場については、高田太久吉『グローバル金融を読み解く』第二章、参照）。もちろん、多国籍企業以外の法人や企業もこの市場を利用できるが、最大の利用者は、多国籍企業であった。ユーロ・

ダラー市場においては、米国はもちろん、英国を含むいかなる国の金融規制からも比較的に自由にドル形態のまま運用あるいは調達できる。たとえば、米国系の多国籍企業がロンドンの伝統的市場でポンドを借り入れ、それをドルに替えてユーロ・ダラー市場で運用するとすれば、ポンドが切り下げられた場合は、為替差益を得ることができる。あるいは、米系多国籍企業が、ユーロ・ダラーで、ロンドン金市場から金を買うこともできる。第二次世界大戦後の初期IMF体制下においては、為替の経常取引の自由化は原則とされていたが、資本の自由化については各国の裁量に委ねられており、各国は、とりわけ投機資金の移動に関してはきびしい規制を設けていた。このような規制の空白地帯をなしたのが、ユーロ・ダラー市場であり、これは一九八〇年代以降のオフショア市場とも一体をなし、この市場を飛び交う投機資金が、グローバル資本主義の主役の一つとなるのである。国家の規制に従わないマネーの増大と市場の拡大は、資本主義と国家との亀裂を暗示するものであった。

四　グローバル資本主義下の国家と経済

第二次世界大戦後の「資本主義の黄金時代」に終止符を打ったのが、一九七〇年代前半の初期IMF体制の崩壊とそれに関連した第一次石油危機である。初期IMF体制は、米国が原則として金一オンス＝三五ドルでの対外公的機関との交換を保証し、これを基礎に固定レート制を維持するという一種の金為替本位制であった。米国による金・ドル交換が米国財務省の裁量権限にもとづいて、取引対象が外国の政府や中央銀行に限られている点で疑似的なものであったが、疑似的であったにせよ、米国をはじめとする諸国の財政金融政策にある程度の節度を要求するものであった。しかし、同時に、この制度は、もともとサスティナビリティを欠くものであった。なぜならば、米国と西欧・日本との経済力格差が縮小して、米ドルの対外流出が継続し、「過剰ドル」が形成されると、それらの一部は公的機関をつうじて米国保有の金との交換に向かって米国の公的金保有量を減少させ、他の一部はユーロ・ダラー市場に流入して投機資金となり、「基礎的不均衡」を理由として固定レートを変更しようとする通貨当局に一方的な損失をもたらしたからである。折しも、一九六〇年代の米国は、ヴェトナム戦争が主たる原因になって対外支出が増大し、歴代政権の金利平衡税などのドル防衛策や西欧諸国との協調による金プール制にもかかわらず、金・ドル交換を維持するための公的金保有を減少させた。こうして一九七一年八月に、米国は、いわゆるニクソン・ショックによって金・ドル交換の停止を宣言したのである（井村喜代子『日本経済——混沌のただ中で』序章、参照）。

他方、一九五〇～六〇年代の先進資本主義国の持続的高成長は、比較的に低廉な資源価格、とくに一バレル当たり二～三ドルにすぎなかった低廉な原油価格に負っていたのであり、その末期には次第に資源や労働力の不足感を生み出していたのであるが、金・ドル交換の停止は、金による歯止めを失ったドルの節度なき流出を予想させ、インフレ期待を一挙に高めることとなった。こうした事情を背景に、一九七三年勃発の第四次中東戦争とも関連して、原油価格が約四倍に上昇し、石油消費国（その大部分は先進資本主義国）に大きな打撃を与えたのである。これが、第一次石油危機である。

実際、一九七五年の世界経済の一人当たり実質GDP成長率は、第二次世界大戦後初めてマイナスとなった（マディソン、前掲書、三七九ページ）。原油価格の急激な上昇は、石油消費（輸入）国にとっては、所得の一部が石油輸出国に移転して、国内需要の減退による不況が生ずることを意味し、同時にコストプッシュによるインフレーションが生ずることを意味した。かくして一九七〇年代半ばから後半にかけては、先進資本主義諸国を中心にスタグフレーション（不況とインフレの同時進行）が襲うこととなった。単なる不況であれば、ケインズ的需要創出政策によって克服することも可能なのであるが、他方ではインフレを伴っているために、総需要を抑制せざるをえない。このディレンマのために、米国や西欧諸国の多くは、ケインズ主義的福祉政策を放棄して、インフレ抑制に重点をおくマネタリズムに向かった。日本は、国債増発による不況対策を行いつつも、全体として総需要抑制政策をつうじて集中豪雨的輸出ドライブを強め、近隣窮乏化によって不況からの脱却をはかり、ある程度まで成功した。雇用を維持しつつも、賃金（とくにボーナスや残業手当て）を伸縮的に調整することによって輸出を拡大したことが、一方では「ジャパン・アズ・ナンバーワン」（エズラ・ヴォーゲル）と賞賛されるとともに、他方ではいわゆる「ジャパン・バッシング」を呼び起こす誘因となったのである。

一九七〇年代における金・ドル交換の停止、第一次石油危機そしてスタグフレーションは、第二次世界大戦後の現代資本主義の発展における分水嶺となった。これらを契機にして、とくに先進資本主義国においては、産業構造は重化学工業中心から軽薄短小の情報技術関連産業中心に転換し、雇用・労働のあり方も個別分散的・伸縮的となり、変動相場制の採用による金融の自由化・資本移動の自由化によって経済の金融化がすすみ、経済政策もケインズ主義的需要管理政策から新自由主義が主流を占めてくるのである。このような変質を遂げた現代資本主義の新たな局面をわれわれは、ジョージ・ソロス（『グローバル資本主義の危機』）や馬場宏二氏（『もう一つの経済学』第一四章、参照）らとともに、「グローバル資本主義」と呼んでいるが（鶴田満彦編著『現代経済システム論』第四章、参照）、ここでの問題は、「グローバル資本主義」というネーミングそれ自体ではなく、既述のような新たな特質をもった資本主義に適合的な国家形態をどのように把握するかである。

一方では、スーザン・ストレンジのように『国家の退場』を説く論者もいれば、他方では、小松善雄氏のように「ケインズ型国家独占資本主義」から「新自由主義的な国家独占資本主義」への転換を説く論者もいる（同氏「現代資本主義にとって国家の役割はどうなったか」、『経済』二〇〇四年五月号）。もとより、グローバル化のなかでただちに「国家の退場」を主張するのは、短絡的であろう。グローバル資本主義のもとでむしろ頻発するようになった通貨・金融危機の際に、「最後の貸し手」として登場するのは、国家、あるいは国家を背景にした中央銀行であるし、福祉国家体制もスリム化したとはいえ、消滅したわけではない。しかし、多くの先進資本主義諸国において、交通、郵便、通信、教育といった公益事業においてまで民営化（プライヴァティゼーション＝私有化）がすすんでいる現状を基本的に「国家独占」資本主義の継続とみるのも、無理があるように思われる。

そこで、ここではボブ・ジェソップの議論を取り上げることにしよう。ジェソップは、一九七〇年代までの資本主義国家をケインズ主義的福祉型国民国家（KWNS）と特徴づけ、それ以降のグローバル化やポスト・フォーディズムに対応する統治形態をシュンペーター主義的勤労型脱国民的レジーム（SWPR、邦訳書『資本主義国家の未来』では、「シュンペーター主義的勤労福祉型脱国民的レジーム」と訳されているが、work-fare には福祉という意味は含まれていないので、ここでは福祉を省略した）と名づけている。

ジェソップによるSWPRの理念型は次のようなものである。①「供給サイドに介入することで、それなりに開かれた経済に恒常的イノベーションとフレキシビリティをよぶとともに、関連経済空間の構造的で体系的な、あるいはいずれかの競争力をできるだけ強化しようとするものであるかぎり、シュンペーター主義的でもある」（邦訳、前掲書、三五五ページ）。②「労働力を擬制商品として再生産するための条件の維持という固有の機能からすると、SWPRは、社会政策よりも経済政策の要求を重視するものであるかぎり……、勤労型レジームである」。「勤労型は、また、公的支出の下方圧力と結びついている。……その可能性が最も高くなるのは、社会支出の対象が労働力の（潜在的に）活動的成員ではなかったり、すでにその役を終えた人々に、あるいは、いずれかの状況にある人々に向けられている場合である」（同、三五六～三五七ページ）。③「経済管理と社会政策の供与という点で国民的規模が中心であったことに比べると、SWPRは、脱国民的（ポストナショナル）である。この趨勢は他の空間的規模と活動の地平の意味が大きくなるなかで起こったことであるだけに、国民的経済へ実効的なマクロ経済管理に服しがたくなる」（同、三五八ページ）。④「経済・社会政策の実施様式という点からすると、KWNSが国家主義的（ステイティズム）であったのに対し、SWPRはレジーム型の方向にある。これは、市場の失敗や国家支援型経済・社会政策の実施の不十分さを補うという点で、非国家型メカニズムの重要性が高まっているということをうかがうことができる。すると、（見掛け倒しのところがあるにせよ）国民的国家の『空洞化』という別の現象の重要性が、つまり、国家活動の全レベルにおよぶ公私ネットワーク（ローカルなパートナーシップから超国民的なネオコーポフ主義的な編制に及ぶ）の重要性の高まりという問題が浮上することになる」（同、三六〇ページ）。

ここでジェソップが「理念型」といっているのは、一般的定義と解してもよいであろうが、このSWPR

の定義では、一九八〇年代以降のグローバル資本主義の時期の国家・統治形態の特質が比較的にうまく表現されている。すなわち、①ではケインズ的需要創出政策の無効化が、②では福祉国家の後退ないし消滅が、③では国民経済および国民経済政策の解体が、④では国民国家に代わるローカルな、あるいは超国民的な組織・制度の重要性の高まりが、端的に、まさに「理念型」的に示されている。

「理念型」や一般的定義は、現実自体を記述したものではないが、その点を十分に考慮したとしても、ジェソップのＳＷＰＲ概念には、次のようなコメントを加えておく必要があるように思われる。

第一に、①のケインズ主義に代わるシュンペーター主義に関してである。グローバル資本主義下において、たしかに各国政府は、多かれ少なかれ累積国債の重圧のために、財政をつうじての需要管理は実行しにくくなっているが、だからといって放任しているわけではなく、金融における政策金利操作、オペをつうじたマネー・ストック管理政策は実行しているのであって、ケインズ主義が放棄されたわけではない。さらに、シュンペーター主義という場合、「創造的破壊」による景気の自動回復力を強調した初期シュンペーター（『経済発展の理論』）と、大企業経営者による技術革新の自動化をつうじての資本主義の安楽死を強調する後期シュンペーター（『資本主義・社会主義・民主主義』）では、位相がまったく違ってくる。ジェソップは、「供給サイドに介入」（誰が介入するかは、明言されていないが、おそらく国家あるいは政策当局であろう）することで「競争力をできるだけ強化」することをシュンペーター主義と把えており、現実においても、国家的プロジェクトとして、さまざまな技術革新がはかられているが、「国家が介入し、推進する技術革新」というイメージは、およそシュンペーター主義的とはいえまい。しかし、グローバル資本主義の場合、需要創出政策を行っても、所得の外国への漏れが大きくなって実効が限られるので、経済政策が、供給サイドに向けられる傾向があるのは、事実であろう。

第二に、福祉国家の解体に関してである。日本でも、加藤榮一氏が、一九七〇年代央以降の高度経済成長の終焉、少子高齢化と家族解体、社会主義体制の崩壊とイデオロギーの転換、資本主義のグローバル化を主な論拠として福祉国家の変質ないし解体を主張した（同氏『現代資本主義と福祉国家』第九章、参照）。たしかに、ジェソップや加藤氏が指摘するように、現実には社会政策から経済政策へのシフトが生じており、welfare から workfare への転換が見られるのは事実である。その理由は、おそらく加藤氏があげているような根拠によるものであろう。しかし、人間の歴史において、人権とか生存権は、かなりな程度不可逆性をもっている。人間が一度得た福祉国家を解体ないし根本的変質をするとすれば、民主主義が保障されている限り、国家あるいは統治レジームは正統性をもちえなくなるだろう。先進資本主義諸国における福祉国家体制は、スリム化するとしても、解体にまでは至らないのではないか、というのが筆者の見通しである（岡本英男『福祉国家の可能性』参照）。

第三に、国民経済および国民国家の解体に関してである。たしかにグローバル化の重圧は、福祉国家体制の維持のみならず、法人税や利子・配当課税の引上げ、主食を含めた食糧の国産化を困難にしている。グローバル資本主義下においては、自立的国民経済、あるいは国民的再生産構造を構想することすら空想的であるように思われる。しかし、冒頭で述べたように、資本が生産過程を包摂するためには、国家のような各個別経済主体に合法的に強制力を発揮できるような機関を必要とするのであって、これは、グローバル資本主義においても変わりはない。グローバル資本主義においては、各国の国家意思により、低率の法人税や利子・配当課税、農産物を含めた貿易の自由化が合意されているのだ。ジェソップは注意深く、ポスト・ナショナル・ステイトとはいわずに、ポスト・ナショナル・レジームといっているが、これは、EUのような超国家連合、国連・IMF・世界銀行のような国際組織、あるいは地域コミュニティを念頭に置いているからであろう。たしかに、国連が各個別国家に強制力を発揮できる世界政府のような組織となり、IMF・世界銀行が世界貨幣発行権（したがって信用創造力）をもった世界中央銀行になれば、ポスト・ナショナル・レジームといっていいだろう。だが、現実のグローバル資本主義が直面しているのは、頻発する通貨・金融危機、食糧・資源の不足、さらに環境破壊（地球温暖化）等であって、当面、これらの諸問題の解決にあたっているのは、国民国家なのである。ジェソップのいうポスト・ナショナル・レジームが形成されるのは、むしろ世界人民がグローバル資本主義を超克したときであろう。

最後に、グローバル資本主義下でめざましい発展を遂げた中国のいわゆる社会主義市場経済について触れておこう。中国は、先進資本主義諸国が一九七〇年代央の変質をへてグローバル資本主義の路線をとり始めた頃、改革・開放をつうじて農業改革・輸出志向工業育成に乗り出し、経済特区新設、外資導入、国営企業改革（株式会社化）等をつうじて実質GDPを八〇年代に倍加し、九〇年代にもさらに倍加した。二一世紀初頭には、中国経済は、規模の点では、米国、日本に次ぐ経済大国になっており、二〇三〇年には、米国と並ぶ経済大国になるものと予想されている。経済成長という点では、中国は、グローバル化の利益を最大限に享受したともいえよう。

この中国の社会主義市場経済なるものが、開発独裁下の国家資本主義的発展なのか、国家管理下の一種の社会主義的発展なのかは、むずかしい論争点である。いうまでもなく、中国では、市場化が、商品のみならず、労働力・金融・外国為替・不動産にまで及んでいるが、市場化と資本主義化とは同義ではない。

市場は、古代奴隷性社会、中世封建社会にも共存したのだから、社会主義、とくに発展途上の社会主義とも共存して不思議はない（伊藤誠『市場経済と社会主義』参照）。しかし、現実の中国経済が、「ひとりひとりの自由な発展がすべての人々の自由な発展にとっての条件である」（『共産党宣言』六九ページ）ような未来社会への過渡としての社会主義の一種であると見るには、あまりにも国家の管理力が強すぎ、個人の自由が制限されすぎているように思われる。中国が、経済力の向上のなかで、言論・結社の自由、移住・職業の自由等、各種の市民的自由を拡大してゆくならば、社会主義への志向性もはっきりしてくるであろう。

五　むすび――国家の死滅？

現代国家の将来を論ずる以上は、マルクスとエンゲルスの国家の死滅テーゼに触れないわけにはいかないだろう。マルクスの同意のもとに、エンゲルスが述べた国家の死滅テーゼは、次のような記述によって代表される。すなわち、「資本主義的生産様式は、大規模な社会化された生産手段の国家的所有への転化をますます推し進めることによって、この変革をなしとげる道をみずから示す。プロレタリアートは国家権力を掌握し、生産手段をまずはじめには国家的所有に転化する。だが、そうすることで、プロレタリアートは、プロレタリアートとしての自分自身を揚棄し、そうすることであらゆる階級区別と階級対立を揚棄し、そうすることで国家としての国家をも揚棄する。……国家が真に全社会の代表者として現れる最初の行為――社会の名において生産手段を掌握すること――は、同時に、国家が国家として行う最後の自主的行為である。社会関係への国家権力の干渉は、一分野から一分野へとつぎつぎによけいなものになり、やがてひとりでに眠りこんでしまう。人に対する統治に代わって、物の管理と生産過程の指揮とが現れる。国家は『廃止される』のではない。それは死滅するのである」（『反デューリング論』二八九～二九〇ページ）。

ここでは、プロレタリアートが国家権力を掌握し、国家が生産手段を所有することによって、社会関係への権力的な干渉は不要になるから、国家が死滅するという単純な筋書きが示されているのであるが、全生産手段の国有化をつうじての社会主義という道は、社会主義への唯一の道ではない。二〇世紀ソ連の経験は、生産手段の国有化が、社会主義や国家の死滅につながるどころか、国家権力の肥大化した官僚的システム（筆者は、これをも広い意味での社会主義に含めているが）を生み出すことを示した。マルクスは、むしろ生産協同組合の協同をつうじて社会主義を実現しようと考えていたようである（小松善雄「資本主義から社会主義への移行過程――古典家たちはいかに捉えていたか」等を参照）。また株式市場を含めた市場を利用することにより社会主義を実現しようという構想もある（J・ローマー『これからの社会主義』等）。

二〇世紀ソ連の悲劇を経験した人類は、おそらく一国一工場的な社会主義を将来においても建設するとは考えられない。資本主義に代替する社会主義としては、協同組合によるにせよ、株式会社によるにせよ、その他の企業形態によるにせよ、生産に関する決定が、生産者自身によって分散的に自由に行われるものである必要があろう。資本主義の特質が、生産に関する決定が生産手段を所有する（あるいは所有するとみなされる）一部の人々によって行われ、生産者（労働者）は、生産物を賃金によって買いもどすほかない点にあるのに対し、社会主義では、原則として生産者自身が生産に関する決定を行い、生産者（労働者）は、生活の必要と生産に対する貢献に応じて生産物の分配にあずかるのである。

このように個別・分散的に生産に関する決定が行われる社会主義においては、どの程度計画を利用し、どの程度市場を利用するにせよ、社会保障の維持とか公共財の供給とか環境保全といったマクロの目標のもとに、ミクロの計画とマクロの計画を調整したり、市場の公正性や透明性を確保したり、税制をつうじて平等性を実現する国家に相当する公的機関を必要とするであろう。もとより、この国家は全社会を代表するものであり、その勤務員はなんら特権をもつべきではなく、任期制や交替制が採用されてもいい。

ここで注目されるのは、さきの「国家の死滅テーゼ」のなかの「人に対する統治に代わって、物の管理と生産過程の指揮とが現れる」という一節である。階級抑圧機関としての国家は死滅するが、広義の生産過程の指揮者としての国家は残存するというのが、筆者の理解する限りでの国家の将来である。

参考文献

伊藤誠『市場経済と社会主義』平凡社、一九九五年
井村喜代子『日本経済——混沌のただ中で』勁草書房、二〇〇五年
F・エンゲルス「反デューリング論」、『マルクス・エンゲルス全集』第二〇巻、大月書店、所収
エズラ・ヴォーゲル『ジャパン・アズ・ナンバーワン』広中和歌子・木本彰子訳、TBSブリタミカ、一九七九年
大河内一男『社会政策（総論）』有斐閣、一九四九年
大谷禎之介編『21世紀とマルクス』桜井書店、二〇〇七年
岡本英男『福祉国家の可能性』東京大学出版会、二〇〇七年
加藤榮一『現代資本主義と福祉国家』ミネルヴァ書房、二〇〇六年
加藤榮一『福祉国家システム』ミネルヴァ書房、二〇〇七年
鎌倉孝夫『国家論の科学』時潮社、二〇〇八年

柄谷行人『世界共和国へ――資本＝ネーション＝国家を超えて』岩波新書、二〇〇六年
北原勇・鶴田満彦・本間要一郎編『現代資本主義』有斐閣、二〇〇一年
小松善雄「現代資本主義にとって国家の役割はどうなったか」、『経済』二〇〇四年五月号、新日本出版社
小松善雄「資本主義から協同社会主義への移行過程」上・中・下、「パリコンミューン期の移行過程論」、「晩年期のマルクスの移行過程論」『立教経済学研究』第六〇巻四号～第六一巻四号、二〇〇七年三月～二〇〇八年三月
柴垣和夫『現代資本主義の論理』日本経済評論社、一九九七年
ボブ・ジェソップ『資本主義国家』田口・中谷・加藤・小野訳、御茶の水書房、一九八三年
ボブ・ジェソップ『国家理論』中谷義和訳、御茶の水書房、一九九四年
ボブ・ジェソップ『資本主義国家の未来』中谷義和監訳、御茶の水書房、二〇〇五年
J・A・シュンペーター『経済発展の理論』上・下、塩野谷祐一・中山伊知郎・東畑精一訳、岩波文庫、一九七七年
J・A・シュンペーター『資本主義・社会主義・民主主義』上・中・下、中山伊知郎・東畑精一訳、東洋経済新報社、一九五一～五二年
スーザン・ストレンジ『国家の退場』櫻井公一訳、岩波書店、一九九八年
ジョージ・ソロス『グローバル資本主義の危機』大原進訳、日本経済新聞社、一九九九年
高田太久吉『金融グローバル化を読み解く』新日本出版社、二〇〇〇年
田口富久治・鈴木一人『グローバリゼーションと国民国家』青木書店、一九九七年
鶴田満彦・渡辺俊彦編著『グローバル化のなかの現代国家』中央大学出版部、二〇〇〇年
鶴田満彦編著『現代経済システム論』日本経済評論社、二〇〇五年
馬場宏二『もう一つの経済学』御茶の水書房、二〇〇五年
アンガス・マディソン『経済統計で見る世界経済二〇〇〇年史』金森久雄監訳／(財)政治経済研究所訳、柏書房、

二〇〇四年
マルクス・エンゲルス『共産党宣言』大内兵衛・向坂逸郎訳、岩波文庫、一九五一年
マルクス『経済学批判要綱』全五分冊、高木幸二郎監訳、大月書店、一九五八〜六五年
マルクス『経済学批判』武田・遠藤・大内・加藤訳、岩波文庫、一九五六年
マルクス『資本論』全三巻（一三分冊）、資本論翻訳委員会訳、新日本出版社、一九八二〜八九年
J・ローマー『これからの社会主義』伊藤誠訳、青木書店、一九九七年

III

日本経済の低迷と再生

第八章　バブル崩壊と九〇年代不況

一　はじめに

一九九〇年から始まる株式や不動産などの資産価格の下落に続いて、日本経済は、九一年五月からは実体面においても不況局面に入り、この不況は、九三年一〇月まで三〇か月続いたとされている。この不況は、「複合不況」とか「平成不況」とも呼ばれているが、本章では、九〇年代不況と呼ぶことにしたい。

九〇年代不況は、規模の点でも期間の点でも戦後日本経済における最大級の不況であったといってよい。GDP成長率は、九二年度において名目二・一％、九三年度において名目〇・六％、実質マイナス〇・二％であったが、これらは、いずれも戦後最低の水準である。不況の持続期間の点での戦後最長は、第二次石油危機後の三六か月で、九〇年代不況はそれに次ぐものとされている。規模と持続期間を総合的に考慮すれば、九〇年代不況は、文字どおり戦後最大の不況であった。

好況と不況の交替による景気循環は、資本主義経済に不可避のものであり、資本主義のダイナミクスを証明するものでもある。バブル景気のような上方への累積過程がいつまでも続きえず、やがて下方への累積過程に転化せざるをえないこと、いわゆる「山高ければ谷深し」で、拡大過程が急激であればあったはど不況過程も深刻にならざるをえないことは、経済理論的には明らかなことである。

九〇年代不況に関連して明らかにすべき問題は、次のようなものであると考えられる。

第一は、戦後の景気循環のなかでの九〇年代不況の特質を明らかにすることである。九〇年代不況のもっともいちじるしい特質は、いわゆるバブル経済の形成と崩壊を契機としており、したがって金融システムの不安定性を伴っていることにある。かつて、第二次大戦後の管理通貨制度とケインズ主義的財政・金融政策のもとでは、金融恐慌・信用不安は克服されたと主張されたことがあったが、現実は、金融恐慌・信用不安がけっして過去のものになっていないことを示した。したがって、なぜ九〇年代不況が、ある意味ではきわめて古典的な形態で現出したのかが、明らかにされねばならない。

第二は、九〇年代不況の国際的関連を明らかにすることである。日本の九〇年代不況は、九〇年にアメリカ、イギリス、カナダで始まり、九一年に大陸ヨーロッパ諸国と日本に伝播した先進国同時不況の一環をなすものであった。アメリカ経済は、九二年より「ジョブレス・リカヴァリー」といわれながらも、回復へ向かい、そのためもあって、九〇年度には名目GNP比一・一%にまで縮小した日本の経常収支黒字は、九二年度には三・二%にまで増大し、九三年の大幅な円高を招くことになった。ここから、日米経済摩擦が再び激化するとともに、レーガノミクスのなかでいったんは空洞化したと思われたアメリカ産業の「再生」や「日米再逆転」がいわれることになる。九〇年代不況をつうじて、日米関係がどのように変化したのかが、明らかにされねばならないであろう。他方では、九〇年代先進国同時不況とは対照的に、アジアNIEs、ASEANおよび中国など東アジア経済の急成長が注目される。はたして、九〇年代不況は、「アジアの世紀」への分水嶺になるのかが、問われねばならない。

第三は、九〇年代不況のなかで進行している日本経済の構造変化を明らかにすることである。不況は、従来どおりの生産様式では利潤を生み出すことができないことを意味するのであって、多かれ少なかれ、構造変化を必然にする。一九六五年不況は、生産規模の大型化と海外進出をもたらしたし、第一次石油危機後の七四～七五年不況は、その後の「減量経営」とME情報化を決定づけた。九〇年代不況と円高のなかでも、リストラクチャリングやリエンジニアリングが強行され、日本的雇用慣行もいちじるしい変貌をとげつつある。ポスト不況の日本経済の蓄積構造はどのようなものになるか、あるいはどのようなものにすべきかを明らかにすることが、最後の問題である。

本章は、これらの問題を解明することを目的とする。

二　九〇年代不況の特質

さきに述べたように、九〇年代不況のもっともいちじるしい特質は、いわゆるバブルの形成と崩壊を契機としていることであった。

バブルとは何かを厳密に定義することはむずかしいが、ここではほぼ常識に従って、株式や土地などの資産（擬制資本）価格が、GNPなどの経済実体から乖離して増大することという程度に理解しておくことにしよう。

表８‐１に見られるように、実物資産、土地、金融資産からなる国民総資産は、一九七〇年代から八〇年代前半にかけては、名目GNPに対して一〇倍前後であった。ところが、八〇年代後半には、この比率

表 8-1　名目GNPと国民総資産　（単位：兆円）

年	名目GNP（年度）(A)	国民総資産（暦年）(B)	東証一部株価時価総額（年末）(C)	B／A	C／A
1975	152.2	1438.7	41.5	9.45	0.27
1980	245.6	2642.5	73.2	10.76	0.30
1985	325.4	3935.9	182.7	12.10	0.56
1989	405.8	6871.2	590.9	16.93	1.46
1990	435.4	7153.2	365.2	16.43	0.84
1991	459.0	7184.2	365.9	15.65	0.80
1992	470.1	6924.7	281.0	14.73	0.60

（出所）経済企画庁『経済要覧』各年版による。

が一五〜一六倍にはねあがっており、九〇年からはようやく下落に向かうのである。国民総資産は実物資産を含んでいるので、擬制資本を代表するものとして東証一部株価時価総額をとり、それを名目GNPと比較してみると、その傾向はより顕著である。八〇年代前半には、名目GNPに対して〇・三〜〇・五程度であった東証一部株価総額は、八九年末にはじつに一・五倍にも達し、九〇年代以降は急激に減少して、九二年には、八五年とほぼ同じ水準にまでもどっているのである。このことは、主として八〇年代後半にバブルが形成され、九〇年代以降、崩壊に向かったことを示している。

さらに、九四年度『経済白書』は、「国民経済計算」による「調整勘定」によって、株式および土地によるキャピタル・ゲイン／ロス（価格変動による評価損益）を推計している（第二章第三節1）。それによると、八六〜八九年の株式・土地によるキャピタル・ゲインは、総額一七〇七・四兆円で、この時期の名目GNPのおよそ一・一六倍にのぼっている。それに対して、九〇〜九三年のキャピタル・ロスは、総額七六七・二兆円で、この時期の名目GNPの〇・四二倍にとどまっている。これは、九〇年以降、バブルは崩壊しつつあるものの、バブルによって生じたキャピタル・ゲインが必ずしも一掃されていないことを示している。

八〇年代後半のバブルは、なぜ、いかにして形成されたのか。この点については、宮崎義一氏が『複合不況』（中公新書、一九九二年）で先駆的に解明しているとおりである。第一の要因は、金融自由化と規制緩和をめざす制度変化である。金融自由化への胎動は、国際化の進展とわが国の国債の大量発行に対処するため、七〇年代末から始まっていたが、それが本格化したのは、八四年の「日米円ドル委員会報告」以降であった。同年、この報告の線にそって、為替取引における実需原則と円転換規制が撤廃され、資金の国際的移動が自由化された。さらに、翌年以降も、業務規制緩和、金利自由化、新金融商品開発の自由化の動きがすすんだ。これら金融自由化といわれる制度変化は、金融システムの国際化・透明化・効率化をめざすものとされており、新自由主義の国際的潮流のなかでそのような役割を果たしたことは否定できないが、むしろ、金融業における競争激化をつうじて一時的な金融イノヴェイションを作り出し、遊休貨幣資本を吸収したところに実際に果たした主要な役割があったように思われる。

第二の要因は、一九八五年プラザ合意以降の超金融緩和政策である。ドル高・高金利のレーガノミクスがアメリカの産業空洞化と「双子の赤字」の巨大化をもたらしたことを受けて、国際協調による為替介入によってドル安を作り出すとともに、ドル暴落を避けるために金利の協調低下をはかるというのが、プラザ合意の主旨であったが、これによる円高・ドル安は政策当局者の予想を超えたスピードですすみ、八六年からは、円高対策がとられるようになる。すなわち、日銀による〝円売り・ドル買い〟の介入と政策金利の引下げによるマネー・ストックの増大である。日銀による〝円売り・ドル買い〟の介入は、外貨準備高を増大させ、その分だけ国内に過剰流動性を形成する傾向がある。じっさい、八五年度末に二八〇億ド

表 8-2　M_2＋CD と日銀券発行高（平均残高）の対前年増加率　（単位：%）

年度	1981	1982	1983	1984	1985	1986	1987	1988	1989	1990
M_2＋CD	9.7	8.4	7.5	7.8	8.7	8.6	11.2	10.8	10.3	10.2
日銀券発行高	4.8	7.2	4.5	5.0	5.8	8.4	10.5	10.9	11.1	7.1

（出所）1994年版『経済要覧』。

ルであった外貨準備高は、八八年度末には九九四億ドルにまで増大した。また、八五年に五％であった政策金利は、八六年一月以降五次にわたって引き下げられて、八七年二月には二・五％となり、当時「史上最低の水準」といわれたこの利率は、八九年五月までおよそ二年三か月続いた。

このような超金融緩和政策の結果、マネー・ストックは、表8-2にみられるとおり、従来の指標であるM_2＋CDをとっても日銀券発行高（平均残高）をとっても、とくに八七年度から九〇年度にかけて顕著な増加を示している。

実質GNPの伸びをはるかに超えるこのようなマネー・ストックの伸びがなぜインフレを現出させずに、資産価格だけを上昇させたかは、興味ある問題である。おそらく急激な円高のなかで、輸出産業を中心として合理化・コスト削減圧力が強まるとともに、原油をはじめとして輸入品価格がいちじるしく低下して、商品部門にはインフレ期待はほとんど形成されなかったのに対し、金融自由化の制度変化の過程で生じた金融イノヴェイションに触発されて、増大したマネー・ストックの多くが、金融・不動産部門に向かったものと考えられる。超金融緩和政策によって増大したマネーが金融・不動産部門に向かって株価・地価を上昇させると、増価した株式・不動産を担保とした金融機関の貸出しも増大して、マネーはいっそう増大し、バブルは自己増殖をとげてゆくことになる。

八六年円高不況後の日本経済の展開をバブル景気としてのみ特徴づけると、それは不正確であろう。なぜならば、円高のなかで強まった合理化・コスト削減圧力に促迫されて、しかも超金融緩和政策によって生じた低金利資金にサポートされて、八七年度以降、民間企業設備投資が旺盛に増大したからである。民間企業設備投資（実質）の対前年増加率は、八八年度一六・八％、八九年度一四・三％、九〇年度一一・四％と三年連続して二桁台の伸びとなり、実質国内総支出にしめる民間企業設備投資の比率は、八九年度から九二年度まで四年連続して二〇％を超えた。これらは一九六〇年代の高度成長期に匹敵する比率であって、この時期に、経済実体面においても、のちには過剰となる設備が大量に累積されたことを示している。

この点に関連して、九四年度『経済白書』は、八〇年代後半に実行された設備投資の限界収益性が他のブーム期のそれに比して低かったという興味ある指摘をしている。すなわち、「バブル期に、企業の投資判断が甘くなり、収益性の低いストックが積み上がってしまい、それがその後の収益性の低下となった可能性がある」として、その端的な例として、子会社設立をつうじた事業多角化の動きをあげている（第二章第二節3）。山口義行・小西一雄両氏も、ME化による多品種戦略にもとづくこの時期の設備投資は、「高コスト体質」を定着させたとしている（『ポスト不況の日本経済』講談社現代新書、一九九四年）。

一般に企業は、資金の調達コスト（利子率）と資本の限界（予想）利潤率とを勘案しつつ、後者が高い限り投資を実行するのだから、バブル期のようにエクィティ・ファイナンスを通じて実質ゼロに近いようなコストで資金を調達しえた時期には、きわめて収益性の低い、したがって結果的には「高コスト」になるような投資までが実行されたものと推定される。これが、九〇年代不況におけるストック調整を特別に困難にしているのである。

バブルは、証券・不動産市場（擬制資本市場）にマネーが流入し続ける限り膨張しうるが、それは無限には続きえない。擬制資本には、将来予想収益を利子率で資本還元して得られる理論価格があり、現実の市場価格がこの理論価格から乖離して上昇を続けた場合は、マネーの流入はいつかは止まるのである。ただ、それがいつであるかは、無政府的市場にあっては、誰にもわからないだけである。

日本の九〇年代不況は、金融恐慌・信用不安がけっして過去のものとはなっていないことを明らかにした。少なからぬ金融機関が事実上倒産し、銀行が大量の不良債権（都銀・長信銀・信託銀二一行だけで九三年度末において公表ベースで一三兆五〇〇〇億円。アメリカの格付け機関スタンダード&プアーズの推計では三〇兆円）を抱えて信用創造力を喪失していたことは、九〇年代不況が、金融恐慌という局面をもっていたことを示している。

資産（擬制資本）価格の暴落を契機として開始され、実体面の過剰生産・過剰設備がそれに続き、不良債権を抱えた金融機関のクレジット・クランチが回復の足枷となるという九〇年代の不況の形態は、きわめて古典的なものである。なぜこの時期に古典的形態をとった不況が現出したかといえば、結局は、ブレトン・ウッズ体制崩壊後の脆弱な変動相場制のもとで、金融の自由化とグローバル化が異常な速度ですすめられ、しかもプラザ合意後の対米金融協力のために超金融緩和政策をとり続けたことにその原因が求められるであろう。バブルは金融自由化とプラザ合意の仇花にほかならなかったのだ。

もちろん、九〇年代不況が古典的形態をとったということは、資本主義が古典的段階へ先祖帰りしたことを意味するわけではない。九三年九月以来の一・七五％という超低政策金利による銀行への業務支援、九三年一月設立の共同債権買取機構をつうじる金融機関への事実上の減税、さらには日本銀行も出資する救済銀行の設立など、信用不安を爆発させないための、資本主義の古典的段階ではとうてい不可能であった対策が採用されているからである。これらの救済策が当面は信用不安の爆発を阻止していると同時に、不良債権・過剰資本の処理を長引かせているのである。

三　九〇年代不況と国際的関連

日本の九〇年代不況は、九〇年から始まった先進国同時不況の一環をなすものであった。九四年度『経済白書』も、「今回の日本の景気後退は、基本的には世界的な同時不況の中で生じたものである」（第二章第一節）と述べている。九〇年前後、東西冷戦と湾岸戦争に勝利した途端に、先進資本主義諸国は、皮肉なことに不況に突入したわけだ。

九〇年以降、いわゆるG7のなかで、実質GDP成長率がマイナスとなった年をみると、九〇年がカナダ、九一年がアメリカ、イギリス、カナダ、九二年がイギリス、九三年がドイツ、フランス、イタリアそして日本（年度）となっている。同時不況といっても、アングロ・サクソン諸国、大陸ヨーロッパ、日本の順で若干のタイム・ラグをおいて不況に突入し、回復も同じ順序で生じている。

九〇年代不況を直接に準備した八〇年代の経済発展は、先進国経済、とくに日米経済間における不均衡の拡大によって特徴づけられていた。すなわち、事実上のドル本位制にもとづく乱暴な高度成長政策ともいうべき八〇年代前半のレーガノミクスは、アメリカの「双子の赤字」を累積的に増大させ、八〇年代初頭には世界最大の純債権国であったアメリカを半ば以降は世界最大の純債務国にした（純債務国に転化し

表 8-3　日米経常収支の推移　（単位：億ドル）

年	1985	1986	1987	1988	1989	1990	1991	1992	1993
日本	492	858	870	796	570	359	729	1176	1314
米国	－1227	－1475	－1634	－1267	－1012	－905	－848	－663	－1092

（出所）　日銀『国際比較統計』1994年。

たのは、ヒストリカルコスト・ベースの旧統計では八五年、カレントコスト・ベースの新統計では八六年となっている）。八五年のプラザ合意は、レーガノミクスを軌道修正して、ドル安と低金利とを国際協調によって作り出そうとしたが、結果的には、先進各国に多かれ少なかれバブルを出現させることとなった。

プラザ合意を契機とする円高・ドル安の為替調整は、日米両国の経常収支にどのような影響を与えたか。表8-3に見られるように、プラザ合意後、日本の経常収支黒字とアメリカの経常収支赤字は、いわゆるJカーブ効果もあって一九八七年にともにピークに達している。しかし、その後、日本の黒字とアメリカの赤字はともに減少しはじめ、日本は九〇年、アメリカは九二年にそれぞれこの時期におけるボトムを記録するのである。これは、日本ではバブル景気が内需を拡大させ、アメリカでは先行した不況が内需を圧縮したためである。

日本の経常収支黒字は、不況の影響を受けて九一年から再び増勢に転じ、九二年からは一〇〇〇億ドル以上という空前の規模となっている。これと対照的に世界に先駆けて不況から回復したアメリカは、九三年からは一〇〇〇億ドル以上の経常収支赤字を記録している。九三年一月には一ドル＝一二五円であった対米ドルレートが同年八月には一ドル＝一〇〇円台にまで二〇％も急上昇した背景には、基本的には、両国の経常収支の逆方向への不均衡拡大があったものと考えられる。八九～九〇年の日米構造問題協議がともかくも合意をみたのとは対照的に、九三～九四年の日米包括経済協議が事実上の失敗に終わったのも、日米経済摩擦がそれだけ熾烈になっていたことを示している。

プラザ合意によるドル安と九〇～九一年のアメリカの不況は、アメリカ経済に大きなインパクトを与えた。八六～九三年の間にアメリカの輸出数量は七九％も増え、輸入数量の増加は三一％にとどまった。とくに、八七～八九年の輸出数量の伸びはいちじるしい。ここから、「アメリカ経済の再生」とか「日米再逆転」とかいわれるようになった。レーガノミクスの時代には、空洞化したとさえいわれたアメリカ産業は、ドル安と不況下のリストラクチュアリング・リエンジニアリングをつうじて、はたして再生・復活したのであろうか。

九四年度『経済白書』（第三章第四節２）も指摘しているように、「日米再逆転」に関連した最近の象徴的な出来事は、次の二つである。

第一は、九四年のアメリカの自動車生産台数が一一〇〇万台を超えるものと推計され、不況下で一〇三〇万台前後にとどまると見込まれる日本を抜いて、七九年以来一五年ぶりに世界一の座に復帰することが確実視されていることである（『日本経済新聞』一九九四年八月一五日）。

第二は、九三年の世界の半導体市場において、日米のシェアが八五年以来八年ぶりに逆転し、アメリカ四一・九％、日本四一・四％となったことである（東京銀行調査部『検証・アメリカ産業の再生』日本経済新聞社、一九九四年、一三二ページ）。

このような変化は、主としてアメリカの景気は九二年から回復しはじめ、九三年には実質ＧＤＰ成長率が三％となって潜在成長率と目される二・五％を上回ったのに対し、日本は九二～九三年にはほとんどゼロ成長を続け、九四年になってわずかに回復しはじめたという景気局面の差によるところが多いものと思われる。

もちろん、ドル安による競争力の強化のほか、九〇年代不況のなかで進行したリストラクチュアリングとかリエンジニアリングという名の経営合理化の影響も大きい。前掲の『検証・アメリカ産業の再生』は、OECDの試算を引いて次のようにいっている。「八五年のドル高のピーク時にはアメリカの賃金のコストの絶対水準は、主要取引国のドル建て賃金コストよりおよそ三〇%高い水準にまで上昇していたが、その後流れが変わって九〇年代初めにはほぼ同水準にまで下がり、九〇年代に入ってからはアメリカの賃金コストは横這いから弱含みで推移してきたので、九三年にはその水準は主要取引相手国の加重平均値と比較しておよそ三〇%近い水準まで下がっているとされている。こうした計算が正しいとすれば、賃金コストに関する限り、九〇年代に入ってからはアメリカ製造業の立場は大幅に強化されており、製造業部門の貿易収支はもっと顕著に改善されてもおかしくないことになる」(三二一〜三二二ページ)。

さらに、日本的経営の手法も取り入れた経営合理化攻勢もすさまじい。人員削減の波は、回復期に入っても続いている。熊坂有三氏によれば、九四年のレイオフはこれまでの記録である九三年の六一万五〇〇〇人を超えると予想されており、九三年一月以降に五〇〇〇人以上のレイオフを発表した企業は三〇社を超え、そのなかにはGM、シアーズ、IBM、AT&T、ボーイング、イーストマン・コダック、ゼロックス、マクダネル・ダグラス、GE、ウエスティング・ハウスなど超一流企業が含まれているとのことである(「生産性向上でいま何が起きているか」、『エコノミスト』一九九四年七月一二日号)。失業率こそ九二年の七・四%をピークに九四年一〇月には五・八%にまで下がってきているものの、雇用の拡大が所得の増加につながらず、しかも貧富の差が拡大しているようだ。山下明彦氏によれば、九三年末の一所帯当たりの実質所得は四年連続で減少しており、しかも所得階層別にみると、低所得・中所得層ではいずれも所得シェアが低下しているのに対し、高額所得者にあたる上位二〇％の所得シェアは前年の四六・九％から四八・二％に拡大しているという（「米国発の警告」、『日本経済新聞』一九九四年一〇月三一日夕刊）。

このように、アメリカ経済は、順調に回復・好況過程をたどっているかのようにみえるが、それは、けっして本格的な産業的再生を意味するほどのものではない。アメリカ経済の底の浅さは、九三年からは再び一〇〇〇億ドル以上になった貿易赤字、九四年の投資収益の赤字転落、やや減少したとはいえ依然として二〇〇〇億ドル台の財政赤字、四％程度の低い個人貯蓄率などに示されている。九四年一一月中間選挙の歴史的大敗のあとを受けて、クリントン政権は九六年から五年間で六〇〇億ドルの減税政策を発表したが、このようなあまりにも政治的な経済政策は「双子の赤字」からの脱却をますます困難にするにちがいない。

ドル表示の一人当たりGDPではOECD諸国中第一位であり、世界最大の経常収支黒字国・純債権国でありながら、バブル崩壊後の不況のなかで自信喪失している日本と、政治的・軍事的には世界唯一の超大国でありながら、依然として経済的には衰退し続けているアメリカ。この両国を、たとえば日米自由貿易圏というかたちで統合し、世界最強のティームを作ることを提唱するのが、D・バースタインである。かれは次のようにいう。「アメリカが国家的な経済戦略を構築するときに問うべきは、もはや『どうすれば日本を追い抜けるか』ではない。『どうすれば日本の強さを梃子にして、相互依存が強まる日米関係から最大の利益を得ることができるだろうか』である」（『日米株式会社』鈴木主税訳、三田出版会、一九九三年、三七四ページ）。冷戦後、体制間対抗の重圧が消滅するとともに、米・日・欧の三極の間のシステム的相違が顕著になりつつあるいま、日米統合を説くこのような見解は、荒唐無稽のようにもみえるが、必ずしもそうではない。「日米株式会社」論は、日米間の対照性、鏡像性、両極性をいわば逆手にとった戦略であって、日本の脆弱な政治力を考慮すれば、実現性なしとしないものである。

日米間の競争と共同の関係は、台頭するアジア経済をめぐっても示されている。七〇〜八〇年代世界経済における注目すべき特徴の一つは、スタグフレーションと不均衡拡大に呻吟する先進資本主義諸国とは対照的に、アジアNIEs、ASEAN諸国、中国などが急成長をとげたことである。とくに、八〇年代後半以降の東アジア経済の躍進は、めざましいものがある。九〇年代不況をはさむ八九〜九三年の実質経済成長率の年平均をみると、OECD諸国が一・九％であるのに対し、アジアNIEsは六・七％、ASEAN諸国は七・五％、中国は八・六％となっている（日銀『国際比較統計』一九九四年）。

これは、一面では、先進資本主義の側からの対外投資・海外生産の大規模化に触発されたものであるが、他面では、東アジア諸国が自律的に経済的離陸をとげ、先進国にキャッチ・アップしようとするものにほかならない。

この「世界の成長センター」に対して、アメリカはAPEC（太平洋経済協力会議）の九三年一一月シアトル会議、九四年一一月ジャカルタ会議をつうじて主導性を強め、域内の貿易・投資自由化の目標年限（先進国・NIEsについては二〇一〇年、途上国については二〇二〇年）を設定させるに至った。これは、「世界の成長センター」をアメリカ系多国籍企業の支配下に置こうとするものにほかならない。これに対して、マレーシアのマハティール首相は、アメリカや豪州を除外した、より自立的なEAEC（東アジア経済協議体）構想を打ち出し、ＡＰＥＣの自由化目標年限を盛り込んだボゴール宣言を事実上留保している。

日本は、東アジア諸国にとって、貿易の面でも投資の面でも最大の相手国であり、当分の間、東アジアの経済成長は、日本からの資本財・中間財、技術、資金の供給に依存する程度が高い。九四年度『経済白書』が計算している「西太平洋地域の乗数マトリックス」（第三章第一節）によると、九〇年においてアジアＮＩＥｓおよびＡＳＥＡＮ八か国・地域のうち、フィリピンを除く七か国・地域が、日本に対して最大の生産誘発率を示している。

このように、経済の実体面においては、日本は、アメリカから東アジアにシフトしているにもかかわらず、日本政府は、ＡＰＥＣ路線のアメリカに追随して、より自立をめざすＥＡＥＣ路線を潰しにかかっているというのが、アジアをめぐる日本の対外路線の実情なのである。

四　九〇年代不況による日本経済の構造変化

戦後最大級の九〇年代不況をつうじて、日本経済は、深刻な構造変化をこうむりつつある。この構造変化はさまざまな現象に現れているが、その第一はいわゆる「価格破壊」である。

九〇年代不況の特徴は、七〇年代のスタグフレーション期とは違って、物価上昇率の低下、とくに卸売物価の下落をともなったことである。総合卸売物価指数（日本銀行）は、九一年度マイナス一・二％、九二年度マイナス一・五％、九三年度マイナス三・二％と前年比で下落しており、九四年度も下落は必至である。消費者物価指数（総務庁）も、九三年度は一・二％の微上昇にとどまり、九四年度に入ってからは前年比で

図 8-1

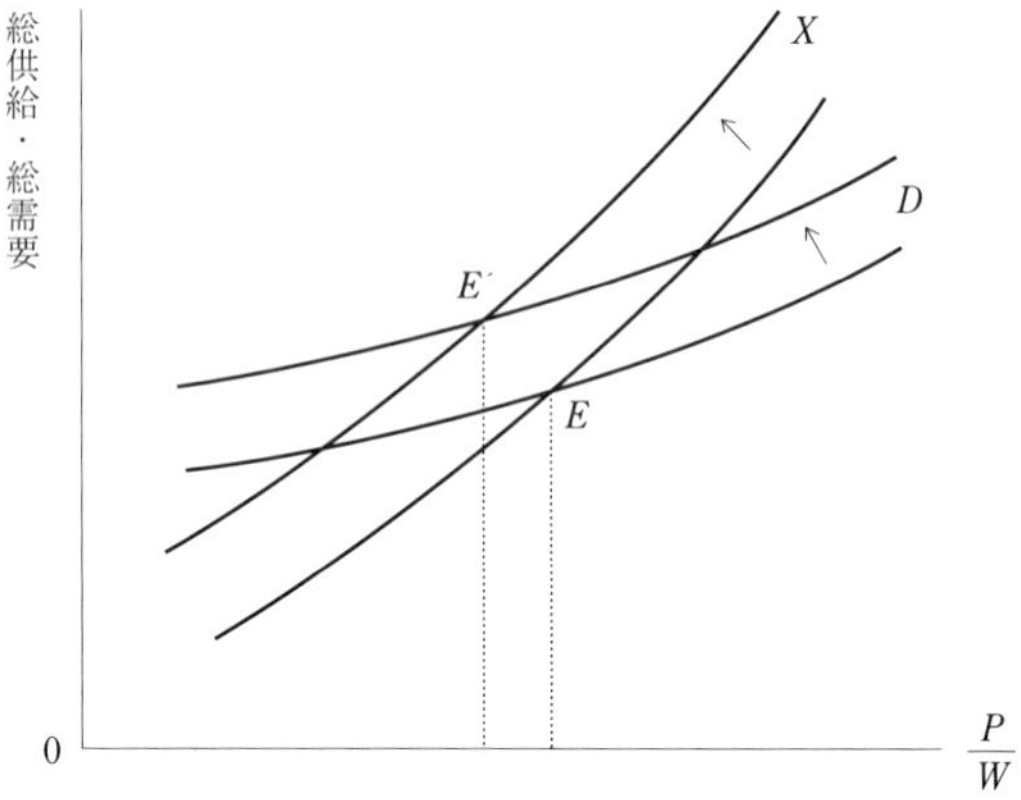

ほとんど横這いになっている。

部分的には極端なディスカウント販売をともなうこういう物価動向が「価格破壊」と呼ばれているが、その要因としては、①過剰設備・過剰生産による値下げ圧力、②円高による輸入品価格の低下、③とくに東アジアからの製品輸入の増大等が考えられる。これらの要因のうち、とくに②や③は中期的に続くものと考えられ、バブル期に形成された「高コスト体質」（山口・小西、前掲書）を除去する役割を果たすであろう。

「価格破壊」現象は、企業行動に対してはネガティヴな影響を及ぼす。なぜならば、企業行動の基準になる損益計算やバランス・シートは名目価格で示されるのであって、「価格破壊」は、企業にとっての増収・増益を困難にするのみならず、とくに不良資産をかかえた企業にはその償却を困難にするからである。

他方、「価格破壊」をつうじて実質賃金を上昇させながら、しかも雇用を確保することができれば、それは、労働者・サラリーマン・消費者にとっては有利な条件となる。すなわち、図8-1において、縦軸は総供給・総需要、横軸はP／W（価格Pを貨幣賃金率Wで割った支配労働量、あるいは実質賃金率の逆数）を表すとすれば、P／Wの増加関数として総供給曲線Xと総需要曲線Dを描くことができる。「価格破壊」にもかかわらず、雇用を維持するということは、企業の供給態度を変更させてXを上方にシフトさせると同時に、実質賃金率を上昇させて労働者の消費需要を増やし、Dを上方にシフトさせることにほかならない。したがって、均衡点はEからE′に移動する。Eに対してE′は、総供給（したがって総雇用も）が増え、実質賃金率も上昇している状態である（くわしくは、置塩信雄・鶴田満彦・米田康彦『経済学』大月書店、一九八八年、一一三〜一一四ページ、参照）。しかし、このように企業の供給態度を変更させるには、社会からの大きな圧力を必要とするのであって、現実には、必ずしもそのようにはすすんでいないのである。

そこで、九〇年代不況をつうじての構造変化の第二として、「雇用破壊」現象が現れてくる。ここで「雇用破壊」とは、失業者の増大のみならず、企業のリストラクチュアリングやリエンジニアリングのなかで生じている出向、早期退職、年功序列制の見直しなど雇用・賃金形態の急激な変化を意味している。

完全失業者数（季節調整値）は、九四年八月には二〇〇万人となり、完全失業率は、九四年七月以降ほぼ三％で推移している。有効求人倍率は、ピーク時の九〇年の一・四三から九四年七月には〇・六二まで低下した。総実労働時間（産業計）は、九一年度以来、対前年度比で九一年度マイナス二・二％、九二年度マイナス二・六％、九三年度マイナス二・四％と三年連続して減少し、とくに所定外労働時間だけをとってみると、九一年度マイナス六・四％、九二年度マイナス一四・五％、九三年度マイナス一一・〇％となっている。労働時間の減少自体は望ましいことだが、それにともなって、九三年の実質賃金は前年に比べて〇・五％低下している（労働省調査）。

より重要な変化は、正規労働者の終身雇用慣行とか年功序列制といった日本的な雇用システムが動揺していることである。松下電器（現パナソニック）は、九四年一二月から管理職の賞与（ボーナス）を対象に年功部分を完全に排除し、実績だけで査定・評価する能力主義を導入して話題を呼んだ。九四年度『経済白書』（第三章第二節3）が利用している東京商工会議所のアンケート調査によると、「年功序列制は維持できない」が七八・〇%、「終身雇用制は実質崩壊する」が二一・四%、「年功序列制は維持できないが、終身雇用制は維持される」が四六・一%を占めたとのことである。『経済白書』は、「終身雇用は実質崩壊する」とする割合は低いとみているが、二割以上の企業が「崩壊する」とみていることは重要ではないであろうか。

このような「雇用破壊」は、「価格破壊」と同じく、不況といった循環的要因のみならず、円高による海外生産の増大や東アジア等からの製品輸入の増大といった構造的要因にもとづいている。したがって、日本的な雇用システムを根幹とする日本型経済システムも、根本的な転換に迫られているといってよい。

日本型経済システムは、もともと生産効率性の点では他の追随をゆるさぬものをもっているが、長時間労働、過労死、家庭・地域社会の空洞化といったネガティヴな面ももっている。日本型経済システムを改造し、労働時間短縮を定着させるとともに、個人が企業からより自立しうるようなシステムを構築することが望まれる。

最後に、まだ明確な現象になっているわけではないが、九〇年代不況をつうじて異常に強調されてきた戦略あるいはイデオロギーに「規制緩和」がある。あたかも九〇年代不況の原因は規制にあり、不況からの脱出口は「規制緩和」以外にありえないかのごとくである。

たとえば、経済同友会が九四年一一月にまとめた「日本経済の構造改革」という提言は、次のようにいっている。「民間企業の経営は、市場メカニズムが機能する市場でこそ活力を発揮することができる。

経営者は、不透明な商慣行、雇用慣行などを見直し、行政に頼らず自己責任と創意工夫の下、よりグローバルな視野で、技術・資本集約的な事業を展開することによって企業経営の活路を見いだすことができる。／このために政府は、民間の努力とともに、日本の市場が内外無差別で透明性が高く、市場メカニズムの機能を十分発揮できるように、政府規制の撤廃など競争促進の経済環境を整備し、併せて的確な独占禁止政策を採るべきである」。そして、規制緩和を含む改革を実行した場合と実行しない場合をシミュレーションし、一九九五〜二〇〇五年の間に、消費デフレーター（年率）で一・八％、失業率で二・四％、実質経済成長率（年率）で二・一％の差が出るとしている。

たしかに、望ましい経済システムを作っていくうえで、規制緩和は必要なことである。それは、従来の日本型経済システムを支えてきた政・官・財の癒着構造、あるいはウォルフレンのいう「官僚独裁主義」（『人間を幸福にしない日本というシステム』篠原勝訳、毎日新聞社、一九九四年、八九ページ）を打破するのに必要な限りにおいてである。これまでの日本には、アドミニストレーターズによる自由裁量的・恣意的規制（許認可行政）が多すぎ、そのことが日本型システムを不透明にしてきた。これらの規制は、除去されねばならない。

しかし、規制緩和はけっして万能ではないし、とくに不況からの脱出策として有効であるとも考えられない。規制緩和によってビジネス・チャンスが生まれ、企業家のアニマル・スピリットが燃え上がるというのは、幻想にすぎない。けっして「反規制緩和論者」ではない佐和隆光氏も「不況時の規制緩和は景気浮揚効果どころか、景気を『二番底』に落としかねない」（『平成不況の政治経済学』中公新書、一九九四年、一八一ページ）といっている。

九〇年代不況をいわば奇貨として、「日本経済の構造改革」を真に考えるのであれば、規制緩和の大合唱に加わるよりも、むしろ必要なことは、市場経済がワークしていくための公正なルール（制度）を確立することであろう。日本経済はしばしば「ルールなき資本主義」と呼ばれてきた。「ルールなき資本主義」に金融自由化が重なってバブルが形成されたことを忘れてはなるまい。自由・民主主義・人権・環境保全といった大前提のもとに、国民の大多数の同意（シンパシー）を得られる公正なルールを作り、そのルールの枠内での規制緩和を実行してゆくべきである。日本経済を「公正なルールをもつ資本主義」に改造することに九〇年代不況の歴史的課題があるように思われる。

（一九九四年一二月）

参考文献

井村喜代子『現代日本経済論』有斐閣、一九九四年
ウォルフレン『人間を幸福にしない日本というシステム』篠原勝訳、毎日新聞社、一九九四年
置塩信雄・鶴田満彦・米田康彦『経済学』大月書店、一九八八年
工藤晃『九〇年代不況』新日本出版社、一九九四年
経済企画庁『経済白書』一九九四年
佐和隆光『平成不況の政治経済学』中公新書、一九九四年
清山卓郎『日本経済を読む』旬報社、一九九四年
通商産業省『通商白書』一九九四年
鶴田満彦編『現代経済システムの位相と展開』大月書店、一九九四年
東京銀行調査部『検証・アメリカ産業の再生』日本経済新聞社、一九九四年

中川信義編『アジア新工業化と日米経済』東京大学出版会、一九九四年
バースタイン『日米株式会社』鈴木主税訳、三田出版会、一九九三年
保坂直達『バブル経済の構造分析』日本評論社、一九九四年
宮崎義一『複合不況』中公新書、一九九二年
山口義行・小西一雄『ポスト不況の日本経済』講談社現代新書、一九九四年
山田鋭夫『二〇世紀資本主義』有斐閣、一九九四年
山田博文『金融自由化の経済学』大月書店、一九九三年

第九章　九〇年代不況の示すもの

一　はじめに

一九九〇年からのバブル崩壊を契機として、九一年春頃より日本経済は、いわゆる九〇年代不況に突入した。実質経済成長率は、九一年度の三・一％以降、九二年度〇・四％、九三年度〇・二％、九四年度〇・五％、九五年度一・三％（政府見通し）というように、過去四年間ほとんどゼロ成長が続いた。とくに、雇用情勢が深刻で、実態を過小評価しているといわれる政府統計の完全失業率も、九一年度の二・一％から九五年末には三・四％にまで上昇した。

政府は、九六年二月の「月例経済報告」で「緩やかながら再び回復の動きがみられ始めている」といって、九四年春、九五年夏に続いて三度目の「景気回復」宣言を行ったが、はたして「三度目の正直」となるかどうかは、予断をゆるさない。むしろ、金融機関の不良債権処理、企業のバランス・シート調整や人減らしリストラ、賃金所得の伸び悩みにもとづく個人消費の低迷といった様相をみれば、回復にはほど遠いように思われる。

ところで、ここでは、日本の景気の現状をどうみるかとか、景気はいつ頃から回復するかを論じようとするものではない。不況になれば失業や企業の倒産を悲しみ、好況になれば雇用の増大や企業の利益の増大を喜んで、景気の行方に一喜一憂するというのは、けっして科学としての経済学の立場ではない。

九〇年代日本の不況や景気を見据えながら、資本主義経済はなぜ恐慌や不況を生み出すのか、恐慌・不況を含む景気循環はどのような役割を果たしているのかを考えようというのが、本章の目的である。

九〇年代中期の日本におけるように、一方には二三〇万人の完全失業者が存在し、他方には大量の遊休設備が存在し、しかも低金利の資金も利用可能だとされているのに、それらが結合して富や所得を作り出さないのは、不合理であり、矛盾である。これらの不合理や矛盾は、不幸な偶然や政策ミスから生じたのであろうか？　それとも資本主義経済に内在するかなり本質的な特徴から生じたのであろうか？　不況は、資本主義経済においてどのような役割を果たしているのか？　不況から回復し、さらに好況に向かえば、あらゆる不合理や矛盾は解消するのか？　本章は、これらの問題について検討する。

二　景気循環の根拠

よく知られているように、好況・恐慌・不況・回復の各局面を継起的に繰り返す景気循環は、資本主義経済に特有の運動である。資本主義の祖国といわれるイギリスにおいて資本主義が確立したのは、一八世紀の六〇年代から一九世紀の二〇年代にかけての産業革命をつうじてであったが、その産業革命がほとんど完了した一八二五年に、イギリスは、初めての本格的な過剰生産恐慌を経験した。以来、資本主義は、一八三六年、四七年、五七年、六六年というようにほとんど一〇年の周期をもって恐慌におそわれ、一九世紀末以降は、独占の作用や世界経済の構造変化などによって、周期の長さについては必ずしも規則的とはいえないにせよ、景気循環そのものからはけっして解放されていないのである。とくに、一八七三年恐慌に始まる一九世紀末大不況、一九二九年恐慌に始まる一九三〇年代大不況、第一次石油危機を契機とする一九七四〜七五年世界同時不況は、歴史を画するほどの意義をもった。

一九世紀中葉のイギリスを主たる観察対象としながら、資本主義経済の本質を徹底的に解剖したマルクスは、『資本論』や『剰余価値学説史』のなかで恐慌や景気循環に関してきわめて示唆に富む言及を行っている。たとえば、「世界市場恐慌は、ブルジョア的経済のあらゆる矛盾の現実的総括および暴力的調整としてつかまれなければならない」（『剰余価値学説史』マルクス＝エンゲルス全集、第二六巻第二分冊、六八九ページ）。「近代的産業の特徴的な生活行路——すなわち、比較的小さな変動によって中断されながら、中位の活気、全力をあげての生産、恐慌、および停滞の諸期間からなる一〇ヵ年の循環という形態は、産業予備軍または過剰人口の不断の形成、大なり小なりの吸収、および再形成に立脚する」（『資本論』第一巻、新日本出版社版、④一〇八八ページ）。

これらの命題は、今日の時点からみても新鮮であり、妥当しているように思われる。マルクスが観察した当時の資本主義と今日の資本主義とは、市場の態様、労資関係、金融・財政機構、国家の役割などの点でいちじるしく異なっているが、にもかかわらず、恐慌や景気循環に関するマルクスの命題の多くが妥当しているようにみえるのは、景気循環が資本主義のかなり本質的な特徴から生じていることを示しているといってよい。

過剰生産恐慌や景気循環を生み出す資本主義の本質的な特徴を景気循環の根拠と呼ぶとすれば、その根拠としてはどのようなものが考えられるであろうか？

第一は、貨幣が流通手段として機能して商品と商品との交換を媒介するのみならず、蓄蔵手段・支払手段として社会的な富としても現れることである。自給自足や物々交換のような貨幣のない経済において、過剰生産がありえないことは自明である。また、一九世紀にJ・B・セーやD・リカードが考えたように、人は販売によって得た貨幣を必ず、しかもただちに購買手段として支出するとすれば、全般的な過剰生産はありえない。全体としての供給と需要はつねに一致するからである。しかし、商品経済においては、人は、その富（ストック）の一部を貨幣という形態で保有しようとする。もし多くの人びとが、販売によって得た貨幣を支出しないで蓄蔵するという行動をとったとすれば、その経済は、全体としての過剰生産（需要の不足）に陥ることになろう。

さらに、商品経済が最高度に発達した資本主義経済においては、信用制度や金融資本市場が整備され、人は、その富を物的資産で保有するほかに、現金（中央銀行券）、預金、各種の証券（国債・社債・株式など）といった金融資産で保有しうることになる。物的資産と金融資産とのあいだには代替関係が成立し、さらに金融資産内部でも、現金、預金、証券のあいだには代替（乗換え）関係が成立する。

一般に、資本の蓄積がすすむにつれて、年々のフローの生産額（国民総生産など）に対する資産の比率は増大するが、日本では、一九七〇年代の第一次石油危機以降の国債の大量発行を契機として、国民総生産に対する資産の比率は、飛躍的に増大した。一九七五年の国民総生産に対する国民総資産の比率は、約九・五倍であったが、いわゆるバブル絶頂期の八九年には約一七倍にまで増大している。資産の規模がこのように大きくなると、資産の増減運動や各種資産間の代替運動は、生産額などのフローの量に対して重大な影響を与えることになる。たとえば、九〇年代のバブル崩壊の過程で金融資産の減価が生じたが、それを補塡しようとする企業や個人の行動は、設備投資や消費といった実需を削減せざるをえない。また、金融システムへの不安から、預金を現金に換えようとする行動は、金融システムをますます不安定なものにするのである。

第二は、生産に関する決定が社会的には分散していて、しかも各決定主体（資本主義企業）は、利潤（率）を基準として生産に関する決定を行うことである。社会的分業のもとに行われる生産は、相互に有機的に関連しあっているが、私有財産制を制度的基礎とする資本主義のもとにおいては、生産手段の所有者（あるいはその代理者）が、生産に関する自律的・排他的な決定権を握っている。

各生産者は、価格と利潤率の変動に注目して、自分の生産手段をもっとも有利になるように運用すれば、社会全体としても調和と均衡が生ずるというのがA・スミスの「神の見えざる手」理論であるが、現実の資本主義は、このようにスムーズには運動しないのである。逆に、生産に関する決定が分散していて、その意味で無政府的だから、資本主義は、つねに無秩序と混乱に見舞われて、再生産を行ってゆくことができないと考えるのも、誤りである。マルクスが『資本論』第二巻第三編の再生産表式論で示したように、一定の条件を充足すれば、資本主義は、生産された剰余価値（利潤）を過不足なく実現しつつ再生産を行ってゆくことはできる。

生産物の費用部分は、再生産の継続を前提する限り、それに等しい需要を作り出すと考えていいであろうから、もっぱら生産された利潤の実現問題に注目することにしよう。今期に生産された利潤がすべて実現されるためには、それに等しいだけの需要が、今期の資本家消費および今期の資本蓄積（投資）というかたちで行われることが必要である。

すなわち、

今期の実現利潤＝今期の資本家消費＋今期の資本蓄積　(1)

ところが、今期の資本家消費は、今期に実現すると期待される利潤に対してc（消費率）の比率で行われるとすると、次の式が成立する。

今期の資本家消費＝c×今期の実現利潤　(2)

(2)式を(1)式に代入して、整理すると、

(1－c)×今期の実現利潤＝今期の資本蓄積　(3)

(3)の両辺をそれぞれ今期に存在する総資本で割ると、

(1－c)×今期の実現利潤率*＝今期の資本蓄積率*　(4)

(4)式は、今期の資本蓄積率（資本の増加率）が（1－c）すなわち貯蓄率を介して今期の実現利潤率を決定するという関係を示すものとして理解されなければならない。資本家は、独立的に資本蓄積率を決定することはできるが、実現利潤率を決定することはできないからである。また、(4)において、実現利潤率や資本蓄積率に*が付いているのは、それらは、生産された利潤を過不足なく実現するような特定の蓄積率であり、それに対応する特定の利潤率だからである。もし、現実の蓄積率が蓄積率*以上であれば、現実の利潤率は、利潤率*以上となり、現実の蓄積率が蓄積率*以下であれば、現実の利潤率は、利潤率*以下となろう。

右に述べたことは、蓄積率が利潤率に与える影響であるが、逆に利潤率は蓄積率に影響を及ぼさないの

であろうか？　答は、イエスである。資本主義は、利潤めあての生産であって、どれくらいの資本蓄積を行うかを決定するにあたって、もっとも重要な参考指標とするのは、利潤率データである。しかし、今期の利潤率は今期の蓄積率によって決定されるのであって、今期の蓄積率を決定するにあたっては、まだ今期の利潤率を知ることはできないのだから、前期の利潤率を参考にするほかない。そこで、次のような資本家の資本蓄積決定態度を考えることができる。

今期の資本蓄積率－前期の資本蓄積率＝F（前期の利潤率－利潤率*）　(5)

この式は、前期の蓄積率に対する今期の蓄積率の増加分は、利潤率*に対する前期の利潤率の差額の増加関数であることを意味している。つまり、もし前期の利潤率が利潤率*を上回れば、今期の蓄積率は前期の蓄積率を上回り、逆に、前期の利潤率が利潤率*を下回れば、今期の蓄積率は前期の蓄積率を下回るのである。

したがって、これは、資本蓄積過程が不安定な累積性をもっていることを示している。たとえば、たまたま前期の蓄積率が生産された利潤を過不足なく実現するような蓄積率*より小さかったとすれば、前期の利潤率は利潤率*より小さくなり、その結果、今期の蓄積率は前期の蓄積率よりもいっそう小さくなり、実現されない利潤部分という意味でのギャップはますます拡大するのである。いわば悪循環である。日本の九〇年代不況においても、民間企業設備投資（実質）は、九一年度をピークとして、九二年度以降三年連続して減少しているし、売上高経常利益率（製造業）は、九一年度の三・八％から九四年度の二・八％まで低下している。

もし前期の利潤率が利潤率*を下回った場合には、今期の蓄積率は前期の蓄積率よりも大きくなるというような蓄積決定態度があるとすれば、資本蓄積過程は安定的であろう。しかし、利潤めあての生産システムとしての資本主義においては、そのような蓄積決定態度は、原則としてありえない。いったん蓄積率が蓄積率*に対して上方または下方へ乖離すると、その乖離をますます拡大する累積過程が進行する。この累積過程（悪循環）を逆転させる機構がなければ、資本主義の再生産は不可能となる。上方累積過程を逆転させるものが恐慌であり、下方累積過程を逆転させるのが回復であって、ここに景気循環が生ずる根拠がある。

三　好況から不況へ

好況は、資本蓄積率と利潤率が相互作用的に上昇する上方への累積過程である。この時期は、生産・利潤・雇用・名目賃金率が相互に関連しあいながらそろって増大するので、「好循環」ともいわれるが、はたして労働者にとっても好い時期なのであろうか? たしかに失業率は減少し、名目賃金率は上昇するが、他方では一日当たりの労働時間は増大し、物価も上昇するので、実質賃金率は、必ずしも上昇するとは限らない。日本でも、バブル景気の時代は、長い年間労働時間と過労死が問題になった時期でもあった。

マルクスは、「労働者人口に比べて資本が増大しすぎて、この人口が提供する絶対的労働時間も延長できないし、相対的剰余労働時間も拡張できないようになれば、……資本の絶対的過剰生産が生じているであろう」（『資本論』第三巻、⑨四二八～四二九ページ）といって、これを恐慌についての重要な規定とした。たしかに、上方への累積過程が持続して労働力や自然資源の枯渇に直面した場合には、蓄積率は低下し、それに伴って利潤率も低下して、今度は下方への累積過程に転換するであろう。しかし、このようなケースは下方への転換の唯一のものではないし、上方への累積過程は必ず労働力や自然資源が枯渇するまで持続するという保証もない。

次のようなケースもありうる。すなわち、蓄積率が次第に上昇する好況期は、生産財部門の生産が優先的に発展する時期でもあって、生産財価格は、消費財価格に対していっそう早く上昇する傾向をもつ。両部門の価格の上昇率格差がある程度以上になると、消費財部門においては、相応の技術革新によって相殺されない限り、利潤率は低下し、それは消費財部門の蓄積率を低下させることになろう。消費財部門の蓄積率の低下は、生産財需要の伸びの減退をつうじて、やがて生産財部門の蓄積率の低下へと導き、経済は、下方への累積過程へ転換することになる。

さらに、下方への転換にあたっては、銀行を中心とする信用制度（金融システム）が、多かれ少なかれ一定の役割を果たす。資本蓄積（投資）にあたっては、企業は、全体としては必ず外部から資金を調達しなければならない。それは、銀行借入れ、社債発行、株式発行など多様な形態をとるが、ここでは、銀行借入れに単純化して考えよう。

銀行は、貸出し金利と預金金利の差を主たる利潤源泉とし、しかも預金の設定というかたちで貸出しを行うのが普通だから、制約を受けなければ、預金（負債）と貸出し（資産）の双方を拡大しようとする。しかし、貸出しには、リスクが伴い、貸出しの規模が増加すればするほど、リスクの程度も高くなる傾向がある。リスクが現実化した場合には、銀行は、原則として自己資本で補塡しなければならないから、貸出しの規模を自己資本の許容するある比率に制限せざるをえない。国際決済銀行（ＢＩＳ）が、国際業務を行う銀行は総資産（主として貸出し）の八％以上の自己資本を保有していなければならないというルールを課しているのは、このような主旨からである。したがって、銀行は、無限に貸出しを増加させることはできない。貸出しの圧縮とともに利子率は上昇する。利子率が利潤率を上回るようになれば、蓄積は不可能となり、経済は、下方へ急激に転換する。

日本におけるバブル景気から九〇年代不況への転換にあたっては、銀行を中心とする信用制度からの締めつけが重要な役割を果たしたように思われる。すなわち、八〇年代後半は、円高・ドル安阻止への思惑から八七年二月から八九年五月まで政策金利二・五％という当時「史上最低の水準」といわれた低金利を維持して、投機・過剰投資を促進しながら、八九年から九〇年にかけては、五次にわたって政策金利を二・五％から六％にまで引き上げたのであって、この政策金利の引上げに示される金利の上昇が、下方転換の決定的契機をなしたのである。

八九年から九〇年にかけての急激な金利引上げという政策ミスが長期不況を作り出したという言説もあるが、それは誤りである。政策ミスをいうならば、むしろ八〇年代後半に対米協調路線から超金融緩和政策を続けたことにこそ向けられねばならない。現代の金融は、市場と政策が一体となっていて、どこまでが市場の暴走で、どこからが政策ミスかを判別することはむずかしいが、かりに政策ミスがなかったとしても、前述のなんらかの経路をつうじて好況が不況に転換することは必然的だったのである。

四　不況から回復へ

不況は、資本蓄積率と利潤率が相互作用的に低下する下方への累積過程である。利潤率の低下が蓄積率の低下を呼び、蓄積率の低下がいっそうの利潤率の低下と失業の増大をもたらす。失業の増大は、有効需要を削減してさらなる利潤率の低下を引き起こす。この悪循環は、どのようにして断ち切られるのであろうか?

好況期とは対照的に、蓄積率が次第に低下する不況期は、消費財部門に対して生産財部門の比重が低下する時期であって、生産財に対する消費財の相対価格は、消費財に有利となる傾向がある。全体としての物価水準が下落するとすれば、消費財価格よりも、生産財価格の方がより急速に下落するのである。このような傾向が、ある程度以上にすすむと、消費財部門にとっては、販売価格は下落するとしても、コスト要素となる生産財の価格はいっそう下落するのだから、かえって利潤率は上昇する可能性がある。消費財部門における利潤率上昇は、やがて消費財部門の蓄積率を上昇に向かわせ、それは、生産財部門の利潤率上昇・蓄積率上昇へとつながってゆく。これが、回復のひとつのケースである。

日本経済では、大雑把にいって生産財部門の多くは大企業、消費財部門の多くは中小企業によって担当されていて、従来、中小企業の設備投資増加が景気回復の先行指標になるといわれてきた。これは、ある程度右の仮説の妥当性を示している。しかし、現局面においては、政府「月例経済報告」で景気回復がいわれながらも、中小企業の設備投資は立ち遅れている(『エコノミスト』一九九六年三月四日号、二八〜二九ページ)。

この原因の一つとして、経済企画庁『日本経済の現況』（一九九六年版）は、貸出しリスクを考慮した銀行の慎重な貸出し態度をあげ、「中小企業の設備投資に抑制的に働いていることは事実である」（三〇ページ）といっている。

さらに、不況期においては、失業率は上昇し、名目賃金率は伸び悩み、あるいは低下さえするのであるが、他方では、生産物価格も低下する傾向をもつので、生産物で測った充用労働一時間当たりの実質賃金率は、むしろ上昇する。これは、けっして労働者の生活水準が上昇することを意味するものではない。失業者は増大するうえ、就業者も、年間労働時間は少なくなるので、年間総実質賃金は減少するであろう。しかし、充用労働一時間当たりの実質賃金率は、上昇する結果となることが多いのである。

一方では製品価格が下落し、他方では実質賃金率が上昇すると、多くの企業は、従来の生産方法のままでは存続することができなくなる。そこで、企業は、生き残りを賭けて労働節約的な新生産方法を導入するか、新製品を開発するかの道へ乗り出すことになる。これが、いわゆるリストラである。不況がある程度経過したあとに生ずる低金利も、このような新投資をバック・アップする。このようにして、蓄積率・利潤率が上昇に向かい、景気は回復を迎える可能性がある。

日本の九〇年代不況は、バブル崩壊、価格破壊、雇用破壊といった「破壊的」キーワードで表現されてきた。たしかに、旧来の生産方法・経済システムのままでは回復はありえない。それでは、破壊のあとに何を創造するか？　政府・財界は、規制緩和をキーワードとしてポスト不況の経済システムを構築しようとしているが、八〇年代から九〇年代のかけてのアメリカの経験が示しているように、資本・財界ペースの規制緩和は、いっそう暴走的な弱肉強食社会を作るおそれがある。たんなる規制緩和ではなく、自由・

民主主義・人権・環境といった公正なルールのなかに日本資本主義を調整する新たな方策を考える必要があろう。不況は、ポスト不況のシステム構築をめぐるさまざまな階級・階層・勢力のせめぎあいのチャンスでもあるのだ。

（一九九六年三月）

参考文献

伊藤誠『信用と恐慌』東京大学出版会、一九七三年
井村喜代子『恐慌・産業循環の理論』有斐閣、一九七三年
宇野弘蔵『恐慌論』岩波書店、一九五三年
置塩信雄編著『景気循環』青木書店、一九八八年
置塩信雄『蓄積論』筑摩書房、一九七六年
川波洋一『貨幣資本と現実資本』有斐閣、一九九五年
久留間鮫造編『マルクス経済学レキシコン』⑥〜⑨、大月書店、一九七二〜七六年
玉垣良典『景気循環の機構分析』岩波書店、一九八五年
鶴田満彦「バブル崩壊と90年代不況」、『経済と社会』第二号、創風社、一九九五年
富塚良三『増補・恐慌論研究』未来社、一九七五年
長島誠一『景気循環論』青木書店、一九九四年
林直道『恐慌の基礎理論』大月書店、一九七六年

第一〇章　グローバリゼーションと日本型資本主義

一　はじめに

中央大学の鶴田です。きょうは暑いところを、中央大学企業研究所の公開講演会にご来場いただきまして誠にありがとうございました。

いま石崎所長のお話のなかで、どういう意図でこういうテーマを取り上げたかということのバック・グラウンドは十分に説明されたと思いますので、それをふまえて私は「グローバリゼーションと日本型資本主義」というテーマでしばらくお話しをさせていただきます。

現代を特徴づけているもっとも重要なキーワードのひとつは、グローバリゼーションです。いまから四〇年ぐらい前でしたら「高度成長」とか「近代化」というのがキーワードだったのでしょうが、現代は「情報化」とか、あるいは「新自由主義」と並んで「グローバリゼーション」が現代を特徴づけているキーワードになっています。

「グローバル」という形容詞は昔からある言葉ですが、「グローバリゼーション」という名詞化した言葉は、かつてはほとんど使われていなかった言葉のようです。一九八〇年代末頃までは、学界のジャーナルとか、新聞・雑誌などでもほとんど使われなかった言葉でした。日本では「地球規模化」などと訳されていますが、中国では「全球化」と訳しているそうです。おそらく九〇年代ぐらいから急速に使われ始めた背景には、一九八〇年代の末にベルリンの壁が崩壊して東西冷戦が解消し、地球的な一体化がすすんで、自由とか民主主義とか市場化というのが形のうえでは普遍的な原理となってきているように見えたことがあるのだろうと思います。

グローバリゼーションは、一面からいえば、近代産業社会のもとでの生産力の発展の必然的な帰結であります。近代における生産力の発展は、国際的相互依存関係の緊密化という側面を伴っていて、昔から地球は狭くなったと言われていましたから、それがとくに急速にすすんだという意味で、近代産業社会の生産力発展のひとつの当然の帰結であるということになるわけです。

そうだとしますと、地球に住んでいるわれわれとしては、そのような当然の帰結に適応するほかないのでありまして、いいとか悪いとかいっていられない。どういう性質のものかをよく調べて、どうやったら、そのグローバリゼーションにうまく適応できるかを考えればいいということになりそうです。

しかし、グローバリゼーションをめぐっては、かなり深刻な意見の対立もあります。グローバリゼーションというのは、比較的最近に使われ始めた言葉でありながら、その是か非かとか、それにどう適応していくかということをめぐっては非常に深刻な意見の対立がある問題でもあるのです。

レジュメにアンソニー・ギデンズの「反グローバリズム運動のグローバル化」という言葉を紹介してきましたが、これは参考文献のなかのギデンズの『第三の道』に出ている言葉ではありません。アンソニー・ギデンズは、ご承知のようにロンドン大学の経済政治学院（ＬＳＥ）の学長でありまして、『第三の道』とか『暴走する世界』とか、その他たくさんの本で有名な方で、英国の総理大臣のトニー・ブレアの師匠格といわれている人ですが、アンソニー・ギデンズが二〇〇二年に法政大学の社会学部創設五〇周年記念の講演会に来日しまして、その講演のなかで「反グローバリズム運動自体がグローバル化している」ということに聴衆の注意を促しました。つまりいわゆるグローバリズムに反対する人々は、コンピュータとか、インターネットといった情報機器を利用して、情報を交換し、自分たちの運動のネットワークをグローバルに作り、それによってIMFとか世界銀行やWTOといった、グローバリゼーションを推進していると目されている国際機関に対してデモとかティーチインといった圧力をかけているというわけです。

ご承知のように、二〇世紀末の一九九八年一一月から一二月にかけてシアトルで開催された第三回WTO閣僚会議は、こういった反グローバリズム運動のために流会を余儀なくされました。翌年ワシントンで開催されたIMF・世界銀行の総会も、このデモの強烈なプレッシャーを受けました。二〇〇一年のジェノバのサミット（先進国首脳会議）では死者が出たことも記憶に残るところです。

このように、グローバリゼーションをめぐっては、そういう市民レベルの運動のなかでもさまざまな意見があり、とくに反対意見がかなり強硬であります。

それに対応して、学界レベルでも、このグローバリゼーションをめぐっては激しい議論が展開されています。さきほど法政大学の社会学部創設五〇周年記念のギデンズさんの講演の話をしましたが、その講演のタイトルは「グローバリゼーションをめぐる大論争」というものでありました。学界レベルでもグローバリゼーションをめぐってはディベート（論争）が行われているわけです。

前世紀の一九九九年からだと思いますが、キューバのハバナで「グローバリゼーションと開発問題をめぐる経済学者国際会議」という国際会議が年一回開催されています。キューバというのは、カリブ海の非常に小さな国ですが、比較的に大きなテーマの国際会議を開催することがよくあります。私は、二〇〇一年の第三回会議に日本学術会議から派遣されて出席し、「グローバリゼーションと国民経済」というテーマで報告をしたことがありますが、二〇〇一年一月末から二月初めにかけての月曜日から金曜日までの丸五日間、朝から夜まで四〇〇〜五〇〇人の人が集まって一〇〇本近くの報告が行われるという非常に熱心な会議でした。ノーベル経済学賞を受賞したロバート・ソロー教授が、最初の基調講演をするという立派な会議でしたけれども、そこではグローバリゼーションに対する反対意見が圧倒的に多数でした。

このようにグローバリゼーションは、市民運動のレベルでも学界のレベルでも非常に問題の多い、対立を含むテーマとなっているわけですが、そういう現代グローバリゼーションの問題性は、どこにあるのかということを考えてみたいというのが、きょうの講演の前半のテーマです。

そして、現代のグローバリゼーションのなかで、国民経済や企業システムは、どのように変わってきているのか。グローバリゼーションのなかでの国民経済や企業システムのかかわり方といいますと、いわゆるグローバル・スタンダードに合わせて一元化し、収斂化していくというふうにお考えになる方が多いかと思いますが、必ずしもそうではない。収斂化し、一元化していくという面もありますけれども、他面では、グローバリゼーションのなかで多様化していくという側面もあります。「グローバリゼーション・パラドックス」という命題が、社会学にありまして、グローバリゼーションが進んでいくなかで、むしろ各国の文化的なアイデンティティは強まっていくともいわれています。国民経済とか企業システムは、その国の制度や文化と非常にかかわりが深いわけで、そういうパラドキシカルな面が出てくるのも当然かと思います。そういうことに関連していろいろな研究が行われています。

ご存じの方もいるでしょうが、イギリス人のハムデン－ターナーとオランダ人のトロンペナールスの二人が世界の企業管理職一万五〇〇〇人へのアンケート調査を行いました。これはオランダのアムステルダムのビジネス研究センターに、世界中から研修に来る企業管理職を対象にした、かなり緻密な調査でありまして、それをもとにして『七つの資本主義』という本を書きました。これは英語のタイトルでは *The Seven Cultures of Capitalism* ですから直訳すると「資本主義の七つの文化」ということになります。ここで七つというのは、米国、イギリス、スウェーデン、フランス、日本、オランダ、ドイツ、この七か国ですが、これらはいずれも資本主義あるいは市場経済というふうに大くくりにされている経済です。しかし、細かく見ると、みんな違っている。そういう多様性を詳細に浮き彫りにしたいい本であります。

また、アメリカのウェイクフォレスト大学のディビッド・コーツ教授が、二年前に *Models of Capitalism*（資本主義の諸モデル）という非常に大きな本を編集しました。資本主義のさまざまなモデルという意味です。そしてサブタイトルが *Debating Strengths and Weaknesses*、「強さと弱さを議論する」となっていまして、この本の序文の冒頭の文章は「暗いなかでは、すべての猫は灰色に見える。しかし、明るくなって見ると、猫はさまざまな色をしている」というものです。資本主義は、東西冷戦の間は暗いなかの猫のようにみんな同じような色の資本主義に見えたけれども、東西冷戦が終わった後で見ると、資本主義というのは非常に多様である。そういうさまざまな資本主義のモデルを研究しようという趣旨でありましょう。膨大な三冊本で一六〇〇ページを超えるような論文集でありますが、こういう研究も現れてきています。

その一環として、当然、日本型資本主義に対する再評価――これはより立ち入った検討という意味での再評価ですが——も行われてきております。そもそも日本型資本主義という言葉自体、それほど古くからある言葉ではないように思われます。資本主義の日本型という考え方が定着してきたのは、比較的最近のことではないか。いわゆるグローバリゼーションが注目される学問的な雰囲気のなかで「日本型資本主義」という言葉も定着してきたように思われます。二〇〇三年に有斐閣から宮本又郎大阪大学教授たち七人がお書きになった『日本型資本主義』という本が出ましたが、宮本又郎さんは、江戸時代の大阪の米市場を分析されている日本の経営史、経済史の専門家ですが、江戸時代以来の伝統や文化を踏まえたうえで日本型資本主義の本質といったものを抉り出そうとされている、非常に興味深い研究であります。このほかにもロナルド・ドーア教授のものなどいくつかの注目すべき研究が現れていますけれども、グローバリゼーションのなかで、日本型資本主義は、どのように変わりつつあるのか、その変わり方をどう評価するのか。これが私の講演の後半のテーマであります。そういう順序できょうはお話をさせていただきたいと思います。

二　現代グローバリゼーションの問題性

現代グローバリゼーションの問題性というのはちょっとわかりにくい言葉かもしれませんけれども、プロブレマティークとでもいいましょうか、どういうところが問題なのかという意味です。現代グローバリゼーションの特質といっても構わないのですが、そういった意味でご理解いただきたいと思います。

まずグローバリゼーションの定義でありますが、これがまたなかなか厄介な問題なのです。ごく最近、中央大学学術シンポジウム研究叢書4の『グローバリゼーションと東アジア』という本が中央大学出版部から刊行されまして、私もそのなかに「グローバリゼーションの経済学問題」という論文（本書、第三章）を執筆しているのですが、この本の冒頭には、グローバリゼーションの定義をはじめとする理論問題に関して、山本吉宣青山学院大学教授の詳細な論文が掲載されています。グローバリゼーションというのは、論者の数だけ定義があると言われるほど定義をめぐっていろいろな議論のあるところであります。

私は、比較的単純に理解いたしまして「資本・商品・サービス・労働力・技術といった諸資源ならびに情報の国際的移動の増大」というふうに解釈しておきたいと思います。諸資源や情報の国際的移動がスピード・アップし、量的にも増大する現象がグローバリゼーションであると定義しておきます。

似たような言葉にグローバリズムという言葉があり、金子勝慶應義塾大学教授の『反グローバリズム』という本もあります。私は「グローバリズム」という言葉では、そういうグローバリゼーションを推進するような政策やイデオロギーを指すことにいたしまして、実態を意味する「グローバリゼーション」と、政策やイデオロギーを意味する「グローバリズム」とを区別しておきたいと思います。

一九三〇年代の大不況を研究したアメリカのハロルド・ジェイムズという歴史家がいますけれども、彼によれば、二〇世紀の七〇～八〇年代以降の現代グローバリゼーションは、一六世紀および一九世紀末に次ぐ三回目のものだとのことです。グローバリゼーションというのは、資本主義のある時期に現れてきて、やがてその内部矛盾によって挫折する循環的な現象なんだということを彼はいっております。

私も二〇世紀の七〇年代ぐらいから現代グローバリゼーションが進行し始めたという点では、このジェイムズの意見に賛成でありまして、はたしてそれが前二回と同じように行き詰まってしまうかどうかは、現時点では私は断定を避けたいと思います。そういう前世紀の七〇年代ぐらいから始まって、現代に及んでいる現代グローバリゼーションは、一六世紀のグローバリゼーションや一九世紀のグローバリゼーションに対してどのような特質をもっているか。私は三点ほどあげておきたいと思います。

第一は、一九七〇年代以降の情報技術革命が推進しているという点です。一九七一年にアメリカのインテルという会社がi4004というマイクロプロセッサーを開発いたします。小さい集積回路のなかにコンピュータの心臓部分にあたる演算装置を組み込んだマイクロプロセッサーの開発によって、いわゆるＭＥ革命（マイクロ・エレクトロニクス革命）が切り拓かれたわけでありまして、パソコンが現実のものになります。そしてパソコンが、工場の生産過程やオフィスに組み込まれていくなかでさらに小型化し、安くなり、ますます普及していきます。

さらに九〇年代になりますと「インターネット革命」といわれる通信革命が実現します。インターネットは、みなさんが日頃お使いになっていてご承知のとおり、もともとはアメリカの国防省の研究所が軍事用に開発したネットワークを相互につなぐネットワークでありますけれども、これがおそらく東西冷戦の終焉とも関係して、民間用に開放されて、広範なビジネス・チャンスを生み出したわけです。

私の友人の慶應義塾大学の北村洋基氏は、こういう現象を詳しく分析して『情報資本主義論』という本を書いています。一九七〇年代以降の資本主義を「情報資本主義」として把えようというおもしろいアイディアでありますが、ＭＥ革命、そしてインターネット革命は、資本主義のあり方に大きなインパクトを与えたと考えられます。これが現代グローバリゼーションを推進している第一の特質です。

第二は、経済の金融化と連動しているということです。一九七〇年代前半に国際通貨制度における大きな変化がありました。一九七一年には、いわゆるニクソン・ショックによって、アメリカが一オンスの金＝三五USドルという固定平価での金とドルとの交換を停止する。それに続いて一九七三年以降には、従来の固定相場制に代わって、いわゆる変動相場制が、少なくとも先進国の間では一般化してまいります。これによってアメリカのドル・スペンディングは、従来以上により恣意的というか無規律的になり、ユーロ・カレンシー市場などに大量の国際投機資金が形成されてくる。為替相場、利子率、証券価格、これらがすべて変動するわけですが、変動するということはリスクを生み出すと同時に収益のチャンスも提供する。こうして投機的な金融資本が世界を駆けめぐるということになってきます。

さらにこういう大量化した国際的金融資本に大きな力を与えたのが、さきほども触れました情報技術革命でありまして、情報技術革命と金融業との融合は、グローバルな金融革新を生み出す。そして、成熟社会の当然の産物である大規模な年金基金や、大銀行とも結びついたヘッジファンドが投機資金としても活躍するようになり、こういう運動のなかで、経済において金融のウエイトが非常に高まってくる。これが現代グローバリゼーションを推進した第二の特質だというように考えられます。

最後の第三の特質は、一九九〇年代初頭のソ連・東欧社会主義の崩壊と関係があるものです。一九八九年にベルリンの壁が崩壊して、それを契機にソ連・東欧の社会主義が雪崩を打って解体します。アメリカ合州国は、これを契機に、情報・金融・軍事を中心にして再版パックス・アメリカーナを構築する。第二次世界大戦後の世界は、パックス・アメリカーナ（米国の覇権）といってよかったと思いますが、一九七〇年代半ばに、ニクソン・ショックによる旧IMF体制の崩壊や、ヴェトナム戦争におけるアメリカの敗北などのために第二次大戦後のパックス・アメリカーナは一時挫折したというふうに考えられます。

しかし、九〇年代初めのソ連・東欧社会主義の崩壊を契機にして、さきほど申しましたとおりパックス・アメリカーナのバージョン2といったものが形成されてくる。しかも九〇年代のアメリカ経済は「一人勝ち」といわれる繁栄を作り出して、一時期は、景気循環も克服した「ニュー・エコノミー」の段階に入ったといわれたほどです。

しかし、景気循環を完全に克服したわけではないことはただちに明らかになりました。二〇〇〇年から二〇〇一年にかけていわゆるITバブル、ネット・バブルが崩壊して、アメリカ経済も完全には「ニュー・エコノミー」ではなかったということが証明されました。

しかし、アメリカ経済は、それ以後は急速に回復して、現在の日本経済の長年の不況からの回復の一因もこういうアメリカ経済への依存にあるわけです。こういう九〇年代以降のアメリカ経済の強化、「一人勝ち」といわれるような状態は、リストラなどによる所得格差の増大や、情報とか金融といったような比較優位部門への資源の集中に起因している。軍事から解放された人材や技術や資金を、情報や金融に振り向けたわけです。情報や金融というのは、いわゆるグローバル・スタンダードが有効な分野であって、最初にエントリーした者が標準を作って優位を占めることができる分野であります。アメリカがそのグローバル・スタンダードを掌握して、世界を支配していくというところに現代グローバリゼーションのひとつの特質がある。したがって、現代グローバリゼーションというのは、アメリカナイゼーションという重要な一面をもっている。だからこそ、それに対するさまざまな反発も生じてくると言えるのではないかと思われます。

三　グローバリゼーションと国民経済

現代グローバリゼーションは、既存の経済秩序との間にいろいろな矛盾や軋轢をかかえていますが、最大のものは、国民経済との矛盾です。国民経済というのはあえて定義しますと、国民国家によって総括された、ある程度まで自律的な再生産の単位ということになろうかと思います。経済というのは、なかなか国家から自立できない。経済をスムーズに運営していくためには所有権を安定させるとか、貨幣の統一性を保証するとか、公共財を供給するといったことが必要で、そのためには、国家というか、政府部門をなしにするというわけにはいかない。そういう意味で、国民国家によって総括された経済、ある程度まで自律的な再生産の単位が国民経済です。完全に自律的な、自給自足的な経済という意味ではもちろんありません。現代のように国際分業や、国際的な資本移動が発展したところでは、完全に自律的な国民経済は、ありえるはずがない。ある程度まで自律的な再生産の単位が国民経済です。

国家というのは、必ずしも国民国家だけではありませんけれども、言語とか宗教・文化・風俗、こういったものを共有する人々からなる国民国家は、もっとも正統性を得やすい。したがって、資本主義は、自分に一番ふさわしい国家形態として国民国家を受け入れる。近代において国民国家がほとんど普遍的な国家形態になったことが、国民国家の総括のもとに、国民経済というかたちでさまざまな資本主義経済が成立し、発展してきた原因だろうと思います。

しかし、資本主義は、国民経済を基盤としながらも国境を越えて拡大する傾向があります。資本主義は、もちろん市場経済を基盤としているわけですが、市場経済というのは、さまざまな生産組織を相互に接続するインターフェイスでもありまして、資本主義と封建制であろうが、資本主義と社会主義であろうが、資本主義と古代共同体であろうが、相互に接続するという側面をもっています。二〇世紀前半には、そういう国境を越えた経済的・政治的・軍事的な力の拡張・発展というかたちで帝国主義という現象がありましたし、ネグリとハートの『帝国』という著書は、最近でも話題になっております。

第二次大戦後、とくに一九五〇年代以降、「多国籍企業」という重要な企業形態が発展してきました。多国籍企業は必ずしも無国籍ではないのですが、複数の国民経済に生産拠点・販売拠点を有しながら、グローバルにビジネスを展開する企業形態です。多国籍企業においては、国民国家への帰属性は次第に希薄になってまいります。多国籍企業のなかには、税金の一番安いところを本拠にして、そこに利潤を集中して、なるべく国家に払う税金を節約するといった、それなりに「合理的」な考えを採用している企業もあるほどです。とくにさきほども申しましたヘッジファンドなど、グローバルに移動する国際投機資金は、特定国にコミットしないで、しかも中小の国民経済を翻弄する力をもっています。一九九七年にみなさんご承知のアジア通貨・金融危機というのが起こりました。タイ・バーツの急落に始まってタイ、マレーシア、インドネシア、お隣の韓国なども大打撃を受けました。当時のインドネシアの大統領が、二〇年にわたってコツコツと経済成長を続けてきた実績が、たった一回の通貨危機で台なしになってしまったという悲痛な感慨をもらしていましたが、それほどの破壊力を通貨・金融危機はもっているわけです。

これに対しては、こういう通貨・金融危機の際に活躍しているアメリカのジョージ・ソロス、彼はアメリカのクォンタム・ファンドというヘッジファンドの経営者であると同時に思想家・著述家でもありまして、いくつかの興味ある本を書いていますけれども、その一つ、『グローバル資本主義の危機』という本のなかで、このままでは資本主義は危ない、こういう投機的な国際短期資金の跳梁を自由に任せていたのでは資本主義は危なくなると警告を発しています。

この国際投機資金の移動に対して、一国ないしは数か国で規制をしようとしても、そういった規制をした国を国際的なマネーはむしろパスして、無視する。無視されたら、これまた困るわけですから、一か国ないしは数か国だけで投機資金を規制することはむずかしい。やはりグローバルな対策が必要になるわけです。たとえばグローバルなかたちでのトービン税——アメリカのノーベル賞受賞経済学者ジェームズ・トービンが提案した、国際投機資金の移動に対して非常にわずかな率の税金をかけるという制度——これによっても、こういう投機資金の無秩序な移動はかなり防ぐことができるというように考えられます。

国民国家も国民経済も絶対的なものではありませんけれども、グローバルな統治システムを欠いたまま、投機的な金融資本に国民経済が翻弄されるのを許していいかというと、けっしてそんなことはないわけでありまして、当面は国民経済の自律性と一体性を維持しながら、グローバルな経済秩序の具体化を準備すべきであろうと思います。

四　日本型資本主義

さて、最後のテーマは「日本型資本主義」でありますが、一九九〇年代初頭に日本経済は、ご承知のようにバブル崩壊を契機にして、長期の九〇年代不況に突入いたします。この不況が非常に長い期間にわたったということもあって、不況に陥ったのは日本型資本主義がグローバル時代に適合しなくなったからではないか。日本型資本主義をグローバル・スタンダードにそって構造改革しない限り、不況から脱却できないのではないかという問題提起がなされてきています。こういう問題提起に対して、けっしてそんなことはないというのが私の意見であります。

日本型資本主義とは何か。これまたむずかしい問題です。

野口悠紀雄教授は、一九四〇年体制ということをいっていますが、日本型資本主義が戦時期に源流をもつということはいえると思います。戦時期に源流をもちながらも、しかし、第二次大戦後の一九五〇年代から七〇年代初頭にかけての高度成長期に形成・確立された企業優位的な経済システムが日本型資本主義です。日本型資本主義のコア、核心をなしている部分は、終身雇用慣行、年功序列型賃金、企業別組合で特徴づけられる日本的経営と、法人資本主義にもとづく経営者支配にあるといっていいと思います。この日本型資本主義というのは、さまざまなネットワークによってサポートされておりまして、まず巨大企業を中心とする横のネットワークとしての企業集団が存在している。さらに、そういう横並びの企業集団のほかに、大企業と下請企業との間に縦のネットワークが形成され、長期取引といった、特殊な関係が構築されている。さらに産業別事業者団体が組織されると同時に、そのトップに日本経団連といったようなナショナルな企業・経営者団体が組織されておりまして、政府との間に政策調整が行われ、政・官・財複合体といった性格をもっています。

同時に、こういう企業集団を背景としているだけに、マーケット・シェアをめぐる各市場での企業間競争は熾烈なものがあります。激しい競争のなかで質のいいもの、優れた技術、が淘汰されて残っていくというシステムでもあります。

さきほど経営者支配ということをいいましたけれども、株主支配から比較的自由な巨大企業の経営者の多くは、企業集団に属している会社どうしの株式の相互持ち合いにもとづいて経営者支配を実行している。したがって、巨大企業の経営者の多くは、株主支配から比較的に自由である。もちろん完全に自由というわけではありませんが、相対的に自由ということです。そして、経営者は短期的な極大利潤というよりも、長期的な会社成長をめざしていて、彼らはエリート従業員のなかから選抜されてきたわけです。従業員にとっては会社は自分たちの城というふうに意識されておりまして、その意識を裏づける実体としては、会社成長をつうじての従業員の雇用増大とか昇進とか福祉の確保といったものがある。これが私の定義するところの日本型資本主義であります。

日本型資本主義は、一九五〇年代半ばから六〇年代、七〇年代初めにかけて高度成長を達成しまして、七〇年代の二度の石油危機も克服し、マイクロ・エレクトロニクス革命にもうまく対応して、エズラ・ヴォーゲルさんから一九七九年に「ジャパン・アズ・ナンバーワン」というお褒めの言葉をもらったほどです。

もちろんいいことづくめではありません。他方では、世界に悪名の高い長時間労働とか過労死、家族と地域の崩壊、こういった弊害を生んできたことも事実であります。従業員は会社のためには命も惜しまぬといった究極の集団主義が支配していて、それが長時間労働とか過労死とか家族崩壊といった不幸な副産物も生んできたものと思われます。

グローバル化と平成不況のなかで、こういった日本型資本主義が、どういう変貌を遂げたか。これは非常に興味ある重要なテーマでありまして、これからも数多くの研究が積み重ねられていくと思いますが、私自身はこれについて必ずしも広範な実態調査をやったというわけではありません。

ただ、私の五〇年来の友人である富森虔児北海道大学名誉教授が二〇〇一年に参考文献にあるような本を出しまして教示してくれました。彼自身も直接に調査をやったわけではないのですが、通産省の産業研究所の一九九六年の調査、慶応義塾大学の総合政策学部の岡部研究会の一九九九年の実態調査、これらを富森氏がサーベイして、その結論的な部分を引き出しています。私は富森氏のこういうサーベイについてはかなりの信頼を置いていますので、これを利用して、さきほどのグローバル化のなかで日本型資本主義はどう変わったかということに答えたいと思います。

富森氏のまとめによりますと、予想以上に強い残存への力の大きさがあるということです。つまり日本型資本主義を残すという力が予想以上に強く働いている。メインバンク崩壊というようなことが、週刊経済誌などには書かれていますが、メインバンク・システムは基本的な形においては存続している。そして、なんとかして資金を銀行や郵便貯金から株式市場に向けたいという政策的な努力にもかかわらず、間接金融が依然として優位である。株式市場では外国人の持ち株が増えている。これはかつては三%ぐらいであったものが二〇%ぐらいにまでかなり顕著に増えていますが、しかし、企業集団自体は、基本的には存続している。たしかに賃金プロファイル、若いときには比較的低い賃金で、その後、年齢とともに次第に上がっていくという賃金プロファイルはフラット化がすすんだ。しかし、長期雇用慣行というのは基本的には維持されている。こういうふうに富森氏は総括しております。

そのほかいろいろな発言をレジュメに紹介していますが、ロナルド・ドーアさんは、イギリスのロンドン・スクール・オブ・エコノミクスの教授で英国きっての日本通です。さきほどディビッド・コーツの編集した一六〇〇ページ以上の大きな論文集を紹介しましたけれども、日本のところを担当しているのがロナルド・ドーアさんでした。ドーアさんも、日本型資本主義、日本的経営のポテンシャリティに非常に大きな愛着と期待を抱き続けている。ドーアさんは「構造改革こそ救済の早道だと主張する改革派の合唱に耳を傾けなくても、日本はその長所を再び発揮して当たり前の経済成長を再開できないと考える理由はない」といっています。

現在の日本は、この「当たり前の経済成長」を再開しているというふうに考えていいのではないか。また、いわゆるグローバル・スタンダードと称して成果主義賃金というのが大いに喧伝されたことがあります。成果に対して賃金をリンクすることによってインセンティブを与えるという賃金システムですが、こういう考え方に対しては、高橋伸夫東京大学教授の『虚妄の成果主義』という非常に有力な反論があります。彼は、日本型人事システムの本質は給料で報いるシステムではなく、次の仕事の内容で報いるシステムであって、ここに強みがあるといっています。金銭的報酬では逆にやる気を失うのであって、だから成果主義は虚妄であるというわけです。実際、成果主義賃金を採用して、あまりの反発に愕然としてまたそれを元にもどそうと考え直している企業もあると聞いています。

ほんらい、企業というのは「ものづくり」の組織です。私は「ものづくり」の「もの」には、サービスも含めて考えていただいていいと思うのですが、「ものづくり」を担う歴史貫通的な協働組織が企業だと思います。「ものづくり」には協働性が不可欠です。資本主義は、企業を利殖のための組織として利用しますけれども、終身雇用慣行とか、年功序列型賃金とか、内部昇進制とか、QCサークルとか、提案制度、こういったものによって特徴づけられている日本的経営は、企業の協働性を比較的に維持するのに役立っているのです。働く者にとっての協働体としての実体をかなり備えているのではないか。実体としては企業は働く者にとっての城でいいのではないかと思います。

現代の代表的な企業の存在形態は株式会社でありまして、株式会社には、複数のステークホルダーがいます。株主、経営者、従業員、債権者、顧客等々です。さきほど企業研究所の石崎所長の開会の辞のなかで、株主主権論とステークホルダー論が大きく分かれているというお話がありましたけれども、日本的経営に批判的な方々、日本型資本主義に批判的な方々は、株主主権論じゃなくてはならぬということをいうわけです。

二〇〇三年に、東京大学の岩井克人教授が、『会社はこれからどうなるのか』というおもしろい本を書きました。彼は、株主主権論を真っ向から批判して、会社を株主のものとみなす株主主権論は、けっしてグローバル標準にはなりえないといっています。会社というのは、たんなる客体的な「もの」ではない。法人として従業員を雇用し、生産要素を所有する主体でもあるというわけです。したがって、客体と主体という複雑な二重性格をもつがゆえに、株式会社には公的なコントロールが不可欠なのです。その意味で「社会の公器」であります。人間を売買するのが不適当だということは、近代人の常識になっていますけれども、会社といえども人格をもった法人なのですから、会社の売買というのは、企業の実態にてらしてふさわしくないのではないか、無理があるのではないか。

参考文献には漏らしてしまいましたが、伊丹敬之一橋大学教授の『日本型コーポレート・ガバナンス』（日本経済新聞社、二〇〇〇年）というよい本があります。彼は、そのなかで「グローバル資本主義の時代だからこそ、株主主権では金の卵が育ちにくくなってしまう。株主に主権があると、その卵から当面のリターンを吸い上げることに汲々とし始めるからである」といっていますが、これは貴重な発言だと思います。

現代グローバリゼーションのなかで、とくに九〇年代のアメリカ資本主義の繁栄を背景にして、株主主権論にもとづくアメリカ的コーポレート・ガバナンスが生き残りうる唯一のモデルだと喧伝されました。そして株主主権論を実現する方策としては、高株価経営が謳われました。さらに、その高株価を実現するために、経営者のイニシアティブを担保するためとしてストック・オプション制が広範に導入されたわけですが、さきほど石崎所長も指摘されたように「エンロン事件」とか「ワールド・コム事件」は、そういう経営戦略がまったく裏目に出るリスクもあるということを示したわけです。

日本型資本主義が企業の協働性と株式会社の公共性にもとづいて、いろいろな悪いところを克服しながら、いっそう進化していくことができるならば、依然としてアメリカ的な自由資本主義モデルに対する有力な対抗モデルとして生き残り続けるのではないかと考えております。

以上で私の講演を終わらせていただきます。

ご清聴をありがとうございました。（拍手）

（二〇〇四年七月）

参考文献

岩井克人『会社はこれからどうなるのか』平凡社、二〇〇三年
北村洋基『情報資本主義論』大月書店、二〇〇三年

A・ギデンズ『第三の道』佐和隆光訳、日本経済新聞社、一九九九年
H・ジェイムズ『グローバリゼーションの終焉』高遠裕子訳、日本経済新聞社、二〇〇二年
G・ソロス『グローバル資本主義の危機』大原進訳、日本経済新聞社、一九九九年
高橋伸夫『虚妄の成果主義』日経BP社、二〇〇四年
鶴田満彦・渡辺俊彦編著『グローバル化のなかの現代国家』中央大学出版部、二〇〇二年
鶴田満彦「グローバル経済の矛盾」、徳重昌志・日高克平編著『グローバリゼーションと多国籍企業』中央大学出版部、二〇〇三年、所収
R・ドーア『日本型資本主義と市場主義の衝突』藤井真人訳、東洋経済新報社、二〇〇一年
富森虔児『自己組織化と創発の経済学——「日本的システム」に未来はあるか』シュプリンガー・フェアラーク東京、二〇〇一年
C・ハムデン-ターナー／A・トロンペナールス『七つの資本主義』上原一男・若田部昌澄訳、日本経済新聞社、一九九七年
David Coates (ed.), *Models of Capitalism: Debating Strengths and Weaknesses, Vol. I Capitalist Models: Divergence and Convergence; Vol. II Capitalist Models under Challenge; Vol. III The Ascendancy of Liberal Capitalism*, E. Elger, 2002.

第一一章　激動の世界経済
――グローバル化の変容と日本経済――

一　はじめに

二〇〇八年の世界経済は、米・日・欧の株安、米ドル安、原油高をもって明けた。一九八七年のブラック・マンデー以来、一九九七～九八年のアジア・ラテンアメリカ・ロシア通貨金融危機、そして二〇〇七年来の米・日・欧の金融不安というようにほぼ一〇年周期で、金融危機ないし金融不安が世界経済を襲って来るのは、けっして偶然ではあるまい。自分自身投機資金ヘッジファンドのマネージャーでもあるジョージ・ソロスは、いまや誰も制御できなくなったグローバル金融市場が個々の国民経済を翻弄することをもって『グローバル資本主義の危機』（日本経済新聞社、一九九九年）としたが、この危機は、先進資本主義の中心部にまで及んでいるのだ。

今回の金融不安が、米国のいわゆるサブプライムローン問題に端を発していることは、いうまでもない。なぜ米国の低所得者向け高金利住宅融資の一部の破綻が、世界経済を震撼させるのか。

日本の金融機関は、バブル崩壊・金融システム危機以来、与信行動にきわめて慎重（ナーヴァス）になっており、サブプライムローン問題へのかかわりについてはEU諸国と比べても比較的に少なかったといわれるが、二〇〇七年夏以来の株価の下落率では日本が最大であり、日本経済の行方にもっとも不安が高まっているのはなぜか。折しも、二〇〇七年末のOECD（経済協力開発機構）の発表によれば、二〇〇六年の日本の一人当たりGDPは約三万四〇〇〇ドルで、OECD三〇か国内での順位も一八位に後退したという。これは、短期的には二〇〇六年平均の円レートが円安だったことにもよるが、基本的には、二一世紀に入ってからの経済成長の停滞によるところが大きい。日本経済は、二〇〇二年二月以来回復を続け、「いざなぎ景気」を超える長期成長をとげているといわれるのに、その回復はなぜ遅々たるものなのであろうか。

他方、サブプライムローン問題で低迷する先進国経済に代わって、世界経済の牽引役になっているのが、BRICs（ブラジル・ロシア・インド・中国）などの新興諸国であるが、環境制約と原油高騰という条件のなかで、新興諸国はどこまで牽引役を果たせるのか。新興諸国の台頭は、米国主導のグローバル化にどのような影響を与えるか。

さらに、米ドル安・米国経済不安と米国ブッシュ政権の戦争政策行き詰まりのなかで、米国主導のグローバル化はどのように変容し、国際通貨としての米ドルの地位はどうなるか。

本章は、これらの問題について考察する。

二　サブプライムローン問題と先進国の金融不安

一九七〇年代を過渡期として、二〇世紀末から現代に至る時代を特徴づけている現象は、グローバル化であり、われわれが、現代資本主義の現局面をグローバル資本主義と規定する所以である（鶴田満彦編著『現代経済システム論』日本経済評論社、二〇〇五年、第三章の4、参照）。

グローバル資本主義の先端に立つものが、金融グローバル化である。なぜならば、旧IMF体制崩壊後、金との連繫を失った米ドルは節度なく全世界に流出し、各国銀行の信用創造をつうじて巨大な国際的マネーに増殖し、有利な金融商品と運用先を求めて、インターネットを利用して瞬時に全世界を飛び回るからである。このような国際的マネーのために、日本を含めて各国で金融市場の新自由主義的規制緩和（ディレギュレーション）が行われ、金融工学をも利用して、新金融派生商品が次々と開発された。

サブプライムローンは、本来は、米国の銀行に融資を受けた住宅金融専門会社による信用力の低い低所得者向け住宅ローンで、当初二、三年程度は低金利で固定し、その後は金利が上昇するものが多いといわれる。貸し手にとっても借り手にとってもリスクの大きなローンであるが、米国では九〇年代以来の住宅バブルで、住宅価格は値上がりするものと信じられていたから、貸し手は、ローン返済不能になった場合には、担保の住宅を売りに出すことによって、十分に債権を回収できると期待してこのような融資行動をとったものと考えられる。李立栄氏は、このような返済不能をある程度まで予定する融資は、ハイマン・ミンスキーがいうところの「ポンツィ金融」（ポンツィは一九二〇年代の悪名高い詐欺師）にほかならないといっている（同氏「流動性危機から金融システム危機へ」、『エコノミスト』二〇〇七年一二月四日号）が、そのとおりである。

これだけの話であれば、二〇〇六年夏以降の住宅バブルの崩壊とともに、住宅価格は下降に転じ、「ポンツィ金融」という詐欺まがいの融資を行った住宅金融専門会社とそれに融資した銀行がリスクを負うということだけに終わったかも知れない。サブプライムローンの残高は、〇六年末で一・三兆ドル程度と推定されており、けっして少ない額ではないが、そのすべてが破綻するわけでも担保物件がゼロになるわけでもないのだから、約一三・二兆ドルのGDPをもつ米国経済を動揺させるには至らなかったであろう。

しかし、実際は、これだけでは済まなかった。というのは、住宅金融専門会社は、サブプライムを含む住宅ローンを証券化して「住宅ローン担保証券」として売り出し、投資銀行は、さらにそれらを他の複数のローンなどと組み合わせて再証券化し、S&Pやムーディズなどの格付け会社から優良証券なるお墨付きをもらって「債務担保証券」（CDO）として世界中に売り出したからである。他方、銀行も、「投資ビークル」という特別目的会社を作って、資産担保コマーシャル・ペーパーを発行させて銀行みずから融資し、「債務担保証券」を買いあさったのである。高田太久吉氏の推計によると、サブプライムローンとそれに準じるオルトAクラスの住宅ローン担保証券の残高は約一・三兆ドル、これらをも裏づけにして発行された債務担保証券は、二次・三次のものを含めると約三兆ドルに近いと見られる（同氏「サブプライムローン問題に現れたローン証券化の虚構性」、『前衛』二〇〇八年二月号、参照）。

米国住宅バブルの崩壊の影響を受けて、これらの証券はいずれも値下がりし、米国のシティ・グループやメリル・リンチ、欧州のUBS（スイス）やドイツ銀行やバークレイズ、日本では野村HDやみずほ

FGなどが、大きな損失をこうむった。自業自得ともいえるが、規制なきグローバル資本主義の危うさを示すものでもある。

上述の「住宅ローン担保証券」や「債務担保証券」は、典型的な金融派生商品（デリバティブズ）である。とくに「債務担保証券」などは、プライムローンやサブプライムローンやその他のローンなどが担保になっていて、リスク評価の専門家である格付け会社ですらミスを犯したのだから、普通の公衆が正常な取引をできるはずがない。結果的には、公衆は疑心暗鬼に陥って、本来の正常な証券取引自体をも萎縮させるだけであろう。金融グローバル化のなかで、ディレギュレーション（規制緩和）がすすみ、正体不明の金融派生商品が横行しているが、サブプライムローン問題は、氷山の一角である。多くの普通の公衆が、金融・資本市場に参加できるためには、きびしい規制をつうじて「住宅ローン担保証券」や「債務担保証券」といった怪しげな証券を市場から締め出す必要があろう。その意味では、いまやディレギュレーションよりもむしろリレギュレーション（規制の再構築）をすべきではないか。しかるに、日本の金融庁が二〇〇七年末に発表した「金融・資本市場競争力強化プラン」は、総合取引所の解禁や銀行の業務規制の大幅な緩和を含むもので、サブプライムローン問題の教訓をなにひとつ学んでいないというべきであろう。

米国住宅バブルの崩壊、サブプライムローン関連証券の価格下落によって、米・欧・日の銀行・投資銀行・証券会社は、多かれ少なかれ不良債権を抱え込むことになった。これらの不良債権の総額は、世界中で一兆二〇〇〇億ドルに達するものと見積もられている。不良債権は、自己資本の減額によって償却するのが原則だが、米欧の主要金融機関一一社の自己資本を併せても一兆一三〇〇億ドルにすぎない（前掲、高田論文）。このままでは、平均以下の業績の米欧の金融機関は債務超過に陥り、破綻に至る。問題の表面化は、二〇〇七年夏、フランス最大の銀行BNPパリバが、傘下の三ファンドへの融資を凍結したことから始まった。ドイツのIKB銀行にも経営危機が伝えられ、英中堅銀行ノーザン・ロックには預金取り付け騒ぎが起きた。

これらの流動性危機に対して、欧州中央銀行は、インターバンク市場への大量の米ドル資金の供給を行い、米国の中央銀行に当たるFRB（連邦準備制度理事会）も、九月以降、三度にわたって、フェデラル・ファンド・レート（政策金利）を引き下げて事態の沈静化をはかろうとした。

しかし、自己資本を大規模に毀損させるほどの損失の発生は、流動性の追加供給程度ではカバーされうるものではない。流動性の追加供給は、預金者による取り付けを一時的に回避するのには役立つが、不良債権の処理には役立たないからである。銀行が不良債権を処理するためには、自己資本の減額によるほかは、利益の一部である資本剰余金をもって充てるほかはない。

ここから、政策金利の引下げにもかかわらず、米国の銀行は、「貸し渋り」の行動に出ている。徹底的な選別融資をして、利益の上がるところからはしっかりと儲け、そこから生ずる利益で不良債権を処理しようとしたわけである。この点に関する銀行行動は、一九九〇年代、バブル崩壊期の日本の銀行行動に似ている。「貸し渋り」が、通常の経営を行っていた企業にも運転資金の不足をもたらし、「黒字倒産」のようなあらたな不良債権を生み出したからである。

「貸し渋り」による金融不安は、実体経済にも大きな影響を及ぼす。住宅バブルの崩壊は、〇六年夏に始まっており、米国の民間住宅投資は、対前年同期比で〇六年四～六月マイナス一一・七％、七～九月マイナス二〇・四％、一〇～一二月マイナス一七・二％、〇七年一～三月マイナス一六・三％、四～六月マイナス一一・八％、七～九月マイナス二〇・一％となっている。住宅建設は、産業のごく一部にすぎないが、自動車・家電・家具等への波及効果をもっているので、住宅建設の不振は、全体としての消費不振につながり、米国GDP成長率を押し下げる結果となろう。IMFは、米国の成長率を〇七年に続いて〇八年も一・九％と予測しており、これを〇五～〇六年の三％前後とくらべると、これは、グロウス・リセッション（成長率低下による景気後退）といっていい事態である。もっとも、米国はもともと過剰消費国なのだから、この程度にとどまらずいっそう消費圧縮をすべきだという見解もありうるだろう。

一九九七～九八年、〇三年の日本の金融システム危機は、政府・日銀一体となった公的資金投入で回避された。これに対して、米国の金融システム危機は、海外の政府系ファンドからの資金投入によって救済されつつある。すなわち、アブダビ、シンガポール、中国等の政府系ファンドが、危機に瀕しているシティ・グループ、モルガン・チェース、メリル・リンチに救済投資を行ったのである。資本主義の中心が、反資本主義とはいわないまでも、資本主義周辺の途上国のマネーによって救済されるというのは、皮肉というほかないが、このような事態は、米国主導のグローバル化にも変容を迫るものとなろう。

三　低迷する日本経済

日本経済は、一九九〇年前後の資産バブルの崩壊の後、一九九一年から〇一年まで不況下にあり、この時期は「失われた一〇年」といわれた。この長期不況は、〇二年二月には底を打ち、その後は「緩慢な回復」に向かっているというのが政府の公式見解である。しかし、この回復は、庶民の実感にはそぐわないものであり、「実感なき回復」ともいわれている。

たしかに、日本のGDP実質経済成長率は、〇一年度のマイナス〇・八%をボトムとしてプラスに転じ、〇二年度は、一・一%にとどまったが、〇三年度以降は、二%前後の増大を示している（ただし、〇七年度は二%をかなり下回る）。しかし、名目GDPをとってみれば、〇一年の五〇五・八兆円に対し、〇六年度は五一一・九兆円で、五年間でわずか一%の増加でしかない。ほとんどゼロ成長である。最近の経済分析において名目GDPは軽視されがちであるが、私は、そうは思わない。企業も個人も、名目所得を基準にして投資や消費といった行動をとるのである。いくら実質利潤が増えているといっても名目利潤が同じか、減っている場合には、企業は投資を増やそうとはしないだろうし、個人も、いくら実質賃金が増えているといっても、名目賃金が同じか、減少している場合には、消費を削減するであろう。

もとより私は、ゼロ成長それ自体を否定的に考えるものではないし、地球環境の制約を考えれば、長期的にはゼロ成長で人々が満足できるような経済システムを構築すべきだと考えている（前掲『現代経済システム論』第五章、参照）。しかし、この五年にわたる日本経済の名目ゼロ成長は、ロナルド・ドーアが日本の大企業について指摘しているように、従業員の賃金・福利厚生費の三・一%の減少、会社役員の給与・賞与の九七・三%の増加、配当の一九二・四%の増加を含んでいる（『エコノミスト』二〇〇八年一月八日号、四九ページ）がゆえに、公正妥当なものとは考えられない。ゼロ・サムのなかで大企業のなかですら、従業員と経営者・株主のあいだにこれだけの格差が進行したのだから、大企業と中小零細企業・農業とのあいだの格差は、さらに増大したのではないか。しかも、この間に財政赤字縮小を名分とした社会保険料や医療費負担の増大、サラリーマン減税（定率減税）の廃止が行われたのだから、庶民が成長を実感できなかったのは当然である。

このように、期間的には一九六〇年代後半の「いざなぎ景気」をも超えるといわれる今回の景気回復は、名目GDPで見る限りほとんどゼロ成長であったという異常な一面をもつのであるが、その点は措くとして、実質面から見てどのような特徴をもっているのであろうか。

〇七年版の政府の『経済財政白書』によると「これまでの景気拡張局面における実質GDP成長率に対する各需要項目別の寄与率をみると、九〇年代以降の景気拡張局面においては、輸出の寄与が大きく上昇していることが分かる。特に、今回の景気拡張局面における輸出の寄与率は、GDPの約六割を占める民間消費や景気変動の主な要因である設備投資を越える寄与率となっている」（三九〜四〇ページ）。実際、同書四一ページの図が示しているように、今回の景気回復期においては、GDPに占める設備投資も輸出もともに割合を高めているのであるが、とくに輸出の伸びがいちじるしく設備投資に迫るものとなっている。

この事実は、小泉・竹中流の「構造改革」が自律的な景気回復をもたらしたという言明の欺瞞を示している。たしかに、緊縮財政の結果、公的需要は景気回復にはネガティブな役割しか果たさなかったが、もし新自由主義的な規制緩和の「構造改革」が景気回復の主役であったとすれば、イノヴェイション（技術革新）による国内設備投資がもっと大きな役割を果たしたはずであろう。ところが、実際は、中国をはじめとする新興諸国への想定以上の輸出の拡大が、日本の景気回復をもたらしたのだ。しかも、新興諸国からの需要は、鉄鋼・造船・化学・自動車・高級家電・精密機械といった在来型商品が比較的に多い。「構造改革」論者は、長期平成不況をつうじて産業構造をも改革し、金融・通信・サービスを中心とした産業構造に変えることを期待したように思われるが、新興諸国の予想以上の台頭は、この目論見を崩すものとなった。

こうして新興諸国への輸出増をテコにして、日本の製造業はシェアを低めつつあるとはいえ、米英と比較していえば、辛うじて生き残ったのであるが、これは、もちろん手放しで喜べる事態ではない。たしかに日本経済の比較優位は「モノづくり」にあり、その意味で輸出増をつうじて日本の製造業が生き残り、景気回復に貢献したことは喜ばしいことではあるが、輸出総額の大部分を占めているのは少数の大企業で、トヨタ、ホンダ、日産、キャノン、ソニー、パナソニックといったわずか一〇社で三割を占有している。しかも、グローバル化のもとで、これらの大企業は（その他の企業も多かれ少なかれ同様だが）、海外に製品や部品の供給基地をもち、輸出増が必ずしも国内の雇用増や賃金増に結びつかなかったのである。

それればかりではない。今回の景気回復の成果がほとんど資本・経営側に回り、労働側に回らなかったのは、戦後日本の雇用・労働体制が根本的に切り崩され、「労働市場の柔軟化」の名のもとに、派遣労働・請負労働といった非正規労働が大量に創出され、リストラ合理化のなかで正規労働が非正規労働に代替されていったからである。一九八五年に「労働者派遣法」が制定されたが、当時は、派遣業務は専門職種一三業種に限られていた。ところが、一九九九年と二〇〇三年の改悪をへて、派遣労働の対象は原則として自由化され、派遣期間も三年にまで延長された。これは、グローバル時代にそくして終身雇用慣行と年功賃金を軸とする「日本的経営」を改変しようとする財界の戦略のかなりの程度の成功を示すものである。周知のように、一九九五年に発表された旧日経連（現在は、日本経団連に統合）の『新時代の「日本的経営」』は、労働者を次の三つのグループに分けることを提案していた。すなわち、①原則として期間の定めのない雇用契約を行う「長期蓄積能力活用型グループ」、②有期雇用で、企画・技術開発などに従事する「高度専門能力活用型グループ」、③製造現場などで一般職に従事する「雇用柔軟型グループ」の三つである。現在は、これらのうち有期で、非正規の②と③が全就業労働者の約三分の一を占め、その大部分がワーキング・プアーを形成しているのだ。

労働市場を「柔軟化」し、非正規労働者を大量に創出することは、一時的には労働コストの節約をもたらして資本・経営側に有利かも知れない。しかし、企業は、本来「モノづくり」の協働体であり、まして や日本経済の比較優位が「モノづくり」にあるとすれば、日本企業が労働の約三分の一を派遣・請負・パートといった非正規労働に依存していることは、異常というほかない。部品供給のアウトソーシング（外部調達）はともかく、人間である労働者をアウトソーシングすることは、企業協働体を解体しかねないであろう。〇七年を現す漢字は「偽」とのことで、有名企業や老舗を含めてさまざまな「偽装」が明るみに出たが、このような企業の腐敗・退廃は、労働者のアウトソーシングと無関係ではないのではないか。労働に関する規制緩和は、金融に関する規制緩和と並んで、新自由主義的構造改革の二大罪悪である。

景気循環論によれば、通常の景気回復は、イノヴェイションによる新規投資の簇生、輸出や公的需要の増大といった契機によって、過剰設備と過剰労働の悪循環が逆転し、投資増大→雇用増大→消費増大→投資増大……といった好循環が形成されることによって行われる。これに対して、〇一年以来の日本経済の景気回復の過程においては、新興諸国などへの輸出増によって、設備や労働の過剰が縮小したばかりではなく、設備投資の増大や雇用の拡大までは実現されたのであるが、雇用の拡大が消費の増大やそれらに誘発された二次的・三次的な投資や雇用の増大にまでは至らなかったところに特徴がある。

なぜ雇用増、そして、一人当たりの給与所得減を伴いながらも総雇用者所得の増大は消費に波及しなかったのか。前掲『経済財政白書』は、〇二年以降は所得が消費に波及しにくくなった事実については認めているものの、その原因については合理的な説明を与えていない。しかし、以上に見てきたように、一九八〇年代以降の雇用・労働体制の改悪、社会保険料・医療費負担の増大、定率減税の廃止、さらには年金制度への不信等を考慮すれば、労働者は、多少の実質所得の増加があったとしても、消費の拡大にあてる余裕がなかったのである。最近になって、日本経団連も「生産性上昇の範囲内で余裕のある企業は賃上げを」といい始めているが、労働の規制緩和体制をそのままにしておいて、一部の大企業で賃上げをしたところで、GDPの六割を占める消費に大きな影響を与えることはないだろう。

米国のような過剰消費国になっても困るが、輸出や設備投資優先ではなく、堅実な家計消費を中心として経済が循環していくことが望ましい。そのためには、憲法二五条に規定されている「生存権」を実質的に保障し、国民誰もが安心して暮らせる福祉国家を構築してゆくことが一番の近道だ。

四　グローバル化の変容

前述のとおり、私は現代資本主義の現局面をグローバル資本主義と把えているのであるが、かつて私は、グローバル資本主義の矛盾として、次の三点をあげたことがある。第一は、米国主導のグローバル化は、次第に米国のユニラテラリズム（単独行動主義）に転化しつつあり、これが世界の他のパートナーとの間に軋轢を生み出す点である。第二は、金融グローバル化の暴走は、金融危機を頻発させ、国民国家による投機的金融資本への規制を必然にする点である。第三は、グローバル化による一部先進諸国の「過剰富裕化」（馬場宏二氏）と地球環境との矛盾である（前掲『現代経済システム論』七四〜七五ページ）。

これは、もともと〇二年に書かれたものではあるが、現在においてもこれらの矛盾はますます激化している側面もあるし、その矛盾にもとづいてグローバル化自体が変容している側面もあるように思われる。これまでに記述してきたサブプライムローン問題や日本経済の低迷も、変容しつつあるグローバル化の一環をなすものである。

現代グローバル化における米国の主導性は、前世紀の九〇年代に比べると、各段に弱いものになった。もちろん、米国は、現在でも世界一の経済大国・軍事大国であり、金融・情報・軍事技術では突出した能力をもっている。しかし、グローバル化された世界における主導性は、経済力や軍事力の規模によって決まるものではない。主導国は、道義的・政治的にも他国の信任を得、ある程度まで開放的・譲許的行動をとることによって、モデルとならなければならないであろう。ところが、ブッシュ政権下の米国は、対テロ戦争と称して、国連の承認を得ることなく一方的・先制的にアフガニスタンやイラクへの戦争を始め、それらの戦争は、いまや泥沼化している。対イラク国際有志軍のなかからも、オランダ、スペイン、オーストラリアなど撤兵する国が続出し、米国内でもブッシュ政権らの好戦派は少数になってきている。

国連総会における米国の権威と指導力も失墜した。たとえば二〇〇七年一〇月三〇日、キューバ共和国が提出した米国による対キューバ経済封鎖の解除を求める決議案が、賛成一八四か国という圧倒的多数で可決されたが、反対は、米国、イスラエル、マーシャル群島、パラオの四か国にすぎなかったのである。

かつては米国系ヘッジファンドが猛威をふるったが、サブプライムローン問題で、米国の金融力も陰りを見せた。ヘッジファンドの背後には、大手金融機関がサポート役として付いているのが普通である。

一〇年前に有力ヘッジファンドであるLTCMが投機に失敗して危機に陥った際は、ニューヨーク連銀の仲介により大手金融機関の協力で救済されたのであるが、今回は、大手金融機関自体が、新興諸国の政府系ファンドからの救済投資を受け入れざるをえなかったのである。

むろん、ヘッジファンドは、消えたわけではなく、依然として膨脹している。サブプライムローン問題では、ヘッジファンドも、かなりの損失をこうむったものと思われるが、今度は、原油、金などの先物取引市場に投機資金を投入している。一バレル一〇〇ドルという原油価格は、必ずしも実需を反映したものではなく、投機を反映するものである。無責任・不透明なヘッジファンドは、一刻も早く国際的規制の対象にする必要がある。

米国金融力への不信は、米ドル安にも現れている。米ドルの当面のライバル通貨であるユーロは、一九九九年の発足時は一・一七ドルで、一時は一ドルを切ったこともあったが、〇八年初頭には一・四ドルを上回っている。もっともユーロはEU内部の流通手段・決済手段として使われることが多いから、国際通貨性という点では、米ドルの方が優位に立っている。しかし、金・ドル交換停止（一九七一年）、変動相場制移行（一九七三年）以降の国際通貨体制は、けっして制度としての「米ドル本位制」ではない。米ドルは、制度上は、なんらの特権も有していないのである。

米国の経常収支の膨大な赤字が続き、米国金融力への不信を契機にして米国への資金流入が停滞したときは、米ドル暴落の可能性は十分にある。米ドル暴落は、有力な輸出産業をもたない米国には、スタグフレーション（インフレを伴った景気後退）をもたらすだろう。

現在、米ドル資産をもっとも多く保有しているのは、中国と日本であるが、中国は、人民元を徐々に切り上げつつ、保有外貨を多様化しているといわれる。日本も、当面の円高に安易に介入することなく、保有外貨を多様化すべきであろう。円高・米ドル安のもとでは、米国への輸出は減少するであろうが、それは内需とアジア・EU輸出の増加によって代替するほかあるまい。

米ドル暴落の場合は、チェンマイ・イニシアティブ（東アジア二国間通貨交換協力）の延長線上に、アジア共通通貨単位（ACU）が浮上してくる可能性がある。日本は、「黒字亡国」（三國陽夫氏）により米ドルと心中するのではなく、中国、韓国、インドおよびASEAN諸国と協力して、アジアでの地位を確固としたものにしなければならない。

現代グローバル化のなかで、もっとも躍進をとげたのは、中国をはじめとする新興諸国であろう。中国は、対外開放・現代化政策をつうじて輸出志向産業を作り上げ、「世界の工場」の地位を占めるに至った。経済成長が急速であったために、貧富の格差をはじめ、沿海部と内陸部、都市と農村との格差も顕著になっているが、現代的工業化という点ではグローバル化のメリットを最大限に享受したといっていいだろう。内閣府の『日本21世紀ビジョン』の推測によれば、二〇三〇年には、中国は米国と並ぶ経済大国になっているという。インドは、IT技術と豊富な人的資源により、ロシアは、石油・天然ガスといった豊富な地下資源により、いずれも経済的にも躍進するものと思われる。

このように考えてくると、米国への一極集中・米国モデルのスタンダード化のイメージをもった九〇年代のグローバル化と、現在のグローバル化とは、大きく相貌を異にしていることに気づかざるをえない。事実は、グローバル化のなかで米国の覇権が崩れ、国際的投機資金の止体が明らかになり、資本主義の多様性とそれぞれの存在理由が顕著になっているのだ。小泉・竹中流の「構造改革」で日本型資本主義の

「強さ」を掘り崩し、ひたすら米英型に追随しようとした点に今日の日本経済の低迷の原因があるのではないか。

最後に残るのは、地球温暖化などの環境問題と水を含めた希少資源の地域的・世代的配分問題である。新興諸国をはじめとする途上国が経済的に躍進するなかで、先進諸国も容易には経済規模を低下させることはないであろうから、このままのペースで経済規模の拡大がすすめば、もう二つか、三つ地球がないと収容できない状態になるのは必然である。自然力発電、省エネ、新素材などの技術革新にもある程度は期待できるにしても、それは限定的であろう。温室効果ガス排出権の取引が温暖化防止に役立つかにいわれているが、カネさえあれば、CO_2を排出していいというのであろうか。人類の存続を最終的に保証するのは、市場ではなく、人類の協同の英知にもとづく制御であるように思われる。

（二〇〇八年一月）

第一二章　日本経済の低迷と再生

一　はじめに

二〇〇七年夏の米国サブプライムローン問題の表面化を契機に、世界経済は、金融不安、株安、ドル安、原油高、食糧高というかたちで動揺を続け、そのなかでも日本経済は先進諸国の間で株価値下がり率がもっとも大きく、外需に依存する度合いももっとも大きく、財政・金融政策の発動の余地がもっとも少ない点で、懸念の対象になっていたが、二〇〇八年四月～六月期の実質GDPが、年率でマイナス三・〇%（改訂値）となり、経済実体の面でも景気後退の局面に入ったことが明らかになった。日本政府の公式見解では、日本経済は、二〇〇二年二月より景気回復の局面に入り、その「回復」の期間は、昭和四〇年代の「いざなぎ景気」の五七か月を超えて長期持続し、二〇〇七年一〇月が今回の景気のピークだったとすると、六九か月という「回復」期間の新記録を樹立したことになる。

もともと景気回復という用語は、景気後退ないし恐慌から景気拡大ないし好況への転換の比較的に短い時期を指すものであって、七〇か月近くにわたる「回復」とか、「息の長い回復」といった「回復」の使用法は、経済学の基礎的な約束事に反しているといわなければならない。しかし、今回の「回復」期の実質成長率（年率）は、二・一％で、「いざなぎ景気」の時期の一一・五％と比べると余りにも低率でもあり、しかも今回の場合は、「回復」期中にも、二〜三回の「踊り場」や「足踏み状態」を経験しているので、政府も、「景気拡大」とか「好況」といった用語を用いることを躊躇したのかも知れない。ちなみに、日本銀行は、〇六年六月までは「回復」を使っているが、〇六年七月から〇八年三月までは「拡大」を使い、同年四月から七月までは「減速」、八月からは「停滞」を使っている。

二〇〇二〜〇七年の「回復」は、しばしば「実感なき景気回復」といわれた。景気の判断は、内閣府の経済専門家が、二九系列の景気に関係のある客観的な統計データを総合指数化したもの（DI ディフュージョン・インデックス）にもとづいて行うのであるが、「実感」と統計データとでは、はじめから勝負にならないかに見える。しかし、「実感」は、しばしば統計データ以上に真実を衝くことがある。「実感なき景気回復」が終焉し、いよいよ「実感にも裏づけられた不況」に突入したいま、「実感なき景気回復」を総括し、そのメカニズムを探り、小泉・竹中流の新自由主義的構造改革が、いかに正常な景気回復を妨げてきたかを明らかにする必要があろう。これが、本章の取り上げる第一の課題である。

前述のとおり、今回の日本経済の「回復」の終焉、景気後退への移行の契機になったのは、米国発のサブプライムローン問題であった。しかし、この問題が、最初に表面化したのは、震源地の米国ではなく、二〇〇七年八月、仏銀行最大手のBNPパリバが、傘下の三ファンドへの融資を凍結し、欧州中央銀行が緊急融資に乗り出したこと、またドイツのIKB銀行にも経営危機が伝えられ、九月には、英国の中堅銀行ノーザン・ロックが、預金の取り付けに見舞われたことによってであった。もちろん、これらの欧州におけるいくつかの金融機関の破綻は序幕に過ぎず、本格的には、米国において、シティ・グループ、メリル・リンチ、ＪＰモルガン・チェースなどの大手金融機関が自己資本を毀損するほどの膨大な損失を計上し、二〇〇八年三月には大手投資銀行（証券会社）のベア・スターンズが事実上破綻して、政府とＦＲＢ（連邦準備制度理事会）の介入により、ＪＰモルガン・チェースに辛うじて救済合併されるといった金融危機となって展開された。二〇世紀末の金融危機でリスクテイクに慎重になっていた日本の金融機関は、サブプライムローン関連の損失を比較的に受けていなかったといわれたが、それでも野村証券やみずほＦＧは、数千億円規模の損失を被ったといわれる。つまり、金融を先端とするグローバル資本主義の現在、米国の住宅バブルの崩壊にもとづくサブプライムローンの一部の焦げ付きが、数百倍にも増幅されて世界の金融機関と証券市場の信用を動揺させ、その反作用として、金融機関による世界的な貸し渋り現象を生じさせているとともに、ドルの信用失墜と投機資金の証券から商品先物へのシフトによって、原油・食糧の高価格をもたらしているのである。

小泉・竹中流の新自由主義的構造改革路線は、まさに米国主導のグローバル化に忠実に追随するものであった。たしかに情報・通信・運輸技術の発達によるグローバル化は、不可逆的現象であって、問題は、その成果をいかにグローバルに公正に分配するかにある。しかし、米国基準（市場原理）にもとづく金融・貿易の新自由主義的グローバル化がいかなる災いをもたらすかを如実に示したものが、サブプライムローン問題をはじめとする一連の事態ではなかったか。じっさい、冷戦後、さらに九・一一後、一時期にみられた米国一極支配の様相は、最近は影を潜め、グローバル化された世界を「無極化」と呼ぶ元米国国務省高官もいるほどである（リチャード・ハース「アメリカの相対的衰退と無極秩序の到来」、『論座』二〇〇八年六月号）。サブプライムローン問題のグローバルな影響を綿密に分析して、あらためて新自由主義的グローバル化の災いを抉り出し、グローバル化のゆくえを見定めなければならないであろう。これが、本章の取り上げる第二の課題である。

この二〇年近くの日本経済は、バブル崩壊後の長期不況と、小泉・竹中流の新自由主義的構造改革によって、低迷を余儀なくされてきた。この「低迷」という表現には、長期停滞・政策的混迷・諸アクターの自信喪失などいくつかの意味が込められている。このような低迷のなかで、経済的パフォーマンスだけをとってみれば、実質GDPをわずかながらも増大させ、対ドルでの円価値を維持し、完全失業率を最悪でも五%台まででとどめてきたことは、幸運だったといえるかも知れない。個人にせよ、国にせよ、その将来を幸運にのみ委ねることはできない以上、日本経済が、低迷を脱却して、再生を果たすためには、現実に与えられた客観的な条件を冷静に見極め、そのなかで自己の主体的条件との関連で可能な範囲を確定し、最後に自己のウエルフェア（幸福）を最大にするような選択肢を選ぶ必要があろう。これは、けっして「一国幸福主義」でもないし、単純な功利主義でもない。グローバル化の現在、人は、多少とも「全世界の人々が幸福にならないかぎり、自分の幸福はありえない」という道徳感情をもつはずであって、筆者のいう「自己のウエルフェア」とは、このような道徳感情をも考慮に入れたものである。

日本経済の将来の「再生」を考える場合、ほとんど確実なことは次の三つの条件である。第一は、日本の人口は今後も減少を続け、高齢化はますます進むということだ。第二は、新興工業諸国、とりわけ中国とインドの経済発展は今後もめざましく、米・欧・日の経済的位置は相対的に衰退していくということだ。第三は、温暖化ガスの増加、水を含めた資源の枯渇などによる経済活動への地球環境の制約は、限界にまで近づいており、グローバルな経済活動を地球環境の維持可能な範囲内に規制することは、焦眉の問題になっていることだ。このような条件のもとに日本経済を再生させ、国民のウエルフェアを最大にするにはどうするか。この点を考察するのが、本章の第三の課題である。

二　「実感なき景気回復」のメカニズムとその崩壊

一九九〇年代初頭のバブル崩壊を契機とするいわゆる九〇年代不況（平成不況ともいう）は、約一〇年続き、二一世紀初頭にようやく終息したように思われる。この不況について、筆者は、いくつかの論稿で書いたことがあるが（「バブル崩壊と九〇年代不況」、『経済と社会』第二号、一九九五年一月、本書第八章）、「九〇年代不況が示すもの」、『経済』一九九六年五月、本書第九章）、この不況の基本的性格は、バブル崩壊による資産（金融資産・不動産）価格の減価を補填しようとする諸経済主体の「合成の誤謬」的行動が、不況特有の悪循環的累積をいっそう強めたものといっていいであろう。九〇年代不況のピークをなすのは、九七〜九八年の金融恐慌であった。国内的には、九六年に成立した橋本政権が、九五年度、九六年度の二・五％〜二・九％の実質成長を本格的回復と誤認し、九七年度より消費税の五％への引上げ・医療費負担増・社会保険料引上げ・特別減税廃止で、約九兆円を民間から政府に移転し、九六年一一月には金融ビッグバンを指示し、九七年一一月には財政構造改革法を制定するといったような緊縮的な政策を展開し、国際的には九七年七月から、ヘッジファンドなどの投機資金の急激な流入と流出によるアジア・ロシア・中南米通貨金融危機が表面化して、当時でもまだ数十兆ないし一〇〇兆円規模の不良債権を抱えていた日本の金融システムを直撃したのである。九七年一一月には、三洋証券・北海道拓殖銀行（拓銀）・山一証券が破綻し、九八年には、日本長期信用銀行（長銀）・日本債券信用銀行（日債銀）が、事実上破綻した。拓銀・長銀・日債銀といった巨大銀行の破綻は、日本金融のシステミック・リスクが目前に迫っていることを示すものであった。

バブル崩壊後、日本の金融機関が抱えている膨大な不良債権を処理するためには、貸し手保護のためではなく、金融システム保全・再生産活動維持のために、財政による公的資金の投入が必要であることは、一九九二年に当時の宮沢喜一首相によって唱えられていたようであるが（リチャード・クー『日本経済を襲う二つの波』八五ページ）、それまでの日本の銀行行動の当然の結果ともいえる猛烈な「銀行バッシング」によって、撤回を余儀なくされた。一九九五年に表面化したノンバンクの住宅専門金融会社（住専）七社の破綻をめぐっては、「母体行責任主義」と「貸し手責任主義」とが対立して紛糾し、九六年六月に至って、預金保険機構内の住専勘定をつうじて六八〇〇億円の公的資金が投入されることによって処理された。住専は、もとより預金業務を行う銀行ではなく、その破綻は金融システミック・リスクと無縁のはずなのであるが、「母体行責任主義」を貫くと、住専に直接・間接に巨額の融資をしているいくつかの大銀行の経営危機に及ぶおそれがあるため、公的資金が投入されたのである（米田貢『現代日本の金融危機管理体制』第五章、参照）。投入された公的資金は、破綻した住専七社の総負債額の一割弱に過ぎなかったのであるが、金融システミック・リスクに無縁なノンバンクである住専に、預金保険機構という不適切な機関をつうじて血税が投入されたということで、これは、世論の轟々たる批判を浴び、政府は、少なくとも当分の間は、公的資金の投入による金融機関の不良債権の処理スキームを提案できないことになったのである。

しかし、巨大銀行の倒産を含む一九九七〜九八年の金融恐慌は、そのような公的資金投入不必要論を一掃し、あらたな金融危機管理体制を作り上げることとなった。すなわち、九八年二月の預金保険法の改正、金融機能安定化緊急措置法（安定化法）の制定、九八年一〇月の金融機能再生緊急措置法（再生法）ならびに金融機能早期健全化法（健全化法）の制定、二〇〇〇年五月の預金保険法の全面改正等が、それらである。米田貢氏によれば、日本の金融システムの安定化に決定的意義をもったのは「再生法」と「健全化法」だったとして、次のようにいっている。「六〇兆円の公的資金を基礎に再生法と健全化法というTBTF（too big to fail 大き過ぎてつぶせない）政策実現のための盾と矛を兼ね備えることになった政府は、つぶされたくなければ累積した不良債権を完全に処理し、高収益体制を実現するために大型合併に取り組むことを、大銀行に対して事実上強制したのである」（米田、前掲書、四二〇～四二一ページ）。だが、「再生法」も「健全化法」も、制定当初は時限立法であった。これを恒久化したのが、〇〇年五月の預金保険法の全面改正であった。

こうして成立した日本型金融危機管理体制によって、長銀と日債銀の破綻と一時国有化・その後の民間への譲渡、「健全」銀行への資本注入と系列を超えた大型合併の推進（最終的には、三大メガバンク体制への集約）、〇三年のりそな銀行危機の公的資金投入による回避等が実現し、九七～九八年の金融恐慌は、金融システミック・リスクにまでは、至らなかったのである。この間、日銀の超低金利政策（政策金利九五年〇・五％、九九年〇・一五％、〇〇年〇・二五％）と〇一年三月から〇六年三月に至る量的緩和政策（短期インターバンク市場金利をゼロにするように日銀が短期資金を供給する）によって、そうでなかったならば預金者に生じたであろう数百兆円規模の利子所得が銀行部門に移転した（「隠れた銀行補助金」）ことも、日本金融システムの安定化に貢献したといえるであろう。

銀行部門における不良債権処理と再編成がすすみ、〇二年頃からようやく日本経済の下方累積過程が停止し、回復に転ずる契機になったのは、輸出の増大と企業収益の回復であった。日本の輸出は、九五年の四〇・三兆円から九七年の四九・五兆円まで増大した後、アジア通貨・金融危機の影響を受けて九八、九九年には二年連続して減少するものの、〇〇年には、四九・五兆円に回復した。〇一年には、米国のITバブルの崩壊の影響を受けて減少するが、〇二年には、再び四九・五兆円に回復し、それ以後は、〇三年五一・九兆円、〇四年五八・三兆円、〇五年六二・六兆円、〇六年七一・六兆円というように急速に伸びている（日銀「国際収支統計」）。〇六年の名目GDPに対する輸出の比率約一四％は、それまでの日本経済史上、最高水準であろう。二〇〇八年版『経済財政白書』は、〇二年一～三月を基準として、日本のGDP（実質）の各需要項目が〇七年までにどの程度増加しているかを明らかにしているが、それによると、国内需要一・〇八倍、民間消費一・〇九倍、設備投資一・二九倍、輸出一・八一倍となっていて、輸出の伸びが突出している（一二ページ）。

したがって、〇二年～〇七年の「実感なき景気回復」を主導したものが輸出であったことは、明らかである。この時期、なぜ日本の輸出はこれほど増大したのか。第一は、米国が〇〇年のITバブル崩壊後、急激な低金利政策をすすめ、それにともなって個人消費・住宅投資といった内需が増大し、さらに〇一年九・一一以降は、対テロ戦争によって戦費が急速に拡大し、貿易赤字が増大したことである。米国の貿易赤字（通関ベース）は、〇一年の四一一九億ドルから〇六年の八一七三億ドルへほぼ倍増している。第二は、世界的にGDPに対する貿易の比率が高まっているなかで、中国、インドなどの新興工業諸国への輸出が急増したことである。中国への輸出は〇三年の六・六兆円から〇七年の一二・八兆円へほぼ倍増し、〇七年の中国を含めたアジア全体に対する輸出は四〇・四兆円で、同年の米国・カナダ・西欧を合計した三〇・七兆円をはるかに上回っている。第三は、日本の超低金利政策も重要な要因となって、円が比較的に円安基調に推移したことである。たしかに、対ドルでは、円は、〇一年の一ドル＝一二一・五円（銀行間直物、年間平均）、〇四年の一〇八・二円、〇七年の一一七・八円というようにほぼ同水準にとどまってきたようにみえるが、一九七三年三月を基準とする貿易額加重実効レート（指数）でみると、〇三年の一一八・八から〇七年の九四・八へ下落している（『東洋経済統計月報』二〇〇八年八月号、七五ページ）。円は、〇七年時点においては、変動相場制移行時よりも価値下落していたのだ。二〇〇七年版『経済財政白書』によると、円は、主要国で政策金利の引上げが始まる直前の〇三年一一月を基準として〇七年六月末時点の下落率をみると、対ユーロ マイナス二一％、対英ポンド マイナス二四％、対豪ドル マイナス二四％、対カナダドル マイナス二八％となっている（六四ページ）。円安基調は、輸出増大には寄与したが、〇三年頃からの資源価格高騰と結びついたときは、大幅な輸入物価の上昇を招き、交易条件を悪化させ、交易損失（実質所得の海外移転）を増大させている。

次に、回復へ転ずるもうひとつの契機となった企業収益の方を見てみよう。「法人企業統計」（財務省）によると、企業の経常利益（全産業）は、〇一年三三・三兆円、〇三年三七・五兆円、〇四年四七・九兆円、〇五年五三・五兆円、〇六年五八・四兆円、〇七年六〇・五兆円となっている。〇二〜〇七年の五年間で経常利益はほぼ二倍近くになっており、企業経営者や投資家にとっては、まさに「実感できる景気回復」であり、「実感できる景気拡大」であった。このような企業収益の増大は、いかにして実現したのか。

すでに述べたように、制度面では金融システムの一応の安定化、需要面では輸出の増大が大きな役割を果たした。ここでは、さらに供給面をみることにしよう。

表 12-1　労働者１人当たり現金給与総額（月額，2001～2007年）　（単位：円）

年度	現金給与総額	一般労働者	パートタイム労働者
2001	351,335	419,480	94,074
2002	343,480	413,752	93,234
2003	341,898	414,089	94,026
2004	332,784	413,325	94,229
2005	334,910	416,452	94,514
2006	335,774	417,933	95,232
2007	330,313	413,342	95,209

（出所）　厚生労働省「毎月勤労統計調査」にもとづく。2008年版『労働経済白書』37ページより。

まず、〇二～〇七年の回復・拡大過程において、労働者一人当たりの現金給与総額（月額）が傾向的には減少していることが注目される。〇八年版『労働経済白書』によれば、〇一年から〇七年に至る一人当たりの現金給与総額（月額）は、表12-1のとおりである。

ここに示されている〇一～〇七年の過程において、月額現金給与が前年をわずかでも上回っているのは、〇五年と〇六年の二年に過ぎない。しかも、〇一年と〇七年を比較すると、月額で二万円以上の賃金減少となっている。法人企業の経常利益が、〇二～〇七年のあいだにほぼ二倍近くに増大しているのとは、対照的である。しかも、この間に労働市場は、必ずしも悪化・緩和したわけではない。完全失業率は、〇三年度の五・一％から〇七年度の三・八％まで低下し、有効求人倍率も〇三年度の〇・六九から〇七年度の一・〇二まで上昇して、むしろタイトになっているのである。

一人当たり給与の減少は、労働分配率にも反映されている。財務省「法人企業統計調査」にもとづく労働分配率（人件費／付加価値額）は、企業規模が大きいほど低く、小さいほど高いという傾向をもっているが、平均でみると、〇一年度七五・一％、〇二年度七三・七％、〇三年度七一・六％、〇四年度六九・八％、〇五年度七〇・〇％、〇六年度六九・三％となっている（前掲『労働経済白書』二八七ページ）。景気回復・拡大の過程では、一人当たりの賃金が上昇しても、労働分配率が低下するのが普通であるが、〇二～〇七年の日本の場合は、年率二％程度にせよ実質GDPが拡大し、そのなかで一人当たりの名目賃金が低下したのだから、一九八〇年代後半のバブル期を上回るほどの経常利益の増大が出現したのは、当然である。法人企業が空前の利益をあげるなかでの労働者の名目賃金の減少・労働分配率の低下が、「実感なき景気回復」という意識を生み出したわけだが、この意識は、この「景気回復」の特質を鋭く衝くものであった。

脆弱なものであったにせよ景気回復・拡大の過程でなぜ賃金が上昇しなかったのか。これは、グローバル資本主義とその一環をなす現代日本経済の特質を把握するうえで本質的な問題である。この点について柴垣和夫氏は、日本に限らずグローバル資本主義の一般論として、次のようにいっている。「労働力商品化の無理が資本の自己矛盾を形成し、その爆発である恐慌を含む景気循環を必然化するのであるが、歴史的には、労働市場のグローバル化の困難の故に、資本主義を世界資本主義という一つの経済圏に集約できず、複数の国民経済の集合として形成することとなった。その限界が、労働力の直接の国際移動に代替しての資本の国際移動によって、間接的であるにせよ突破され、先進国資本にとっての労働力の供給制約と賃金上昇圧力の大幅緩和が実現したのである」（柴垣和夫「グローバル資本主義の本質とその歴史的位相」、『政経研究』第九〇号、二〇〇八年五月、八ページ）。このように、柴垣氏は、多国籍企業・超国籍企業を波頭とする産業グローバリゼーションの側面を重視し、産業資本の迅速・頻繁な国際移動によって、先進国における労働力の供給制約と賃金上昇圧力の緩和を説明するのであるが、筆者は、むしろ現代グローバル化の基礎にあるIT革命そのもののなかに資本の労働力供給制約からの解放、労働の交渉力の弱化の要因があるのではないかと考えて、次のように書いたことがある。すなわち、「直接的生産過程および事務労働における情報化・コンピュータ化は、従来の労働のあり方を一変させた。それは、一方ではホワイト・カラー、ブルー・カラーの区別なく、一人で一日中コンピュータ画面を黙視し続けるような密度の高い分散的労働をつくりだすとともに、他方ではソフトウエアの開発のように創造性を要求される高度な科学的労働をつくりだして、労働の一体化を解体させた。このような労働の多様化・分散化・個別化は、雇用形態の多様化をもつくりだして、七〇年代末以降、世界的な規模で労働運動・労働組合運動の弱体化をもたらしているようにみえる」（鶴田満彦編著『現代経済システム論』二〇〇五年、五七ページ）。

この二つの見解は、必ずしも対立するものではなく、むしろ相互補完的なものであろう。しかし、日本の場合に限ってみると、一九九〇年代半ばからの労働力人口の減少にもかかわらず、雇用者数そのものは、一九八五年三九九九万人、九五年四七八〇万人、二〇〇五年四九二三万人というようにほぼ一貫して増大しているのであって（総務省「労働力調査特別調査」）、資本の国際移動による産業・雇用の空洞化が顕著に生じているようにはみえない。

むしろ問題なのは、雇用者内部における非正規従業員の割合の増大である。上記の総務省特別調査によると、雇用者における非正規従業員の比率は、一九八五年一六・四％、九五年二〇・九％、二〇〇〇年二六・〇％、〇五年三二・三％、〇六年三三・一％となっていて、とくに二一世紀になってからの増大がいちじるしい。これは、いうまでもなく、労働市場における自由化・柔軟化を理由に、一九八五年に「労働者派遣法」が制定され、九九年と二〇〇三年の改悪をへて、派遣労働の対象は原則として自由化されたからである。資本と労働との交渉はもともと非対称的であり、労働契約を個々の交渉に委ねたら、労働者の側が決定的に不利になるのは不公正だと社会的に承認されて、二〇世紀、とくに第二次世界大戦後に大部分の先進諸国において種々の労働者保護立法が制度化されたのである。これが、日本では一九八〇年代後半以降、グローバル化・規制緩和の潮流のなかで次第に骨抜きにされ、いまや日雇い派遣などという最悪の雇用形態までが、恒常化するに至った。もとより、グローバル化にともなう中国など新興工業諸国の低廉な工業製品の輸入進出が、日本企業にコスト削減のために非正規雇用を増やすよう圧力をかける結果となったことは、いうまでもない。

このようなかたちで国民の大半を占める雇用者の賃金所得の圧縮が行われたのだから、消費が伸びるはずがない。国民経済計算によると〇二年度から〇七年度にかけて、名目GDPは、四八九・九兆円から五一五・三兆円に約五・二％伸びているのであるが、同期間に、家計最終消費は、二七七・八兆円から二八七・九兆円へ五年間で三・六％伸びているに過ぎないのである（前掲『東洋経済統計月報』）。これでは、国民の大部分に景気回復の「実感」が湧くはずがない。

これに対して、民間企業設備投資（名目）は、〇二年度から〇七年度にかけて、六五・一兆円から八一・三兆円に約二四・九％伸びている。この伸び率は、輸出ほどではないが、消費よりもはるかに大きい。しかし、この設備投資は、更新を含んだものであるから、景気回復・拡大期としては、ささやかな伸びである。さきに見たように、「法人企業統計」による企業の経常利益は、〇二年から〇七年にかけて、三三・三兆円から六〇・五兆円に急増しているのだが、これを上記の民間企業設備投資の動きと比較してみると、暦年と年度、国民経済計算と法人企業統計の違いはあるにせよ、設備投資には経常利益のほかに減価償却資金も投入可能なことを考慮すれば、法人企業、とくに大部分の大企業には、設備投資では使い切れないほどのキャッシュ・フローが留保されたものと推定される。この時期、「株主主権論」の強化もあって、配当も増え、配当性向も高まっているが、企業に留保されたキャッシュのかなりの部分が株を含む証券投資（「株式相互持ち合い」の復活・自社株の購入を含む）や不動産投資（ミニ・バブル）に向けられたものと考えられる。そしてこれらの富は、〇七年夏以降のサブプライムローン・ショックのなかで、またもや消失するのである。

三　米国発の金融危機とグローバル化の変容

輸出依存・民間消費圧縮型の不安定な構造をもった日本の「実感なき景気回復」は、二〇〇七年八月に表面化した米国発の金融危機＝サブプライムローン・ショックとそれに続く原油高・ドル安を契機にして崩壊し、実体経済も〇八年四月からは景気後退局面に入ることになる。

サブプライムローン問題については、すでに多くのことが書かれているので、ここでは詳しくは繰り返さない（代表的な文献としては、高田太久吉「資産証券化の膨張と金融市場――サブプライム問題の本質」、『経済』二〇〇八年四月号、井村喜代子「サブプライムローン問題が示すもの」、『経済』二〇〇八年六月号を参照）。

問題の発端は、米国の住宅バブルの崩壊に伴うサブプライムローン（低所得者向け高金利住宅融資）の焦付きである。米国では、同国がＩＴと金融と軍事によって世界経済で「一人勝ち」をしていた一九九〇年代半ばから、ローンによる住宅投資が活発化し、二〇〇〇年のＩＴバブル崩壊で一時沈静化するが、その後のＦＲＢ（グリーンスパン議長＝当時）の極端な低金利政策（最高時六・五％であった政策金利が、〇二年には一・六七％、〇三年には一・一三％へ引下げ）によって〇一年から〇五年にかけては、民間新設住宅着工は、一六〇万戸から二〇七万戸まで年々一〇万戸を超えるテンポで増加した。住宅の建設と販売は、一方では各種生産財の投入を伴い、他方では自動車、家具、家電製品等の購入を伴うきわめて波及効果の大きな経済活動である。この低金利政策によって推進された住宅投資ブームは、じつはバブルでもあった。住宅価格上昇とローン金利との鞘を取ろうとする投機的住宅需要が増大し、住宅販売業者もむしろこの点を強調して、住宅販売を拡大したからである。しかし、実需を超えるバブル的投機需要がいつまでも続きえないのは、古今東西の鉄則である。FRBも、〇四年からは政策金利を引き上げ始め、〇六年六月には五・二五%にした。こうして、住宅投資は〇六年には対前年比で四・六%減少し、〇七年には一七%も減少し、住宅価格も下落に向かった。住宅バブルの完全な崩壊である。

これだけの話であれば、住宅価格の上昇を期待して無理なサブプライムローンを組んだ一部の住宅購入者が元利金を払えなくなって家を失い、無謀な融資をした金融機関が不良債権をかかえて、悪くすれば倒産するというだけのことであろう。一九八〇年代米国のS&L（貯蓄・貸付組合）危機は、このような性格のものであった。ところが、二一世紀初頭の米国の多くの金融機関は、投資銀行＝証券会社的ビジネスモデルにしたがって、サブプライムローンを含むさまざまなローンを証券化・再証券化し、RMBS（住宅ローン担保証券）、ABS（資産担保証券）、CDO（債務担保証券）などの形態で、グローバル化の潮流のなかで全世界に販売したのである。これらの証券を首尾よく売り抜くことができれば、当初にサブプライムローンを供与した金融機関のバランスシートからは、リスク資産が消えるはずであり、じじつ、ゴールドマンサックスなどの一部の超優良金融機関はリスキーな証券には手を出さないか、出したとしても早期に売り抜いたものと考えられるが、シティ・バンク、JPモルガン・チェース、メリル・リンチ、リーマン・ブラザーズ、モルガン・スタンレー、ベア・スターンズなど米国の代表的な大手金融機関を含む多くの金融機関はCDOなどを自己保有していたり、子会社に保有させていたりして、多大の損失を被った。シティ・グループ、JPモルガン・チェース、メリル・リンチなどは、アブダビ、シンガポール、中国等の政府系ファンド（SWF）などから救済投資を受け入れざるをえなかったし、資金繰りに行き詰まったベア・スターンズは、〇八年三月に連邦政府とFRBの仲介でJPモルガン・チェースに救済合併された。S&Lや地域金融機関だけではなく、世界金融の覇権を掌握していたウォール街の大手金融機関にも危機が及んでいることが、今回の米国発の金融危機の最大の特質であり、当事者のロバート・ルービン（元財務長官）やジョージ・ソロス（ファンド・マネージャー）からさえ「戦後最悪の金融危機」といわれる所以である。

このサブプライムローン・ショックは、さまざまな波及効果をもたらした。さきに述べたように、最初に危機が表面化したのは、〇七年八月、欧州の複数の金融機関の流動性危機としてであった。金融グローバル化のもとで、フランスのBNPパリバ、スイスのUBS、ドイツのドレスナー銀行などそれぞれの国を代表する巨大銀行が、直接または間接にサブプライムローン関連証券を保有していたのである。日本の銀行は、バブル崩壊後の金融危機の苦い経験もあり、投資銀行（証券）業務に立ち遅れていたという面もあって、比較的に受けた打撃は少なかったといわれるが、それでも前述のように、いくつかの巨大金融機関がかなりの損失を被っている。

さらに、米国内において、サブプライムローン・ショックは、〇八年になって沈静化するどころか、いっそう深化し、あらたにモノライン（金融保証会社）危機とファニーメイ（連邦住宅抵当金庫）とフレディマック（連邦住宅貸付抵当公社）の二社の経営危機を明るみに出した。モノラインは、金融保証に特化した保険会社で、CDOや普通の地方債等の証券の発行主体から保険料を取り、デフォルト・リスクが発生した場合には、証券保有者にリスクを補填する保証を行うことによって証券の売買を円滑にする業務を営んでいたが、サブプライムローン・ショックによるCDOの価格下落のなかで経営が悪化し、六月に格付け大手のムーディズとS&P（スタンダード・アンド・プァーズ）がモノライン大手のアムバックなどの格下げを行ったので、危機が表面化したのである。モノライン危機は、サブプライム関連証券の流通を一段と困難にし、金融恐慌を深化させた。

ファニーメイとフレディマックは、現在はニューヨーク証券取引所に上場されている民間金融機関であって、抵当証券や社債を発行して資金を調達し、主としてプライムローンを供給しているといわれる米国住宅金融の中枢機関である。ファニーメイは、一九三〇年代のニューディール期に国民の持ち家取得を促進するために設立された公的機関だったが、六八年に民営化され、民間資本のファニーメイと公営の連邦政府抵当金庫（ジニーメイ）に分割された。フレディマックは、七〇年に民間資本によって設立された。ファニーメイとフレディーマックは、米住宅ローンの約半分に相当する五・一兆ドルの資金供給にかかわっているといわれる（松本康宏「救済に一兆ドルが必要かもしれないファニーメイとフレディーマック」、『エコノミスト』二〇〇八年八月一二日・一九日号、三三〜三五ページ）。ファニーメイとフレディマックの発行する社債は政府保証債ではないが、政府保証債と同様な超優良債とみなされ、日本、中国を含めた世界中の公的機関や金融機関や投資家によって保有されている。しかし、両社の保有する資産は必ずしもプライムローンばかりではなく、サブプライムローンや中間のオルトーAも含んでいるとみられ、それが延滞率の増大、経営赤字の増大、株価の低落につながり、七月には経営危機が伝えられた。これに対する米連邦政府の対応は、迅速であった。わずか一七日間の議会審議をつうじて、両社への公的資金投入を含む支援策（予算規模は二五〇億ドル）を策定したのである（益田安良「米政府によるGSE救済は本当に『正しい』のか」、『エコノミスト』二〇〇八年九月二日号、四六〜四九ページ）。このようななりふり構わぬ政府とFRBの対応をみると、両社の救済が米国の金融システムの維持にとって不可欠であったことがわかる。もとより、両社の救済が、米国金融のシステミック・リスクからの脱却を必ずしも意味するものでないことはいうまでもない。

サブプライムローン危機の深さは、それが全世界に波及しているとともに、損失の程度が見えない点に示されている。当初のサブプライムローンが証券化され、さらに他のローンと合成されて数次にわたって再証券化され、全世界にばらまかれたために、どこまでが損失かを確定することが困難となり、証券と証券市場に対する不安と不信だけは累増するという状況を生み出しているのである。サブプライムローン問題の関連損失について、IMFは、〇七年九月には最大で二〇〇〇億ドルと発表し、〇八年三月には八〇〇〇億ドルになるおそれがあると発表し、さらに〇八年六月には九四五〇億ドル（うち銀行の損失額五一〇〇億ドル）と推計しているが、ニューヨーク大学のヌリエル・ルービニ教授は、最終的には二兆ドルに達すると予想しているとのことである（『エコノミスト』二〇〇八年九月二日号、二一ページ）。

このような米国発の金融危機は、まずドル安と株安をもたらした。ドルの実質実効レート（一九七三年三月＝一〇〇）は、〇七年六月の八八・〇八から、〇七年一二月には八一・九〇、〇八年三月には七八・九五にまで低下している。円・ドルのレート（東京外為銀行間月平均）をみても、〇七年六月の一ドル＝一二二・六円から、〇七年一二月には一一二・三円、〇八年三月には一〇〇・八円のドル安・円高になっている（三月一七日には、一ドル九五円台）。もともと最近の米国の経常収支は、年間六〇〇〇億〜八〇〇〇億ドルの赤字となっており、それを上回る外国資本の流入によって経常赤字をファイナンスするとともに膨大な海外投資をも行ってきたのであるが、サブプライムローン・ショックによって、外国資本の流入は減少し、さらにサブプライムローン関連証券を処分して他の資産形態（原油・穀物などの商品先物や国債）に乗り換えたり、海外に流出したりしたので、ドル安傾向になるのは当然である。

二〇〇八年八月二八日の『日本経済新聞』は、米金融不安でドルが急落した〇八年三月中旬、米・欧州・日本の通貨当局は、ドル買い協調介入を柱とするドル防衛の秘密合意を結んだと報じた。このイニシアティブをとったのは米国で、もともと米国主導の新自由主義政策は、「すべてを市場に任せよ」として市場介入には否定的なはずなのであるが、ドルの暴落は、基軸通貨ドルの崩壊、国際金融システムの根本的動揺につながりかねないとして、介入にギア・チェンジしたのであろう。上記の『日本経済新聞』によれば、秘密合意にもとづく市場介入は実際には発動されなかったとのことであるが、このような合意の存在自体が市場に影響を与えうるのであって、〇八年四月以降は、ややドル高に転じてきている。

ドルがユーロや円の支援によってしか基軸通貨として存立しえなくなっていることは、今回の米国発の金融危機がいかに深刻であるかということだけでなく、現在のドルは基軸通貨ではあるにしても、唯一の基軸通貨ではなくなっていることを示している。

たしかにニューヨークは世界最大の金融市場であり、どの国の金融機関もニューヨークにある銀行の預金残高の振替によって国際取引を行うことがもっとも便利であるという意味では、米国は世界最大の金融センターであり、米ドルが有力な基軸通貨であることは疑いないが、金ドル交換停止・変動相場制下のドルには、もともと基軸通貨特権があるわけではない。恒常的な経常赤字をかかえ、金融不安を内包している米国があえて「特権」を行使すれば、ドル暴落という代償を支払わねばならないのである。代償を支払わなくてもよいところに「特権」の意義があるのであって、現在のドルのように、暴落の恐怖に怯え、ユーロや円の支援を受けざるをえない基軸通貨は、特権をもっているとはいえない。そして欧州も日本も、さらに中国などの新興工業諸国も資源国も、莫大なドル資産をもっているのだから、ドル暴落には不利益を被る。このような国際金融力学のなかで、いわば「裸の王様」であるドルが、国際的な一つの基軸通貨として機能してきたのである。

米国発の金融危機は、ドル安と株安だけでなく、原油高と穀物高をももたらした。一バレル当たりの原油価格（ニューヨークWTI現物）は、〇七年一月の五四ドルから、七月の七四ドル、一二月の九二ドル、〇八年三月の一〇五ドルへと上昇し、七月には一四七ドルを記録した。〇七年米国シカゴ穀物市場における一ブッシェル当たりの大豆価格は、一月の七ドルから一二月には一三ドルへ、同じ時期に小麦価格は五ドルから一〇ドルへ上昇した。原油にしても穀物にしても、中国など新興工業諸国からの根強い需要増大があって、これらの価格上昇は、ある程度の実需を反映しているといえる。しかし、若干の実需の増加を価格面で増幅させているのは、ドル安と証券市場から移動してきた投機マネーである。証券市場に流通するマネーは、商品市場のマネーに比べて桁違いに大きい。サブプライムローン・ショックで証券市場を退出してきたマネーの一部が商品先物市場に流れ込んできただけでも、商品現物市場の価格を数倍にも上昇させるエネルギーをもっているのである。しかし、投機需要は、けっして永続するものではない。いずれ実需によって制約を受け、投機的価格上昇の部分は、削減されるであろう。

金融危機は金融機関の貸し渋りと信用収縮をつうじて、原油高・穀物（食糧）高はコストアップと所得の対外移転をつうじて実体経済を収縮させる。米国の実質GDP成長率は、〇六年の二・八％から〇七年の二・〇％へ減速し、〇七年一〇～一二月期はマイナス〇・二％のマイナス成長となっている。米国は、〇七年九月以降、七次にわたって政策金利を引き下げる一方、〇八年二月に二年間で一六八〇億ドルという規模の景気対策を策定して主として戻し減税などによって需要の喚起をはかった結果、〇八年前半ではマイナス成長とはなっていないが、失業率は、〇七年七月の四・七％から〇八年八月の六・一％にまで上昇している。ユーロ圏は、実質成長率は〇六年の二・八％から〇七年の二・七％にわずかに減速したが、〇八年四～六月期は、ユーロ圏史上初めてマイナス〇・二％のマイナス成長となった。米国とは対照的に、欧州中央銀行（ECB）は、サブプライムローン・ショックのなかで短期資金供給は弾力的に行いながらも政策金利は据え置き、かえって〇八年七月には四・〇％を四・二五％に引き上げている。これは、不況よりもインフレ防衛に力点をおいていることを示すものであろう。日本は、前述のとおり、〇八年四～六月期にはマイナス三・〇％のマイナス成長となったが、政策金利は、〇七年二月以来の〇・五％という低水準に張り付いたままである。日本銀行は、金利をより高めに誘導し、正常化に近づける機会を窺っていたように見受けられるが、サブプライムローン・ショックはその機会を奪ったわけである。〇七年夏以来の日本の株価の下落率は先進諸国のなかでは最大であったが、それは、取引の過半を占める外国人がサブプライムローン・ショックによる損失を日本株の売却によって補填しようとしたものとみられる。ちなみに、中国は、実質経済成長率は〇七年の一一・九％から〇八年三月には一〇・六％へとやや減速し、消費者物価上昇率（対前年同期）は〇六年の一・五％から〇七年には四・八％へ、さらに〇八年三～四月には八％台に増大しているものの、米国への輸出の鈍化をEUや中東産油国やロシアへの伸びでカバーし、今後も一〇％

前後の高成長を続けてゆくものと思われる。ただ、上海株価は、〇七年一〇月をピークに、〇八年七月には五六%も下落した。これは、サブプライムローン問題との関連というよりも、中国独自の要因にもとづく株式バブルの崩壊であろう。このバブル崩壊が、金融危機、実体経済収縮につながる兆候は、いまのところない。米・欧・日の先進諸国と新興工業諸国・資源国との間の関係をめぐっては、カップリング論とデカップリング論との対立があったが、もちろん、グローバル化のなかで、両者の関係が断絶することはありえないにしても、サブプライムローン・ショックによる米・欧・日の経済停滞が新興国・資源国にも及ぶというカップリング論は、後者のウエイトの増大とその内需の根強さを過少評価しているように思われる。

さて、米国発の金融危機に動揺する先進諸国と、その影響を受けることが比較的に少なかった新興工業諸国・資源国の様相を俯瞰すると、一九八〇年代以来のグローバル化が顕著に変容していることに気づかざるをえない。現代グローバル化は、ＩＴ革命を起点とし、金融グローバル化を先端として、東西冷戦終了後の米国の単独覇権を背景に展開された。とくに米国が、軍事においても経済においても「一人勝ち」した一九九〇年代においては、グローバル化とアメリカナイゼイションはほとんど同義であった。

しかし、二〇〇〇年以降の米国経済は、ＩＴバブル崩壊でつまずき、さらにその後の低金利政策の帰結であった住宅バブルの崩壊でサブプライムローン・ショックを引き起こし、リスキーな債務を証券化した金融商品を世界中に散布したことで、米国式の金融ビジネス・モデルの信用を失墜させた。米国のいくつかの金融機関は、新興国や産油国の政府系ファンド（ＳＷＦ）や他の先進国の金融機関の救済投資に依存して生き残る戦略だ。米国主導の金融グローバル化は、頓挫とまではいえないにせよ、かつての勢いを完全に失っている。米国は、軍事面でも単独行動主義を正面に打ち出して対イラク戦争では泥沼に陥り、三兆ドルに達するといわれるその莫大な戦費は、米国経済とドルの足を引っ張っている（スティグリッツ／ビルムズ『世界を不幸にするアメリカの戦争経済』楡井浩一訳）。

折しも〇八年七月、WTO（世界貿易機関）ドーハ・ラウンド（多角的貿易交渉）の閣僚会合が、主として農産物の緊急輸入制限措置（特別セーフガード）をめぐって対立し、決裂に終わった。〇七〜〇八年には、前述のとおり投機マネーの流入もあって世界的に穀物（食糧）価格が高騰し、アルゼンチン、ブラジル、中国、ヴェトナム、ロシアなど多くの途上国・新興国が自国民に食糧を保障するため、食糧の輸出禁止ないし輸出制限の措置をとったのであるが、このような現実がある以上、自国の農産物保護のため緊急輸入制限措置を実施しやすくすべきだという議論が出てくるのは当然である。この議論から出てくる食糧安全保障論は、WTOの農産物を含めた完全自由化の考え方と根本的に対立する。WTOは、IMFや世界銀行とともにグローバル化を推進してきた主力国際機関であるが、WTOにおける交渉決裂は、グローバル化に重要な枠をはめるものであろう。

歴史家のハロルド・ジェイムズは、現代のグローバル化は、一六世紀、一九世紀末に次ぐ三回目のもので、過去二回と同じく終焉を迎えるであろうといっているが（『グローバリゼーションの終焉』高遠裕子訳）、筆者は、それには必ずしも同意しない。現代グローバル化のもとで、金融危機やWTOにおける不合意にもかかわらず、世界貿易は世界GDP以上の速さで増大し、企業内の国際分業はすすみ、そのなかで新興国・途上国が自律的に成長しているからだ。これが、簡単に逆転するとは考えにくい。

現実に進行しているのは、米国主導の新自由主義的グローバル化が、「無極化」（リチャード・ハース）するのではなく、多極的な、規制されたグローバル化への変容の過程であろう。金融危機による実体経済の攪乱を防止し、食糧問題・資源問題・人口問題・格差問題に対応しながら、グローバル経済を維持してゆくためには、米国一極支配を終わらせ、多極的に合意された規制を制度化してゆくほかないからである。

四　日本経済の再生

現代グローバル化の変容のなかで、いかにして日本経済の再生をはかるかを検討することが最後の課題である。

周知のように、日本経済は、一九七〇年代の二度の石油危機を克服し、ME化にも柔軟に適応して「ジャパン・アズ・ナンバーワン」（エズラ・ヴォーゲル）と呼ばれたこともあり、一九八〇年代には貿易黒字を累積し、とくに「プラザ合意」後は、円高によって海外資産を買いあさったり、対外純資産世界一になったりして、「ジャパン・バッシング」や「日本異質論」を呼び起こしたりした。しかし、対米摩擦回避をめざした不動産開発中心の安易な「内需拡大策」と対米協調の長期の低金利政策は八〇年代末にバブルを引き起こし、それはバブルであるがゆえに九〇年代初頭に崩壊し、それ以来、日本経済は、「失われた一〇年」とか、「失われた一五年」といわれる長期の低迷に呻吟することになる。この「低迷」には、前述のとおり、経済の長期停滞のほかに、政府の政策的混迷や企業経営者の自信喪失などの意味が込められているのである。

一九九〇年代の年率平均約一％、二一世紀になってからの約二％という実質経済成長率は、戦後経済史のなかでは、きわめて低い部類に属するであろう。しかし、低成長自体が問題だというわけではない。日本のような成熟国で、しかも人口減少社会にとっては、一〜二％の成長は、むしろ正常の範囲に属するといえるかも知れない。

問題は、低成長の中身である。金融機関の不良債権処理をめぐる混迷については第二節で詳論したので、それは別としても、九〇年代の宮沢政権から小渕政権に至る自民党単独ないし同党中心の政府は、伝統的手法にしたがって国債発行にもとづく公共事業拡大によって、不況に対処しようとし、輸出関連の大企業は、賃金コスト削減による輸出の増大によって不況に対処しようとしたのである。この時期、公共事業拡大は、バブル崩壊のなかで倒産に瀕していた不動産・建設関連企業を延命させて、銀行への債務返済を増加させるだけの結果に終わり、賃金コスト削減による輸出増大は、内外窮乏化政策に終わった。一九九二年、宮沢政権のもとで、「生活大国五か年計画」が策定され、「大国」意識はやや鼻につくものの、それは「ゆとりのための労働時間の削減」とか「生活者・消費者の重視」といった積極的な事項を取り上げていたのであるが、不況の長期化・深刻化のなかでまったく忘却されるに至った。

もし、公共投資拡大・輸出増大路線ではなく、「生活大国五か年計画」がいう労働時間削減・消費者重視路線に実際に替わっていたならば、不況はまったく異なった様相を呈していたであろう。井村喜代子氏は、普通の景気循環では経済拡大を惹起する基軸は設備投資だが、九〇年代不況のような状態では消費がその基軸になるとして、次のようにいっている。「消費の冷え込みが続くことは国内市場の縮小・設備過剰の倍加によって国内経済の停滞をいっそう深化させ、経済停滞と雇用縮小・消費冷え込みとの悪循環を強めていく。反対にこのような状態では、消費拡大は国内市場を活性化させ設備過剰の緩和・解消、生産拡大を促す唯一の重要要因となっている」（井村喜代子『日本経済――混沌のただ中で』、二四〇ページ）。不況とは、雇用縮小と賃金削減による消費の冷え込み、設備過剰の倍加、そして金融機関の不良債権の増大の悪循環なのであるが、井村氏のいうとおり、この悪循環を断ち切って、なんらかの独立的要因（たとえば、政府による雇用拡大、法定最低賃金の引上げ、社会保障充実等）で消費が拡大すれば、設備過剰が緩和・解消し、金融機関の不良債権も縮小の方向に向かったであろう。ところが、現実の政府はこれとは逆の政策をとり、公共事業による不動産・建設産業の利潤の拡大、輸出関連産業の利潤の拡大が、雇用の拡大・消費の拡大をもたらし、設備過剰を解消するという考え方に立っていたようである。このような考え方が、正しくなかったことは、九〇年代の現実によって証明された。

九〇年代後半の橋本政権と二一世紀初頭の小泉政権は、自民党的・伝統的（コンヴェンショナル）な手法ではなく、行政改革、財政改革、金融改革、社会保障改革、労働改革、教育改革等、一連の構造改革によって不況を克服し、経済再生を果たそうとした点で、自民党的パラダイムのなかでは特異な性格をもつ。橋本政権は九七～九八年の金融危機に遭遇し、九八年の参議院選挙で大敗して比較的短命に終わったが、その構造改革の考え方を引き継いだ小泉政権は、道路公団改革・郵政民営化を前面に押し出して、〇一年四月から六年以上にわたって日本の政治と経済を支配した。

小泉政権の構造改革路線とは、端的に、したがってやや乱暴に定式化するとすれば、新自由主義的「小さな政府」・市場優先の考え方にもとづいて、米国主導のグローバル化に適応するように日本経済をアングロ・サクソン型に改造しようとするものであった。小泉氏は、自民党的人脈の一部を含めてなんらかの形で日本的経済システムを維持しようとする人々を「守旧派」といって攻撃し、その文脈で「自民党をぶっこわす」とまでいいながら、米国に対しては、外交・軍事面でも経済面でも驚くべきほど忠実であった。米国は、九〇年代の日米包括経済協議以来、毎年、『年次改革要望書』を提出しているが、この要望をほとんどそのまま引き写したのが、小泉・竹中流の経済政策であった（萩原伸次郎『ワシントン発の経済改革』参照）。その結果が、日本の銀行の米国型モデルへの変容、郵政民営化、人材派遣の製造業への拡大による労働市場の流動化と格差の拡大、ドメスティックな農業＝中小企業の解体、新会社法によるコーポレイト・ガバナンスの米国型化であった。〇二～〇八年の長期の「実感なき景気回復」も、けっして小泉・竹中流の構造改革の成果ではなく、すでにみたように、中国など新興諸国からの外需の増大と、不正規雇用などの賃金圧縮による企業収益の増大の結果にほかならなかった。

小泉・竹中流の構造改革によって低迷を余儀なくされてきた日本経済をどのように再生させるか。一九八〇年代以来の現代グローバル化が示してきたのは、一面ではたしかに米国化という側面をもったにしても、他面では、多様化・拡散化もすすんでいるということである。世界標準を必要とする情報・通信や金融の面では、米国化がすすんだが、情報・通信はともかく、金融の面では、〇七年夏以来のサブプライムローン・ショックをつうじて、米国式証券化モデルは根本的な不信を買い、見直しを迫られている。現代経済は、先進諸国・新興諸国を問わず、市場経済中心・市場化という点ではかなりの共通性をもっていると考えられるが、市場を現実に支えているのは、制度やルールであり、制度やルールには歴史性・文化性もかかわっているから、多様な市場経済・多様な資本主義が現出するのは当然であろう。一九九〇年代以来、M・アルベールの『資本主義対資本主義』をはじめ、二一世紀になってからのR・ボワイエの『資本主義vs資本主義』やアマーブルの『五つの資本主義』や山田鋭夫氏の『さまざまな資本主義』などの労作が次々と著されているのは、グローバル資本主義の多様性の反映である。

低迷している日本経済を独自の個性をもった日本型経済システムとして再生させるためには、第一に、マクロ的には、海外の不確実要因に左右されやすい輸出への依存度を低下させ、家計消費の比重を高めることが必要であろう。安定的な家計消費を中心に経済循環が展開され、それに必要な限りで投資と輸出が行われるというパターンが望ましい。家計消費は、家計所得と消費性向との積だから、家計消費を量的にも比率的にも増大させるためには、なんらかの独立的要因によって、家計所得も消費性向も増大させる必要がある。それらの要因とは、日雇い派遣といった短期・不安定雇用を法的に規制することによる正規・長期雇用の拡大、最低賃金の引上げによる労働分配率の上昇、年金・健康保険など社会保障の充実等であろう。〇八年版『経済財政白書』は、日本の企業と家計の多くにはリスクテイクの精神が不足しているとして、もっとリスクテイクを行うようにけしかけているのであるが（とくに第二章参照）、成熟国・日本の家計の多くが求めているのは、ハイリスク・ハイリターンではなく、安定・安全な制度のもとでの適正なリターンである。

もとより、家計消費の増大をもたらすような家計所得（大部分は賃金）の増大と消費性向の上昇（貯蓄率の低下）は、実質経済成長率を低下させる可能性が高い。なぜならば、生産性上昇率を上回るほどの実質賃金率の上昇は、利潤率を低下させるのであるが、成長率は、資本係数（資本ストック／GDP）を一定とすれば、利潤率と貯蓄率の積に等しいからである。現実には、資本係数は上昇する傾向にあるから、それに利潤率と貯蓄率の低下が加わると、成長率が低下する確率はいっそう大きいといっていい。

しかし、成長率の低下それ自体は、けっして恐れるべき事態ではない。日本は、これから本格的な人口減少社会に向かうのだから、雇用確保のための成長率維持の必要性はそれほどないのである。低成長は地球環境への負荷を軽減し、低成長の前提となっている安定・安全・格差縮小は、むしろ国民のウエルフェアを増大させるであろう。もっとも、これまでの負の遺産として日本は膨大な国債ストックを抱えているから、長期利子率を上回る程度の名目成長率は必要であろう。

第二に、ミクロ的には、日本的経営をバージョンアップして、その再生をはかる必要がある。日本的経営は、新自由主義・市場万能主義の側からは、グローバル化に適応しない「守旧派」の牙城とみなされ、小泉・竹中流の構造改革のなかではいちじるしく毀損してきたのであるが、完全に解体してしまったわけではない。本来、企業は「ものづくり」を担う歴史貫通的な協働組織であって、市場における取引費用を節約するために作られた非市場組織ではないのだ。資本主義は、企業を利殖のための手段として利用するが、それは、企業の本性を根本的に変えるものではない。日本的経営を特徴づけてきた終身雇用慣行、年功序列賃金、企業別組合、内部昇進制、従業員役員制、QCサークルや提案制度などは、良い意味でも悪い意味でも企業の協働組織性を比較的に維持するものであった。企業の従業員が企業という協働組織を「自分たちの城」と意識する限りでは相応の処遇を受け、経営者に昇進する道も開かれていた点では、日本的経営は積極的な意味をもった。しかし、このような日本的経営は、個々の従業員を会社のなかに埋没させ、地域や家庭はおろか、自分の生命をも犠牲にして会社に「貢献」したり、会社のためであればどのような反社会的なことをやっても許されるといったような特異な「会社人間」を作り出した点では、ネガティブな意味をもったのである。

現代企業の代表的な存在形態は株式会社であるが、株式会社は、証券市場や法律によって作り出された制度であり、そのステークホルダー（利害関係者）は、株主、経営者、従業員、債権者、顧客、地域市民など多岐にわたっている。だからこそ、その利害の調整のために公的なルールと規制が不可欠なのである。この意味で会社（企業）は、「社会の公器」である。旧来の日本的経営においては、会社はせいぜい「従業員の城」に過ぎなかったが、バージョンアップした新日本的経営においては、会社は諸ステークホルダーからなる「社会の公器」として位置づけられねばならない。「公器」は、簡単には私的売買の対象にはなりえないし、またすべきでもない。企業は、「公器」であるとともに、たんなるモノではないからだ。ライブドア事件などにかかわって、岩井克人氏や奥村宏氏らが、あらためて「会社は誰のものか」を論じたが、その大方の結論は、「会社は誰のものでもない」というものであったように思われる。誰のものでもない会社をM&Aなどをつうじて売買する米国型ビジネス・モデルは、もともと無理を含むものであったといわなければならない。

「企業は社会の公器」ということと、いわゆる「企業の社会的責任」（CSR）とは、関係はあるが、その意味するところはやや異なるように思われる。「企業の社会的責任」という場合は、企業は株主のものとか、経営者のものとか、そのほか誰かのものということが前提されているのであるが、「企業は社会の公器」といった場合は、企業は終局的には「社会のもの」ということが前提されているのだ。「社会のもの」である企業が社会的責任を果たすのは、株主や経営者の善意や配慮とは無関係に、当然ということになる。

伝統的な日本的経営に「公器」性を加えてバージョンアップすれば、これからの重要産業であるIT産業やサービス産業では、知識・労働・協働の比重が増大するだけに、新日本的経営の優位性が発揮される機会はむしろ増大するであろう。

第三に、対外経済的には、米国やドルへの依存を減らし、アジアとの連携を強める必要がある。さきに輸出依存度を減らすべきと主張したが、〇七年度のように一七～一八％という輸出依存度は異常に高いとしても、エネルギー・原材料・資源等を輸入するためにも、二〇〇一年度並みの一〇％程度の輸出は必要であろう。前述のように、現在の日本においてすでにアジア全体への輸出は、米国・カナダ・西欧への輸出をはるかに上回っているのであるが、この傾向をさらに推しすすめるべきであろう。アジア諸国の経済は、相互に多様であるだけに相互に補完的であることが多く、アジア内部だけでも相当な比較優位を相互に享受しうるであろう。ただし、食糧については、食糧安全保障・環境保全・食文化多様性保全等の見地から極力自給に努めるべきである。筆者は年来、犬塚昭治氏の『食料自給を世界化する』（一九九三年）の考え方に賛同してきたのであるが、最近の食糧価格の投機的な高騰、毒入りギョーザ事件などによって、ますますその感を深くする。

アジア内貿易の決済手段として、米ドルを使うというのは、不自然であり、不便でもある。米国側の要因によるドル安やドル高によって、アジア貿易が攪乱されることは望ましくない。アジア通貨危機（一九九七年）の困難を踏まえたチェンマイ・イニシアティブ以来、東アジアの多くの国の間には二国間通貨協力協定が締結されているが、それらをさらにレベルアップして、アジア共通通貨（ACU）とアジア通貨基金の創設が次の課題である（岩田勝雄「日本の対外関係の転換」、『政経研究』第八六号、二〇〇六年五月、参照）。輸出促進によってドルを蓄積しても傾向的なドル安によって目減りし、ドル安に対応していっそうのコストダウンに迫られるという「悪魔のサイクル」は、ACUの創設によってかなりな程度解消されるであろう。

以上に述べてきたような日本経済再生の方向についての提言、すなわちマクロ経済の家計消費中心への転換、日本的経営を見直し、企業を「社会の公器」とするミクロ的企業改革、対外経済関係のアジア中心へのシフトは、ある意味では常識の域を超えるものではない。このような論稿に若干の意味があるとすれば、それは、小泉・竹中流の構造改革のなかであまりにも非常識な経済運営がなされてきたからである。

（二〇〇八年八月三一日）

追記

本稿脱稿後、二〇〇八年九月から一〇月にかけて、米国発の世界金融危機のいっそうの深化を示すような重要な事態が数多く生起した。これによって本稿の論旨を基本的に変える必要はないが、第三節の記述を補足する意味で、事態のいくつかを摘記しておくことにしよう。

二〇〇八年九月一五日には、米大手投資銀行（業界四位）リーマン・ブラザーズが経営破綻し、同じく大手投資銀行（業界三位）メリル・リンチが米大手商業銀行バンク・オブ・アメリカに吸収合併され、米最大手保険会社AIGがCDS（クレジット・デフォルト・スワップ）の失敗と株価暴落のために米連邦政府に救済されることになった。二一日には、業界一位と二位を占める投資銀行ゴールドマン・サックスとモルガン・スタンレーが銀行持株会社に移行し、米国式金融を特徴づけていた投資銀行は、単体としては事実上消滅した。二五日には、貯蓄金融機関最大手のワシントン・ミューチュアルが経営破綻し、JPモルガン・チェースがその銀行業と店舗網を買収した。

米連邦政府は七〇〇〇億ドル（約七五兆円）を支出して不良債権を買い取ることを主内容とする金融安定化法案を提出したが、二九日に米下院で否決され、株価の世界的暴落を招いた。その後、同法案は修正のうえ、一〇月三日には成立したが、八日の米欧中央銀行の協調利下げ、一一日のG7の行動計画発表、一四日の米政府による大手銀行への公的資金注入等の発表にもかかわらず、いまのところ、金融・実体経済を含めた世界的な景気後退の進行を阻止するには至っていない。

（二〇〇八年一〇月一五日）

参考文献

B・アマーブル『五つの資本主義』山田鋭夫ほか訳、藤原書店、二〇〇五年
M・アルベール『資本主義対資本主義』小池はるひ訳、竹内書店新社、一九九二年
犬塚昭治『食料自給を世界化する』農文協、一九九三年
井村喜代子『日本経済──混沌のただ中で』勁草書房、二〇〇五年
井村喜代子「サブプライムローン問題が示すもの」、『経済』二〇〇八年六月号
岩井克人『会社はだれのものか』平凡社、二〇〇五年
岩田勝雄「日本の対外関係の転換」、『政経研究』第八六号、二〇〇六年五月
大槻久志『金融化の災い』新日本出版社、二〇〇八年
奥村宏『会社は誰のものでもない』ビジネス社、二〇〇五年
金子勝『閉塞経済──金融資本主義のゆくえ』筑摩書房、二〇〇八年
川崎嘉元・滝田賢治・園田茂人編著『グローバリゼーションと東アジア』中央大学出版部、二〇〇四年
R・クー『日本経済を襲う二つの波』徳間書店、二〇〇八年
久留間健『資本主義は存続できるか──成長至上主義の破綻』大月書店、二〇〇三年
H・ジェイムズ『グローバリゼーションの終焉』高遠裕子訳、日本経済新聞社、二〇〇二年
柴垣和夫「グローバル資本主義の本質とその歴史的位相」、『政経研究』第九〇号、二〇〇八年五月

J・E・スティグリッツ／L・J・ビルムズ『世界を不幸にするアメリカの戦争経済』楡井浩一訳、徳間書店、二〇〇八年
高田太久吉「資産証券化の膨張と金融市場――サブプライム問題の本質」、『経済』二〇〇八年四月号
高田太久吉「『経済の金融化』は資本主義をどこに導くか」、『経済』二〇〇八年八月号
鶴田満彦「バブル崩壊と九〇年代不況」、『経済と社会』第二号、一九九五年一月（本書第八章）
鶴田満彦「九〇年代不況が示すもの」、『経済』一九九六年五月号（本書第九章）
鶴田満彦『現代経済システム論』日本経済評論社、二〇〇五年
鶴田満彦「グローバル化と日本的経営」、『季刊 中小企業問題』第一一九号、二〇〇六年一一月
R・ドーア『誰のための会社にするか』岩波書店、二〇〇六年
萩原伸次郎『ワシントン発の経済改革』新日本出版社、二〇〇六年
R・ハース「アメリカの相対的衰退と無極秩序の到来」、『論座』二〇〇八年六月号
馬場宏二『もう一つの経済学』御茶の水書房、二〇〇五年
R・ボワイエ『資本主義vs資本主義――制度・変容・多様性』山田鋭夫訳、藤原書店、二〇〇五年
水野和夫『人々はなぜグローバル経済の本質を見誤るのか』日本経済新聞出版社、二〇〇七年
山口義行『経済再生は「現場」から始まる』中央公論新社、二〇〇四年
山田鋭夫『さまざまな資本主義』藤原書店、二〇〇八年
米田貢『現代日本の金融危機管理体制』中央大学出版部、二〇〇七年
その他、平成二〇年版『経済財政白書』、平成二〇年版『労働経済白書』、毎日新聞社『エコノミスト』各号、『日本銀行統計』二〇〇八年冬号、『東洋経済統計月報』二〇〇八年八月号、『日本経済新聞』等

終章　望ましい経済システムを求めて

ただいま舘野教授と酒井商学部長から、過分なご紹介をいただいて恐縮しています。私の親しかった友人であり、尊敬する先輩でもあった置塩信雄氏が、最終講義のときに「人間は結婚式のときとお葬式のときには褒められるものだ」といったのですが、最終講義のときにも褒めてくださいまして、大変ありがたく思っております。この次、褒めていただくときには、私はおそらく生きていないでしょうから、これが最後の感謝の言葉となるでしょう。なつかしいお顔の方も多数お迎えして、中央大学における最後の講義ができることを光栄に思っております。

最終講義といいましても、今年度講義の「経済学Ⅱ」の最後の授業ということで、いままで資本主義経済における商品とか貨幣とか資本、資本の生産過程、蓄積過程、経済成長、価格機構、それから商業とか金融とか農業、財政、こういったことについてお話ししてきたわけですが、その締めくくりといったような意味で「望ましい経済システムを求めて」というテーマでお話をさせていただきたいと思います。

じつは、このテーマについては、私が一〇年ほど前に書いたものがあります。参考文献の4に『現代経済システムの位相と展開』という本があります。これは私が還暦を迎えたときに、私と一緒に勉強してきたもと大学院生のみなさんが一緒に本を作ろうといってくれて、できあがったものです。そのなかに書いた「望ましい経済システムを求めて」という論文がありますが、そこで一度論じたのです。それをバージョンアップしたものをこのたび作りました。参考文献の5のところに『現代経済システム論』という本がありますが、そのなかに「現代経済システムの生成と展開」というテーマで書きました。そこに書いたものをベースにしてお話をさせていただきたいと思います。

「望ましい経済システムを求めて」というのは、経済学にとってもっとも本質的な問題かと思います。いまから八〇年ぐらい前でしょうか、イギリスのピグーという経済学者が、「エコノミクス・オブ・ウエルフェア（*The Economics of Welfare*）」、『厚生経済学』という本を書いたのですが、その序文に、「学問には、光を求める学問と果実を求める学問とがある。経済学は明らかに果実を求める学問だ」ということをいっておりました。そのとおりだと思います。

光を求める学問というのは、人間に知識をもたらすということで、二〇〇二年にノーベル物理学賞を取られた小柴博士などが研究しているニュートリノという素粒子の存在の発見というのは、人間に大きな光を与えるものではありますが、ただちに果実を与えるものとはいえない。しかし、経済学というのは、光を与えるだけではなくて、人間の生活をよりよくし、より望ましい経済生活を実現するように役立つような知識とか理論を提供するものでなくてはならない。これがピグーのいおうとしたことだと思います。もちろん、光を求める学問というのは別々のものではない。真に果実を人類に対して提供するためには、光を求める学問をベースにしなくてはならない。小柴博士のニュートリノの研究は、遠い将来においてはおそらく人間に豊かな果実をもたらすものでありましょう。この二つを統一して、私たちは学問をし続けなければならないだろうと思います。

古来——古来というほど、経済学に古い歴史はあまりないのですが、夏休み前にみなさんにスミスやマルクスやケインズの話をいたしましたけれども、こういった大経済学者というのは、それぞれ望ましい経済システムを求めて自分の議論を構築したのだろうと思います。アダム・スミスは、国の富を増進することが人々をより幸福にすると考えた。彼のいう「富」というのは、現代的にいいますと、国内所得とか国民所得とか一人当たりの所得ということでありますが、富を増進すること自体を目的にしているのではなくて、富の増進、資本の蓄積ということが人びとをより幸福にする、こういう考えに立って、彼は『国富論』という本を書いたのだろうと思います。

マルクスは、人間の人間による搾取、そして、生産の主体であるべき賃金労働者が生産過程における決定から疎外されているような状態に、この世の不幸の原因があるというように考えて、賃労働制を廃止しようと考えました。それが彼にとっては、望ましい経済システムの実現になると考えたのだろうと思います。

ケインズは、一九三〇年代の大不況期にあって、失業こそが人間を不幸にしているものであるとして、失業のない経済をいかに実現するかということで、財政支出の増大や利子率の低下による雇用の増大ということを考えました。したがって、望ましい経済システムをいかに作るかというのが、経済学者にとっての根本的・本質的な問題だといえるだろうと思います。この問題を経済学者のはしくれである私も、中央大学における最後の授業の機会にお話をさせていただきたいと考えるわけであります。

二〇世紀には、政治的・社会的ないろいろな出来事がたくさんありましたが、私のみるところでは、ソ連など既存社会主義の成立と崩壊というのが、二〇世紀における重大ニュースのベスト・ワンではないかと考えています。一九九〇年前後にソ連、東欧のいわゆる既存社会主義が崩壊して、東西冷戦が終焉を告げました。それ以後、資本主義の本性がより赤裸々なかたちで現れてくるわけですが、それと同時に、資本主義のなかでのさまざまなシステム的な相違が顕著になってきています。

冷戦時代には、こういう資本主義のあり方の違いについては、あまり論じる向きは少なかったように思いますが、冷戦後になりますと、たくさん現れてきます。参考文献の7にあげてある本、これはアメリカのウエイクフォレスト大学の **D. Coates** という人が編集した論文集で、***Models of Capitalism*** というもので、これは三冊本でありまして、合計すると一六八〇ページというかなりボリュームのある本です。この本の序文には、「猫というのは暗いところにいると、みんな灰色に見える。明るくなると、黒猫であったり、三毛猫であったり、白猫であったり、いろいろな猫であるということがわかる。それと同じように、資本主義というのは、冷戦時代にはみんな同じ色に見えた。しかし、冷戦が終わってみると、資本主義にもいろいろあるということがわかってきた」というようなことが書いてある。こういう資本主義の違いとか、あるいは逆に同一性を論じるいろいろな論文を集めたのが、この参考文献の7であります。

また、参考文献の6は、イギリス人のハムデン-ターナーとオランダ人のトロンペナールスという人が、オランダのアムステルダムに国際ビジネス研究センターという機関がありますが、そこに毎年集まってくる世界一流企業の中間管理職以上ぐらいのビジネスマン、おおよそ一万五〇〇〇人にアンケートして『七つの資本主義』、七つというのは、アメリカ、イギリス、フランス、ドイツ、オランダ、そしてスウェーデン、日本です。この七つの資本主義のいろいろな違いを明らかにした本です。これもなかなかいい本であります。オリジナル・タイトルは、「セブン・カルチュアズ・オブ・キャピタリズム（***The Seven Cultures of***

Capitalism）」となっていますから、「資本主義の七つの文化」ということですね。文化とか制度とか習慣といったものと資本主義のあり方というのは非常に関係が深いということを示しているわけです。

私の友人の山口重克東京大学名誉教授は、この本を非常に重視いたしまして、国士舘大学の紀要に六回連続して、この『七つの資本主義』のレビューを書きました。

こういった問題を取り上げようというわけですが、今日さまざまな資本主義が相互依存関係にあります。しかし、同時に対抗し合いながらそれぞれに作動しているわけであります。こういう諸経済システムを共通に動かしているものは何であるか。どういう歴史的発展を示してきたか。諸経済システムが国民的・地域的にもっている独自性というものは、どこから生まれてくるのか。そのなかにあって、一時期は「ジャパン・アズ・ナンバーワン」などといわれた、いわゆる日本型経済システムというのは、どういうように評価されるべきなのか。こういった問題をきょうは取り上げたいと思います。

こういういろいろな経済システムがある、資本主義にもいろいろある。「いろいろ」という言葉は、昨年、二〇〇四年の流行語のなかにも出てきたようでありますが、その研究はたんにさまざまな経済システムがあるという知識をわれわれに与えてくれるだけではない。経済システムというのは、お互いにどこが違い、どこを動かせば、どういうふうに変わるのかということを知ることができるならば、われわれは望ましい経済システムを実現することもできる。比較するだけではなくて、現在よりも、より望ましい経済システムを実現するための知識と知恵をわれわれに提供してくれるように思います。

その場合、まず問題になるのは、「望ましい（desirable）」というのが、どういうことかということです。個人的に何が望ましいかということは、比較的簡単にわかる。おいしいものを食べたいとか、いい映画を観たいとか、いい服を着たいとか、いろいろな個人的な選択の項目のなかで、どれを第一位と決め、どれを最終位とするかということは、個人的には比較的簡単にできるかもしれません。

しかし、何百万人あるいは何千万人という人びとが、それぞれの選択の表をもっていて、それらを社会的に集計するということはなかなか困難であります。これは経済学のご専門の方はご承知のように、経済学者であるJ・K・アローが参考文献の2にあるような『社会的選択と個人的評価』という有名な論文において、そういう個人的な選択を社会的に集計することは、独裁国でもない限り、一般的には不可能であるという命題を証明いたしました。彼はこれによって、ノーベル経済学賞を取ったわけでありますが、このように「望ましい」ということを社会的に集計することは、不可能あるいは困難という難問があります。しかし、私のみるところ、アローは、人間というものを完全に孤立的な人間というふうに考えています。そういう前提を厳格に守り過ぎたように私には思われるのです。人間というのは、お互いにコミュニケートし合い、意識し合い、あるいは反発し合い、そういうなかで変わっていくものであります。そういうことを考えますと、個人的評価を社会的に集計するということは、まったく不可能とは言えないのではないか。

さきほど私についてのご紹介のなかに、日本学術会議の会員の経験があるということをおっしゃっていただきましたが、日本学術会議というのは、いろいろな専門の人、哲学から法学、政治学、経済学、そして工学とか理学とか医学とか、あらゆる分野の人が集まって議論をしたり、その結果を政府に提言したりするような組織でありますが、私は、ある常置委員会で第一部・哲学に所属している城塚登先生から、この問題についていろいろご意見を拝聴しました。城塚先生のおっしゃることには、人間というのはいかに自分をほかの人と比べて超越的、あるいは孤立的な存在だというふうに考えていても、人間というのは、所詮、社会的動物である。そういう社会的動物である人間どうしが集まって相互作用をしていれば、必ず最終的には合意あるいは相互理解といったことは可能である。個人の価値意識、さきほどいいました、おいしいものを食べたいとか、いい服を着たいとか、こういう個人の価値意識というのは、それぞれ個人のなかから内生的に生まれてきたように見えるのだけれども、じつをいうと、そういう人間が作り出す共同社会の生み出した社会的価値意識の内面化されたものだ。こういうことを城塚先生は非常に強調されました。それに力を得て、こういう個人の何が望ましいかという選択の表も、おそらく共同社会において最終的には社会的に集計可能であろうと、やや乱暴な見解ではありますが、そういうふうに考えた次第です。

もちろん、個人にとって望ましいものを、社会的に望ましいものに集計するためには、時間と手続きが必要であります。最終的には投票で決定するよりほかないわけでありますが、そのプロセスには時間と手間を惜しんではならない。その際、忍耐と寛容が必要であります。寛容ということは、具体的にいいますと、少数意見の尊重ということだろうと思います。デモクラシーのいいところは、今日の少数意見は明日の多数意見になる可能性があるという点です。それだけ可能性の範囲を広げてくれるというところにあります。こういう手続きをへて、実践を重ねていけば、こういう社会的に望ましいものが何であるかを選択することができるだろうと思われるのであります。

さて、お手元のレジュメの2のところ、経済システムとは何かというところに移りたいと思います。経済というのは、私の見るところでは、平凡ないい方ではありますが、生き物です。経済は、一時期はマシーン・機械にたとえられたことがありました。必要な原材料やデータなどを投入すると、瞬時に計算してくれる、あるいは設計してくれる機械のようにたとえられたことがありますが、私は経済というのは、生き物に似ていると思います。したがって、生成・発展・消滅する宿命をもっている。宿命というと、ややペシミスティックな印象を与えますが、これが生き物の証明でもあります。いわゆるシステム論的アプローチというのは、経済を生き物、有機的生命体として把握する方法であります。社会システムを自然的・歴史的環境のもとでの有機的生命体、生き物として把握します。

生き物というのは、一面では、自己維持的・循環的な要素から成り立っている。私は、この教室のなかではおそらく一番の高齢者だと思いますが、このような、高齢者になっても、日々呼吸をして、栄養を摂って、そして細胞を維持する、あるいは場合によっては若返らせる、そういう循環的なメカニズムをもっているわけです。しかし、同時に、私は高齢者でありますから、平均年齢でいうと、あとおそらく一〇年ぐらいでたぶん死んでしまうという宿命をもっているわけでありますが、そういう有機的生命体のような存在として経済はある。もちろん経済というのは、企業とか個人とか、あるいは政府とか、こういうさまざまな要素によって構成されているわけで、構成要素が生まれたり死んだりしても、経済全体としては成長していくことも十分にありえるわけです。

むかしマーシャルは経済を「森」にたとえました。森にとって一本一本の木というのが、経済でいえば、企業とか個人だったりするわけですが、木は生まれてやがて枯れていくかもしれないけれども、森全体として成長するかもしれない。しかし、森全体としても、そういう生成・発展・消滅という筋道を通って生命を全うするわけであります。

こういう考え方は、参考文献の1のところにあるように、私の友人の有井行夫駒澤大学教授が『マルクスの社会システム理論』という本で主張したところでもありまして、経済というのは、機械的なストラクチュアとして考えるよりも自己維持的・循環的な要素と、自己否定的・歴史的な要素をもった有機体として把握した方がいい。いわゆるシステム論的アプローチのメリットというのは、そういうところにあるのだろうと思います。

経済システムというのは、社会システムのサブ・システムでありまして、ある秩序・制度をもって財とかサービスを生産、分配、支出していく有機的な組織体というように定義できると思います。そこには価格機構とか景気循環のように、そういうシステムを維持する要素があると同時に、グローバル化とか情報化のようにシステム自体を変質させ、変容させていく要素もあるわけです。つまり社会というのは、自然に囲まれた人的生命体であって、周りを囲んでいるのは自然でありますが、この社会システムの一部に経済システムがある。社会というのは経済だけではありません。芸術とか文化とか宗教とか、いろいろな側面もありますけれども、社会の一部に経済という側面がありまして、経済は自然に働きかけて、自然をコントロールし、自然から人間の生命活動に有益なものを獲得してくるわけです。

また、経済と非経済的な社会システム、この間にもアクションとリアクションがあるわけで、政治や文化に働きかけたり、あるいは政治や文化から影響を受けることもある。人間の身体の内側にも自然はあるわけですね。人間の体にある遺伝子情報などは、なかなかまだ完全には解明されていないのでありますが、そういうものを解明し、適切にコントロールすることによって、人間にとっての幸福が増大する可能性が出てくるかもしれない。そういう人間の内なる自然を含めた自然に対する人間のコントロールの仕方・程度、これが生産力であります。

こういうシステム論的アプローチというのは、いわばマルクス＝エンゲルスの唯物史観を拡張したものです。システム全体の変化の起動力はどこから出てくるかというと、なんといっても、人間の自然に対する制御能力、つまり生産力の変化に依存している。これによって経済と自然との間の関係が変わり、経済と社会との関係が変わり、社会全体が変質したり変容したりする。こういう把え方にそって、さまざまな経済システムを考えていきたいと思います。

3の「経済システムの歴史的発展方向」というところに移ります。

現在の経済システムの多くは、市場経済ないし資本主義でありまして、資本主義とはいうまでもなく、市場経済の最高度に発展したもので、物やサービスだけではなくて、労働力とか土地とか証券をも商品化した経済システムといっていい。いわゆる近代以前というと、一五～一六世紀以前ということですが、近代以前の経済システムの主たるものは共同体・コミュニティでありました。人間の歴史というのは何十万年あるいは何百万年あるのかもしれませんけれども、人間をどの時期から人間として定義するかによると思いますが、ホモサピエンスとしての人間の歴史の大部分の経済生活は、共同体であったと思います。共同体には、原則として市場とか交換は存在しない。これが近代に入るにしたがって、市場とか交換というものが一般化してくるわけであります。

共同体から市場経済への発展というのは、商品・貨幣関係が人間関係を律するようになる、人間が貨幣とか商品とかマーケットによって振り回されるようになってしまう、そういう面を見せてくると同時に共同体から人間が自由になる。その意味で個人の自立、人間の人間に対する人格的支配の廃止、その意味で人間どうしの同権化というものを意味しているわけであります。

共同体のなかからいかにして交換や市場が生まれてきたかというのは、これは経済の歴史における非常に重要な問題だろうと思いますが、私はマルクスのいうとおり、共同体と共同体とが接触するところで市場が生まれたと考えます。今日でも四日市とか五日市とかいう名前の残っている地名がありますが、市場というのはむかしはコンスタントに存在したわけではありません。十日に一度とか、あるいは一か月のうちの一日だけとか、特定の日を決めて、部分的にある地域で余った物を他の地域で余った物と相互に妥当な比率で交換する。こういうかたちで始まったのがマーケット・市場だろうと思います。

アダム・スミスは、人間の心のなかに“propensity to exchange”、「交換性向」といったような本能があって、それによって市場が生まれたというふうに説明しましたが、これはひとつの説明の仕方ではありますけれども、歴史的現実からすると、むしろこういう人間の本能から生まれたというよりも、共同体と共同体とが社会的に接触するところで始まったのではないか。私はこういう市場外成説をとるわけであります。

近世に入ってみても市場の長い歴史があります。近代資本主義で初めて市場が生まれたわけではなくて、近代資本主義以前にも市場の長い歴史があるわけですが、近代以前の市場というのは、社会に埋め込まれた市場、社会によってコントロールされた市場、市場のひとり歩きが抑えられた市場でした。

資本主義は、市場を束縛していたいろいろな枷《かせ》を取り払って、市場を比較的に自由にした。完全に自由にするということは、いくら資本主義でもできない。しかし、市場をそれ以前に比べると圧倒的に自由にした。これが資本主義の特徴であります。

資本主義の内部でも、生産力の発展を契機として、経済システムは次第に変わっていきます。さきほどの経済システム論の考え方にもとづいて申しますと、資本主義の内部でも生産力の発展を抑えることができないどころか、ダイナミックに発展させる。それにつれて、経済における人間のさまざまな行動や対応関係が変わる。また、経済と社会との関係が変わる。経済システムが変容していきます。

近代資本主義は、常識的に申しますと、一八世紀後半から一九世紀初めにかけてのイギリス産業革命をへて確立したといわれているわけでありますが、一九世紀初めに確立した資本主義の経済システムは自由主義的資本主義、あるいは個人企業的資本主義と呼ぶことができるかと思います。自由主義的というのは、その時期のイギリスでとられた経済政策が一般的に開放的で自由貿易主義的なものであったということ、個人企業的というのは、代表的な企業形態が個人企業あるいはせいぜいパートナーシップといったものであったからです。生産基軸は綿工業。企業形態は個人企業ないしパートナーシップ。経済政策は、アダム・スミスのいわゆるチープ・ガバーメント、安上がりの政府。そして個人や企業に対して、税金というかたちでの過大な負担をかけない。これらがチープ・ガバーメントの思想であります。国際関係は、イギリスを世界の工場として開放的です。イギリスは、自国の工業製品を世界中に輸出すると同時に食料とか原料品を世界中から買ってくる。こういう開放的な国際関係でありました。

このように一九世紀初めから一九世紀中頃にかけてのイギリスでは自由主義的資本主義あるいは個人企業的資本主義が支配的でした。これが一九世紀後半の生産力の重化学工業化を契機にして変わってまいります。鉄鋼とか機械とか鉱山とか、いわゆる重工業が経済において、より大きなウエイトを占めてくるわけですが、こういう重工業においては、標準的な生産技術で大量生産を行うために必要な最低限度の資本量、いわゆる必要最低資本量が増大してきます。これによって、生産部門間の資本の自由な移動が抑制されて、参入障壁、バリアが形成される。この結果、独占資本主義、つまり独占的大企業と中小零細企業との格差が大きなものとなる独占資本主義あるいは株式会社型資本主義に変容します。巨大化した必要最低資本量を調達するためには個人の資金では不十分であって、株式証券を発行して、広く多くの人びとから資金を集中する株式会社が一九世紀の後半から一九世紀末にかけて普及してきます。これによって成立するのが、独占的株式会社型資本主義であります。ここにおける生産基軸は重化学工業。一九世紀前半の綿工業とは違ってくるわけですね。そして、企業形態は株式会社であります。個人企業や資本家が数人集まった程度のパートナーシップでは不十分で、株式会社が代表的な企業形態となります。経済政策の面では、こういう資本主義強国が、イギリスだけではなく、アメリカとかドイツとかフランスとかロシアとか日本とか、こういう諸列強が勢ぞろいしたので、お互いに軍事的優位に立とうとして国防にもお金を使う。さらに資本主義の発展とともに貧富の格差が顕著になってきますので、失業とか社会保険とか、こういう社会政策にもお金を向けていかなくてはならない。したがって、安上がりの政府ではなくて大きな政府に変わってくる。一挙に変わるわけではありませんが、だんだんと変わってくる。ワグナーの経費膨脹の法則といったものが提唱されてくるわけであります。国際関係においては、一九世紀中頃のイギリスを世界の工場とする開放的なパックス・ブリタニカに代わって、列強の帝国主義的な対立や同盟が出現してくる。

このように一九世紀末以降になると、生産基軸、企業形態、経済政策、国際関係、あらゆる面で、その前の時期とは変わってくるわけで、実質的に変わってきた資本主義という意味で、独占資本主義とか株式会社型資本主義と呼んでいいと思います。

ところが、この独占資本主義ないし株式会社型資本主義の内部でも、経済システムは次第に変わってまいります。やはり生産力の発展を起動力として、経済と社会との関係の変化を伴いつつ、経済システムは変容します。

一九世紀の終わりから第一次大戦の頃にかけては、古典的な独占資本主義と呼んでよかったかと思いますが、それ以降、新しい変容が生じてきます。第一次大戦後、一〇年にして一九二九年大恐慌が起こったのですが、これに続いて、一九三〇年代の大不況が展開されていく。この時期にケインズ理論なども生まれてくるわけでありますが、国家の経済的役割を増大させることによって、不況の深刻化を防止し、雇用を増大するといった方向に経済システムが変わってくるわけで、これが全面的に展開されてきたのが第二次大戦後であります。国家の経済過程に対する介入がより恒常的になり、より大規模になるという意味で、これは国家独占資本主義と呼ぶこともできるでしょうし、あるいは国家独占資本主義と表裏一体となったものとして、社会保障の充実、雇用とか社会福祉の充実という面もあるわけで、福祉国家資本主義と呼ぶこともできます。

参照文献3に『現代資本主義』という本があげられておりますが、これは有斐閣から刊行された『講座 資本論体系』の第一〇巻として出たもので、第二次大戦後の現代資本主義を国家独占資本主義ないし福祉国家資本主義として把え、その内部メカニズムや運動形態を立ち入って説明した代表的な文献です。

一九三〇年代のまだ国家独占資本主義ないし福祉国家資本主義が生成期にあった時期と第二次大戦後との大きな違いは、第二次大戦後にはいわゆるブレトン・ウッズ体制というのが、定着したということにあります。ブレトン・ウッズ体制は、学生のみなさんには、講義のなかで再三申しましたように、一九四四年七月にアメリカのブレトン・ウッズで開催された連合国通貨金融会議での合意をもとにした第二次大戦後の国際通貨体制でありまして、ブレトン・ウッズ体制の主要な柱のひとつは、金のいわば公定価格をオンス＝三五USドルと設定したということです。これは一種の疑似金本位制でありまして、これによって米ドルは、ある意味で金の裏づけをもった。これをもとにして、第二の柱の固定レート制ができあがっている。たとえば日本とアメリカとの間には、一九四九年以来一ドル＝三六〇円という固定レートが二〇年以上続いたわけでありますが、これがブレトン・ウッズ体制のもうひとつの柱でありまして、これらが国際的に共同して、国家独占資本主義を運営することを可能にした。国家の経済過程に対する恒常的かつ大規模な介入による比較的高い雇用の維持、それに伴う比較的に高い成長の維持が可能となった。第二次大戦後の四半世紀というのは、資本主義の歴史上、最も成長率の高かった時期でありまして、アメリカのある経済学者などは「資本主義の黄金時代」とも呼んでいるほどでありますが、これはブレトン・ウッズ体制のもとに、国家の積極的で大規模な経済過程への介入によって実現したというふうに考えていいと思います。

そして、こういう大規模な介入を可能にした社会的あるいは政治的な背景としては、第二次大戦後、ソ連という資本主義にとってのライバルが強力になったように見えたことがあります。第二次大戦前に社会主義を名乗っていたのは、ソ連とモンゴルぐらいだったわけですが、第二次大戦後になりますと、中国やヴェトナム、朝鮮の一部も社会主義化し、東ヨーロッパが社会主義化した。こういう世界体制となった社会主義に対抗するためには、社会主義に負けないような経済実績とか社会福祉を実現しなければならないということで、このような国際的に展開された国家独占資本主義、福祉国家資本主義というのが可能になったのです。

しかし、この国家独占資本主義体制は、七〇年代、ブレトン・ウッズ体制の崩壊と石油危機を契機にして転換したというように考えられます。転換の程度がどのくらいであったかということについてはいろいろ議論のあるところですが、私はかなり大きな程度で転換したというふうに考えております。転換の指標になっているものについては、第一には、ME革命（マイクロ・エレクトロニクス革命）を起点とする情報産業の発展であります。それまでの基軸産業は重厚長大の重化学工業だったわけですが、七〇年代に入りますと、アメリカのインテルという会社が七〇年代初めに.i4004というマイクロプロセサーを開発いたしまして、これが一つの画期になって、パソコンあるいはコンピュータの生産機械への内蔵等が可能になり、重厚長大産業に代わって軽薄短小の情報産業が新しい基軸産業となってきました。

二番目には、それに伴って労働が多様化し、分散化し、個別化したことです。重厚長大産業においては、労働者の役割は比較的画一化していたのですが、情報産業になりますと、一日中コンピュータのディスプレイを黙視し続けるといったような労働から、新しいソフトウエアを開発する科学労働といったように、労働が多様化してくる。したがって、こういう労働の多様化・分散化に伴って労働運動も勢いを失ってきます。

三番目は、情報化、九〇年代のインターネット革命を契機にした経済のグローバル化と、とくにこういうインターネット、情報化を利用した金融産業の肥大化、経済のなかでの金融のシェアが非常に大きくなるという意味での経済の金融化です。

最後に、四番目が、それまでの経済政策の主流でありましたケインズ主義に代わって、規制緩和・民営化の新自由主義というのが、七〇年代末に英国のサッチャー内閣が誕生して以来、台頭してきたことです。

こういう八〇年代以降の新しい資本主義の経済システム、もちろんこれは独占資本主義というベースの上に乗っかっているわけではありますが、国家独占資本主義のたんなる延長とみるわけにはいかない。この新しい経済システムを「グローバル資本主義」と名づけてよいのではないかと考えております。

さて、4の経済システムの地域的・国民的特性の問題を取り上げましょう。

同じグローバル資本主義といっても、アメリカと日本とヨーロッパでは大きく違っている。こういう経済システムの地域的・国民的特性というのは、諸経済主体の行動様式、企業とか個人が何を目的にして、どういう行動をとるのか。政府がどういう政策をもち、どういう行動をとるのか。そしてそれらの相互関係、つまり政府と企業との関係、企業と個人との関係で決まる。こういう諸経済主体の行動様式と、それらの相互関係によって、経済システムの地域的・国民的な特性が決まってくるように思います。

そういう諸主体の行動様式とそれらの相互関係がどのようにして決まるのかといえば、その経済システムが形成された歴史的経路と、それらが占めている国際的な位置とによって決まるように思われます。

やや乱暴に分けますと、現在の資本主義システムというのは、三つぐらいに分けて考えることができるように思われます。これは参考文献の6や7によっても裏づけられるところでありますが、より時期的に早くは、フランスのミッシェル・アルベールの『資本主義対資本主義』という本、あるいはレスター・サローの『大接戦』といった九〇年前後の文献にも示されていますし、より最近には、イギリスの知日派の社会学者、ロナルド・ドーアさんも、こういう分類に比較的に賛成しています。

まず第一が、アングロ・サクソン型資本主義でありまして、これはもちろんアメリカだけではなく、イギリスをも指しているわけでありますが、個人主義の色彩がきわめて強い。昨年、二〇〇二年には、「自己責任」という言葉がよく使われましたけれども、「自己責任」をいちばん重視するのは個人主義です。会社が倒産し、そのなかで失業した人びとにどのようにして自己責任を問うのでしょうか。そういうことについても自己責任を問うというのが、個人主義の考え方でありますが、アングロ・サクソン型は、個人主義の色彩が濃くて、そして、個人と会社の優劣の判定をすべてマーケットに任せよ、という市場重視型でもあります。市場重視型ですべてを市場に任せよといっておきながら、アメリカでは、一九九八年にＬＴＣＭ（ロングターム・キャピタル・マネジメント）というヘッジファンドが倒産寸前になると、ニューヨーク連邦準備銀行が飛び回って、救済融資をかき集めるといったような非市場的なことまでやるのですが、イデオロギーとしては、市場重視型であります。これは資本主義がイギリスにおいてオランダとともにもっとも早く発祥して、近世における共同体から全面的市場化への移行がもっとも早く行われたからです。英国というのは、中世封建社会においては周辺国なんですね。中世封建社会の中心は、むしろヨーロッパ大陸ですが、英国は周辺国であったがゆえに、比較的に早く封建制が解体して、市場化がすすんだという面もあります。

そして、この市場経済システムが純粋なかたちで米国に導入された。イギリスだけではありませんけれども、一七世紀からの米国への移民のもっとも大きな供給源になりましたのは、イギリスであります。そこでイギリスの市場経済がもっとも純粋なかたちでアメリカに導入されました。ここからアメリカは、イギリス以上に、個人主義の色彩が濃く、市場重視型の資本主義になったといえるかと思います。

もちろんさきほどいいましたように、一九世紀の自由主義的・個人企業的資本主義から独占的・株式会社的資本主義への移行、さらにそのなかでの国家独占資本主義ないし福祉国家資本主義への移行という歴史的な流れは、アメリカやイギリスでも例外ではありません。第二次大戦後は、イギリスでは、労働党政権のもとで「ゆりかごから墓場まで」といわれる社会保障の代表的な国になりましたし、アメリカでも一九六〇年代はケネディ政権あるいは民主党政権のもとで社会福祉が大幅に充実されました。

それだけに一九七〇年代末以降の新自由主義の潮流のなかで、そういう社会保障・社会福祉が、英米両国では集中的な攻撃を受けているわけであります。

英米両国に共通した特徴のひとつとして、覇権国（ヘゲモニー・カントリー）の経験があるという点があります。一九世紀末から第一次大戦前にかけては、パックス・ブリタニカという世界システムの覇権国になったのが英国でありますし、第二次大戦後のパックス・アメリカーナの中心国になったのが米国であったことはいうまでもありません。覇権国というのは、とかく自分のシステムやイデオロギーをベストだと考えて、ほかの国に押しつけ、ほかの国を自分にフォローさせる傾向がある。これは現在の英米両国にもいえることで、履歴効果とか経路依存性というふうにいっていいのかもしれない。

次は、ドイツなどヨーロッパ型資本主義であります。ヨーロッパ世界というのは、中世封建世界の中心国、中心的な地域でありまして、封建経済の基盤は、強い共同体にあるわけですから、現在でも強い共同体的伝統が残っています。したがって、資本主義化されたのちのヨーロッパの国々においては、市場というのは社会の一部であって、有用ではあるけれども、絶対的・普遍的制度というふうには考えられていない。市場というのは社会のためにあるのであって、市場のために社会があるのではない。これは当たり前のことですが、そういう常識が通用するのがヨーロッパではないかと思います。

しかも、ヨーロッパでは、社会民主主義の力が比較的強いので、一九二〇年代にドイツでは社会民主主義がリードしてワイマール共和国というのをつくったわけですが、このワイマール体制の影響が第二次大戦後にも及んでいると思うのです。ワイマール体制で思い出しましたけれども、つい四日ほど前に、私の学生時代からの年上の友人で、このワイマール体制について『ワイマル体制の経済構造』という立派な本を書いた加藤榮一東京大学名誉教授が難病で亡くなりました。彼は若いときから現代ドイツ研究に力を入れておりまして、立派な業績を残した人でありますけれども、彼が亡くなったのは、私にとって非常に悲しい出来事でありました。そのワイマール体制の影響が第二次大戦後にも及んでおりまして、いわゆる社会的市場経済が、第二次大戦後のドイツ経済を特徴づけるキャッチ・フレーズというかスローガンになったのです。今日の中国は、社会主義市場経済でちょっと似ています。「主義」があるのと、ないのとの違いです。ドイツは社会的市場経済で、現在の中国は、実態はまだよくわからないところもありますが、社会主義市場経済です。

さて、ご存知のようにドイツは労使共同決定制度、政府による株式保有制度といった社会優位の資本主義をつくっています。一九九二年にはEUがスタートしますが、EUは、一面ではアメリカや日本に対する砦を構築することをめざしていますけれども、他面ではこういうヨーロッパ的な社会労働憲章や環境規制や財政規律を周辺に広めていくという積極的な役割も果たしているということを見逃してはなりません。

最後にいわゆる日本型資本主義についてであります。さきほど名前をあげたロナルド・ドーアさんの比較的に最近の本として『日本型資本主義と市場主義との衝突』という本が東洋経済新報社から出ています。「日本型資本主義」というのは、原語では「ウエルフェア・キャピタリズム（Welfare Capitalism）」、福祉資本主義ですね。それを日本語に訳すときに「日本型資本主義」としたのです。ドーアさんは、日本語に非常に堪能な方ですから、こういう翻訳をもちろん認可したのでありましょう。

他方、市場型資本主義あるいは、市場主義というのは、原語では「ストック・マーケット・キャピタリズム（Stock Market Capitalism）」です。アングロ・サクソン的な資本主義と日本型資本主義との対立をドーアさんは、ストック・マーケット・キャピタリズム、株式市場資本主義とウエルフェア・キャピタリズム、福祉資本主義との対立というふうに描いたわけで、私もかなり同感できるところであります。

日本型経済システムというのは、野口悠紀雄さんの「一九四〇年体制」という説もありまして、一九四〇年前後の戦時期に源流をもつということはいえると思いますが、主として戦後の高度成長期に形成・確立された企業優位的な経済システムです。企業が突出して優位に立っている。その企業、とくに大企業の内部では終身雇用慣行と年功序列型賃金と企業別組合がいわゆる日本的経営の三種の神器でありますが、日本的経営および法人資本主義にもとづく経営者支配が特徴です。法人資本主義というのは、前に商学部におられた奥村宏さんが開発したコンセプトでありまして、企業と企業との株式の相互持ち合いにもとづく経営者支配ということです。これがコアになってシステムをつくり、企業集団とか系列下請けとか政・官・財複合体といったものがサポートしている。長時間労働とかサービス残業とか、あるいは家族や地域の崩壊といった負の副産物も生みましたけれども、私は、歴史貫通的な企業の本質というのは「ものづくり協働体」というところにあると思います。ものをつくる、サービスも含めてもいいと思いますが、ものやサービスをつくるために人びとが協働していく組織が企業です。こう考えてみると、こういう三種の神器とか、経営者支配という特徴をもっている日本の経済システムというのは、「ものづくり協働体」としての実体を比較的に備えているといえる。もちろんネガティブな側面もまだまだあるわけですが、株式会社の公共性にもとづいて多くの人が介入し、望ましくない面を改めて、長時間労働だとかサービス残業といった反社会的な側面を払拭できるならば、日本型経済システム、日本型資本主義というのは、とくにアングロ・サクソン型資本主義に対する有力な対抗モデルとしてまだまだ生き残り続ける可能性があるというふうに私は考えております。

この最後の点につきましては、昨年、二〇〇四年の七月、本学の企業研究所が主催した「グローバル化と日本的経営」という公開講演会で、二人の講演者の一人として講演しましたので、詳しく知りたい方は、企業研究所にそれを記録したパンフレットが残っていると思いますので、ご覧いただければ幸いです。

以上で私の予定した最後の講義を終わることにいたします。あと多少の時間がありますので、予定以外のことをお話しさせていただきたいと思います。さきほどご紹介がありましたように、私は四〇年前に中央大学商学部に着任いたしました。それ以前に立正大学というところで二年間、「経済学史」と「経済学」を教えていたのですが、一九六五年に中央大学に赴任し、「国民所得論」と「経済学」を担当したわけです。赴任したときに、中央大学の建学の精神は「質実剛健」と「家族的情味」であるということを教えられました。このとき私は「なんと古めかしいスローガンを建学の精神にしている大学だろう」と驚いたのですが、それから四〇年もたったわけですから、現在の学生諸君は、おそらくそれ以上に「なんて古いことを」と思っているかもしれません。

しかし、四〇年たつなかで、私はこの「質実剛健」と「家族的情味」というのがなかなか意味の深い、現代の私たちにとっても重要な意味をもつものではないかと考えるようになってきました。「質実剛健」

というのは、いいかえると、現実とか実態とか実力といったものを重視する考え方だと思います。経済学の世界では、よく理解を簡単にするために、モデルをつくりますけれども、モデルというのは現実に根ざし、現実に適用できるようなものでなくてはならない。モデルのなかの理論だけでは、たんなる空理空論に終わってしまいます。

中央大学の研究とか教育というのは、こういう現実から問題を取り出し、現実に対して解答を与えていくことができるような学問でなくてはならないということを、「質実剛健」という言葉はいい表しているのではないかと私は解釈したわけです。

それからもうひとつの「家族的情味」の方ですが、研究とか教育というサービスは、マーケットでは供給できないものです。研究・教育を本当にやっていくということは、損得とか利害を忘れて、人間に対して、教授が学生に対して、あるいは学生どうしが互いに討論し合い、教え合い、批判し合い、切磋琢磨して、アウトプットをつくっていくことであります。教師と学生と教材をインプットしたら一定の「研究・教育」というアウトプットが自動的に出てくるといったようなものではありません。こういう相互作用的な知的コミュニティ、共同体をつうじて生まれてくるのが研究とか教育だと思います。こういう「家族的情味」という言葉に代表される中央大学の相互作用的な知的コミュニティを大切にしていただいて、今後若いみなさんが次の時代の中央大学をより豊かで、実りある、そしてあたたかな大学にしていってくれることを心から期待いたしまして、私の最後の講義にしたいと思います。

どうもご清聴ありがとうございました。（拍手）

（二〇〇五年一月一一日）

参考文献

1　有井行夫『マルクスの社会システム理論』有斐閣、一九八七年
2　K・アロー『社会的選択と個人的評価』長名寛明訳、日本経済新聞社、一九七七年
3　北原勇・鶴田満彦・本間要一郎編『現代資本主義』有斐閣、二〇〇一年
4　鶴田満彦編著『現代経済システムの位相と展開』大月書店、一九九四年
5　鶴田満彦編著『現代経済システム論』日本経済評論社、二〇〇五年
6　ハムデン-ターナー／トロンペナールス『七つの資本主義』上原一男・若田部昌澄訳、日本経済新聞社、一九九七年
7　D. Coates (ed.), *Models of Capitalism: Debating Strengths and Weaknesses*, Edward Elgar Pub., 2002.

補論　諸説の検討

一　書評　馬場宏二編『日本――盲目的成長の帰結』（御茶の水書房、一九八九年）

1

本書は、馬場宏二氏の編になるシリーズ世界経済の最終巻にあたる。ちなみに、このシリーズのⅠは『国際的連関――焦点と回路』、Ⅱは『アメリカ――基軸国の盛衰』、Ⅲは『ヨーロッパ――独自の軌跡』であり、Ⅳが本書である。

編者の馬場氏は、このシリーズ全体への「はしがき」とはべつに、とくに本書のために「はしがき」よりも長文の「序」を寄せ、そのなかで世界経済に占める日本資本主義の地位について試論している。これが、本書はもちろん、シリーズ全体をつらぬくライトモティーフとなっている。

馬場氏によれば、「第二次大戦後の世界史は、冷戦と経済成長との密接な相互連関を含む並存であった」（七ページ）といわれる。冷戦型発展を代表するのは、もちろん、米ソ両超大国であり、世界的経済成長を代表したのが日本にほかならない。

戦後の世界を代表しうるほどに日本の経済的発展をもたらしたものが何であったかについては、高度成長の時期より論争があり、そこでは日本資本主義の「戦後性」と「後進性」を重視する大内力氏の見解が有力であった。それに対して馬場氏は、「戦後性」は戦後復興の終了とともに、「後進性」はいわゆる二重構造の解消とともに有効性を失ったとして、戦後日本の経済成長の原因をひとまず、「高度成長までに形成されオイルショック後にますます強化された会社主義」（九ページ）に求めるのである。

「会社主義」は、本書における重要なキーワーズの一つであって、一面では企業の共同体的性格にもとづく従業員の強烈な会社帰属意識を意味し、他面では会社形式をとった大企業こそが経済成長の基軸をなすような社会全体の特質を意味している。そして馬場氏によれば、この会社主義によって、日本はオイルショックによる蓄積条件の激変に柔軟に対応することができ、他の先進諸国に先がけて産業の情報化やファイン化を達成して、産業的には世界的基軸の位置を占めるに至ったというわけだ。

会社主義にもとづく日本的発展は、「世界的普遍性を持つ」（一一ページ）ものとされる。では、パックス・アメリカーナに代わるパックス・ヤポニカが訪れるかといえば、この問いに対して馬場氏は、「短期的には否、中期的には然り、長期的最終的には否」（一二ページ）と答える。

短期的に否という意味は、日本は軍事的・理念的に弱体であることにくわえて、必要な社会的コストの支出を繰りのべてきた結果、教育危機などさまざまな社会危機を包含しており、これらが、基軸国化への適応を妨げるということである。中期的には然りとは、世界が冷戦から経済成長へ流れた場合には、非冷戦型の日本がより強い威力を発揮するということである。だが、パックス・ヤポニカを現出させるかも知れない世界的な経済成長は、資源的・環境的制約のために長続きしえない。これが、長期的には否という意味である。ここにおいては、現状の西側の経済水準をすでに「過剰富裕」と把える馬場氏の年来の認識が重要な役割を果たしている。

以上にみてきたように、「会社主義」、教育危機などの社会危機、資源的・環境的条件に対しての「過剰富裕」といったキーワーズによって構成されているのが、編者の馬場氏による日本資本主義の世界史的位置づけであり、この把握を分析基準として本書全体が編成されている。「はしがき」および「序」を除く本書の章別構成と執筆者は以下のとおりである。

第一章　石油危機後の産業発展（橋本寿朗）
第二章　企業経営と労使関係――「会社主義」の構造と変化――（橋本寿朗）
第三章　財政（小林清人）
第四章　対外関係（石見徹）
第五章　対ＡＳＥＡＮ関係（工藤章）

2

まず第一章においては、日本経済が一九七〇年代におけるエネルギー価格の高騰と、とくに前半における「賃金爆発」という供給面の条件変化、さらにフローの面における物質的「豊かさ」という需要の変化に、産業の省エネルギー・省力化、情報化、ファイン化、サービス化などをつうじて柔軟に対応し、相対的に高い経済成長を実現した模様が説明される。

この説明は、大筋においてはそのとおりだと思うが、細部においてはいくつかの疑問なしとしない。第一に、石油危機の際の所得移転について、橋本氏は差額地代論を援用して「原油輸入国に生産性低下の負担を課した」（九ページ）といっているが、原油価格引上げによる所得移転を純粋に把握するためには、むしろ独占地代論あるいは独占価格論を援用すれば十分なのではないか。第二に、「賃金爆発は基本的には労働市場において超過需要が発生し、それが長期間続いたため」（八ページ）といっており、ここで賃金爆発が直接に意味しているのは名目賃金の大幅上昇にほかならないが、もしそれが消費財価格でデフレートした実質賃金率の上昇、さらには労働分配率の上昇をも必然的に伴うというのであれば、それは疑問である。労働市場において超過需要がみられる六〇年代後半において労働分配率は低下しているし、超過供給がみられる七〇年代後半以降においても上昇しているからである（八ページ、表1-3）。労働市場における需給関係によっては実質賃金率や労働分配率の動向を一般的には論定できないように思われる。第三に、橋本氏が再三にわたって用いている「『古典派』的世界の復活」（七二ページほか）という表現は、情報関連産業の一部には妥当すると思うが、「世界」とまでいうと、ミスリーディングになるのではないか。

第二章は、本書におけるもっとも核心的な部分であって、前章で明らかにされたような日本経済の柔軟な対応を可能にした日本企業の構造や行動を「会社主義」の仮説によって説明したものである。「会社主義」による日本企業の説明は、いわゆる日本的経営論と密接なかかわりをもつ。第二章の冒頭で橋本氏が、日本的経営の特殊性を日本文化の特殊性から規定する立場にも、日本的経営の特徴をいくつかの要因に分解して、それぞれについてたとえば欧米と量的な比較分析を試みる立場にも、どちらにもくみしないといっている点には賛成である。また、「そのポイントは、労働者の利害が企業行動に包摂された点にある」（八二ページ）というのも、そのとおりだと思う。問題は、これを事実として認めるだけでなく、なぜ、いかにして包摂されているのかを解明することであろう。

橋本氏によれば、「会社主義」の根拠は、日本の企業の共同性にある。すなわち、『日本の企業には、労働力の売買契約関係の集合という関係を超えた共同性がある。……こうした日本企業の『共同体』的側面への着目が『会社主義』という概念の核になる」（一二六ページ）。

わたくしにとって最後まで理解できなかったのは、日本企業のこのような「共同性」や「共同体的側面」がたんなる疑似やアナロジーではなくなんらかの実体をもつものだとすれば、それがいかにして形成され、定着したのかである。「労働力の売買契約関係の集合という関係を超えた」のだとすれば、日本企業においては、労働疎外はすでに止揚されているとみてよいのであろうか。

「会社主義」の概念は、奥村宏氏の「法人資本主義」、北原勇氏の「会社それ自体による実質的所有」、西山忠範氏の「脱資本主義」といった考え方と相関するものである。それぞれの当否はともかくとして、奥村氏の場合は、法人による株式所有の増大に、北原氏の場合は、株式所有の分散と経営者職能の専門化に、西山氏の場合は、株式の相互持ち合いによる株式所有の止揚に、それぞれの立論の根拠を求めていたように思われる。それらに対して、「会社主義」が独自の存在理由を主張するためには、日本企業の「共同性」の根拠をさらに立ち入って明らかにする必要があろう。

ついでにいえば、本書には「企業本位社会」というキーワードもあり、第二章第一節のタイトルともなっている。これについて、「就業構成上、雇用者が中心になっている点に着目して、さしあたりこれを企業本位社会といっておこう」（八二ページ）と規定しているのは、「さしあたり」という留保文言を考慮するとしても、いささか安易である。これでは、欧米の多くは日本以上に企業本位社会ということになってしまう。私見では、企業本位社会の特質は、たんに雇用者が相対的に多い点にではなく、雇用者が企業に包摂され、統合されている点にあり、「会社主義」とワンセットをなしているもののように思われる。

念のためにいっておくが、わたくしは「会社主義」の仮説に立てば、第二章に叙述されているように、日本経済の諸事実が比較的にコンシステントに説明できることを否定しない。だからこそ、なおさら「会社主義」や「共同性」の根拠や、それらと資本主義の原理との関連をより明確にしてほしいと思うのである。

3

第三章は、高度成長期から八〇年代への財政の推移をトレースして、財政が日本経済に対してどういうインパクトを与えたかを検討したものである。ここでは、高度成長期の財政を「小さな政府」、石油危機期を「大きな政府」、財政再建期を「小さな政府への回帰」と特徴づけ、それぞれの時期における財政の効果を需要サイドおよび供給サイドから丹念に分析している。そのなかには、財政をつうじた「所得再分配効果はかなりのもの」で、「消費性向を引上げる一要因だった」（一八六ページ）とか、「公債発行はかならずしも法人の資金をクラウド・アウトしたわけではない」（二〇六ページ）といったような注目すべき見解も示しているが、全体としてややメリハリに乏しく、印象が薄いのが残念である。なお、「労働供給増→所得増という脈絡が否定的であるとすると、所得増→貯蓄増を検討することは無意味になる」（一九四ページ）というのは、わたくしにとって理解しがたい命題の一つであった。

わたくしはかねてより、編者の馬場氏の教育危機論を高く評価しているが、第三章では成長志向的な日本の財政が、教育危機をはじめとするさまざまな社会危機を激化している様相をよりクローズ・アップすべきではなかったかと思われる。

第四章は、「経済大国」化した日本の国際的位置を確認したうえで、日本経済の「輸出が増えやすく、輸入が増えにくい体質」（二三二ページ）を主として日本的労使関係や「天然資源の比較劣位」（二三二ページ）から明らかにするとともに、そのような実体を不透明にしている為替レートや資本移動を検討したものである。多くの重要なファクト・ファインディングズも示されているが、わたくしにとってもっとも興味深かったのは、変動相場下の円レートを、購買力平価、経常収支、金利格差等との関連で議論している部分である。いわゆる購買力平価説は、もともと異種商品の貿易を説明できない点で理論的な難点をもつうえに、最近のように貿易取引の数十倍の資本（証券）取引が行われるようになるといっそう無力となる。そこで金利や期待の要素を為替レート決定理論にどう組み込むかが問題となるのだが、これは相当な難問である。石見氏が、事実とつき合わせながら、この難問とストラグルしている点には感銘を受けた。残念ながら石見氏の結論は、「期待の要素を巧妙に定式化して為替相場の動向を一律に説明することはほとんど不可能に近い」（二四五ページ）というネガティヴなものであるが、これはむしろ問題の所在を示したものといってよい。

最後の第五章は、ＮＩＥｓに続いて主として日本のインパクトのもとに工業化をすすめつつあるＡＳＥＡＮ（東南アジア諸国連合）を取り上げ、アメリカやＥＣと比較した日本の対ＡＳＥＡＮの特徴を分析したものである。ここで強調されているのは、第一に、ＡＳＥＡＮにとって日本は巨大な存在だが、日本にとってＡＳＥＡＮは比較的に小さな比重しかもたないというガリバー・リリパット関係が存在すること、第二に、ＡＳＥＡＮにおける日本のプレゼンスの度合いは貿易では最大であるが漸減する傾向にあり、直接投資においては増大しているが米欧を凌駕してはいないということ、第三に、にもかかわらず、「日本企業、および日系企業を含むＮＩＣｓ企業が主導し、日本政府の経済援助によって補完される日本―アジアＮＩＣｓ―ＡＳＥＡＮの経済的紐帯の強化というシナリオは、最も蓋然性の高いもののひとつである」（三〇六ページ）ということ、などである。

工藤氏は非常に慎重に筆をすすめているので、明瞭に指摘するのはむずかしいのだが、右に列挙した第二点と第三点のあいだには微妙なズレがあるように思われた。右の第三点にあげられたシナリオは、工藤氏が「正しておかなければならない」とした「ＡＳＥＡＮはデ・ファクトにはすでに日本の経済圏に編入されてしまっている」（二九八ページ）という認識につうじているのではなかろうか。

4

全体をつうじて、本書は有益なファクト・ファインディングズに満ちており、各執筆者は、「序」で馬場氏が設定したような分析基準を手がかりとしながらも、必ずしもそれにはとらわれずに七〇～八〇年代の日本経済の実証を行っているとして評価しうるであろう。

馬場氏が設定した分析基準とは、さきに述べたように、「会社主義」、教育危機、「過剰富裕」といったキーワーズによって示されるものであった。「会社主義」については、すでに、日本経済の諸事実を比較的にコンシステントに説明する仮説ではあるが、なおその根拠が不明確であると述べた。教育危機などの社会危機については、第三章に関連して、もっと積極的にクローズ・アップすべきではなかったかと述べた。そこで最後に、「過剰富裕」について一言しておこう。

第五章で検討されているASEANの工業化に続いて、ソ連・東欧、さらには中国が市場経済の導入によって活性化してくると、馬場氏のいわゆる「過剰富裕」は、グローバルなレベルでますます深刻になるようにみえる。この状況は、基本的には、「自分で呼び出した地下の悪霊たちをもはや制御できなくなった魔法使」（『共産党宣言』）に似ているといってよいように思われる。事態をこのまま放置するならば、人間は核兵器か、「過剰富裕」によって死滅するであろうという点では、わたくしは馬場氏に同意する（むろん、核兵器を含む軍備自体、「過剰富裕」の重要な要因である）。馬場氏の「悲しき唯物史観」（一三ページ）が的中する可能性は確かにある。人間がサバイバルを果たすためには、生活水準を低下させるか、より高い自然制御能力を可能にするような社会システムを構築するか、いずれかを選択しなければならないであろう。その場合、人間の英知は後者を選択するであろうというのが、わたくしの理解する唯物史観である。

二　森岡孝二著『日本経済の選択』を読む

1　はじめに

わが国の代表的なマルクス経済学者の一人であると同時に、株主オンブズマン代表としても活躍している森岡孝二氏の著書『日本経済の選択――企業のあり方を問う』（桜井書店、二〇〇〇年）を興味深く読んだ。

バブル崩壊後の長期不況に悩んでいる「日本経済の選択」といえば、金融機関の不良債権処理優先か実体経済再生優先か、とか財政再建優先か有効需要対策優先か、あるいはグローバル化か国民経済再建か、といったマクロ的なテーマが思い浮かぶのであるが、「企業のあり方を問う」というサブ・タイトルが付いていることからもわかるように、本書は、日本企業のあり方を問題にし、日本企業の改革をどのようにすすめたらいいか、を問う内容となっている。

じっさい、バブルとその崩壊後の日本経済においては、商法や証券取引法といった公的なルールやいわゆるビジネス倫理に反する企業行動が枚挙に暇がないほど明るみに出て、これらのミクロ的なスキャンダルが、長期不況下の日本経済のマクロ的な浮上を執拗に妨げているという面がある。ＩＴバブル崩壊後のアメリカ経済においても、エンロンやワールドコム等の詐欺まがいの粉飾商法が暴露されて、アメリカ経済の下降に追い討ちをかけている。まさに、「浜の真砂は尽きるとも、ビジネス・スキャンダルの種は尽きまじ」の感がある。

ところで、小泉内閣の一枚看板である「構造改革」は、小泉内閣の一年余の実績にてらして、すっかり色褪せて、賞味期限を超えたように見える。一九六〇年代に、「構造改革」という用語がユーロ・コミュニズムから日本に輸入されたときは、じつにみずみずしく、資本主義の枠内であっても進歩と改良を願う多くの人々に勇気と希望を与えたのであった。いまや、その「構造改革」が保守本流の新自由主義の武器庫に入り、不良債権処理の名で弱小企業切り捨てを、労働市場柔軟化の名で大量失業と雇用不安を、財政再建の名で社会保障切り捨てと不平等拡大をもたらそうとしているのである。

バブル崩壊後のビジネス・スキャンダルにまみれた日本において、公共事業中心の有効需要政策と不良債権処理策ではなく、日本企業の構造改革を手始めとした再生策を実行していたらどうであろうか。マクロの構造改革に比べて、企業といったミクロの構造改革は地味で、効果が薄いかのように見えるが、はたしてそうか。いまからでも日本企業の構造改革を実行するとすれば、どのような理論と政策をもってするべきか。本書を読んで、このような問題について考えさせられたので、以下、本書に触発されて企業改革について考えるところを書きしるすこととしたい。

2　マルクス経済学における企業

上記のような問題意識で本書を読んだとき、もっとも注目されるのは、第七章「市民の目で企業改革を考える」である。ここでは、まず「大企業解体論」としての奥村宏氏の企業改革論が紹介され、森岡氏は、「従来の経済学は資本主義批判を旨とするマルクス経済学であっても、企業改革論を欠いてきた」という点では、奥村氏に同意し、さらにその理由について、「マルクス経済学者は、資本家階級と労働者階級の間には非和解的な対立があり、資本主義体制の変革は二つの階級の闘争を通じて労働者階級が資本家階級を打倒し国家権力を獲得することなしには成し遂げられない、という歴史観を多かれ少なかれ共有してきた」（二二七〜二二八ページ）と述べている。そして、氏は、現実の社会においては、基本的な階級対立以外に、さまざまな社会集団の対立があり、多様な経済的社会的属性をもった個人ないし市民が存在することを認めると同時に、「マルクス主義は、思想的には、そうした運動〔労働条件の改善・社会保障の制度化・民主主義の拡大を求める改良運動――引用者〕とその成果を、それが階級対立の止揚と搾取の廃絶に向かう反体制運動に呼応するかぎりで積極的に評価し、そうでない場合はその限界や欺瞞性を問題にしてきた」（二二〇ページ）ことを指摘し、「こうしたマルクス主義の思考態度も、マルクス経済学における企業改革論の不在と同じルーツをもっている」（二三〇ページ）といっている。

伝統的マルクス主義が、すべてを体制や階級に還元するといった本質還元的な思考傾向をもっていたこと、さらに社会民主主義との葛藤から改良運動に対して消極的な傾向をもっていたことは、森岡氏の指摘するとおりである。しかし、このこととマルクス経済学における企業改革論の不在とが同根であるといい切れるだろうか？　この点は、もう少し経済学自体にそくして検討する必要があるように思われる。

企業改革を根拠づける経済学を探求するにあたって、まず問題になるのは、『資本論』にもとづくマルクス経済学において、企業がどのように取り扱われてきたか、である。

『資本論』には、企業を正面から問題にした章はないが、私の理解する限りでは、企業は、労働過程を担当する歴史貫通的組織として意味されているように思われる。したがって、企業の本質を理解するうえでは、『資本論』第一巻第五章第一節「労働過程」における叙述が決定的に重要である。企業は、本来、目的意識的活動としての労働そのものと労働対象と労働手段とを結合する協働組織にほかならない。企業を利殖のための組織として利用する資本主義は、「協業」、「分業とマニュファクチュア」、「機械と大工業」等の諸章で明らかにされているように、協働組織としての企業の本来のあり方からの歪みをつくりだすが、にもかかわらず、資本主義のもとにおいても、企業の協働性は完全には失われえず、協働をつうじて労働者は、全体的発達をとげてゆく。企業本来の協働性を根拠として、その資本主義的歪みをただし、労働者の全体的発達の条件をつくろうとするところに、マルクス経済学にもとづく企業改革論の根本がある。

これに対して、いわゆる新古典派経済学の企業論は、R・H・コースの「企業の本質」論に代表されるように、市場を前提として、市場を介した取引の費用と、市場を介しない直接的な管理費用とを比較し、前者が後者を上回るときは、企業という非市場的な組織が形成されると主張する。この考え方に従えば、市場の取引費用を基準として、企業は、たえずリストラによるその組織の一部の売却か、M&Aによる吸収・合併に直面することとなり、企業の内部改革による効率や効用の向上という問題意識は、なかなか出てこない。

企業の本質に関するこの二つの経済学を比べてみたとき、企業を本来的には協働組織とみるマルクス経済学は、もともとの枠組みとしては、企業改革論とのインターフェイスをもっていたといってよい。たしかに、企業改革論を企業国有化論に解消するのが、伝統的マルクス経済学の大勢だったとはいえ、自主管理企業論などの貢献も行われたのである。旧ユーゴスラヴィアでは不幸にも失敗に終わった自主管理企業の経験が、もっと厳密に理論的に総括されるべきであろう。

3　株式会社企業の公共性

現代の企業の代表的な存在形態が株式会社企業であることは、いうまでもない。森岡氏は、「企業改革は株式会社改革を抜きには現実性をもちえない」として、次のようにいっている。「巨大株式会社の存立のインフラストラクチャー（基礎構造）である証券市場は、投資家あるいは金融資産の保有者としての無数の市民によって担われている。その点で、巨大株式会社は、その規模の大きさにともなう消費者や地域住民や従業員への影響力の大きさゆえの社会性にとどまらない特別な公共性をもつ存在である。」（二三三ページ）

現代の巨大株式会社がたんなる私企業ではなく、公共性をもつ存在であるという認識は、まったく正しい。企業改革を推進するうえでこの見地はきわめて重要である。問題は何を根拠として株式会社の公共性を主張しうるか、である。

やや原理的にいえば、個人企業においては、主要な利害関係者は資本家と労働者であるが、株式会社企業においては、資本家が株主と経営者とに分化し、利害関係者は、株主、経営者および労働者の三者となる。株主と経営者はともに資本を人格的に代表しているといっていいが、株主が資本家的所有を代表して株価と配当の最大化に関心をもつのに対し、経営者は資本家的機能を代表して企業者利得を含めた会社利潤の最大化と会社成長に関心をもつ。マルクスは、株式会社におけるこの「所有と機能の分離」に注目し、次のようにいっている。すなわち、「これは、資本主義的生産様式そのもののなかでの資本主義的生産様式の廃止であり、したがってまた自分自身を解消する矛盾であって、この矛盾は、一見して明らかに、新たな生産形態への単なる過渡点として現れるのである。……それは、新しい金融貴族を再生産し、企画屋や発起人や名目だけの役員の姿をとった新しい種類の寄生虫を再生産し、会社の創立や株式発行や株式取引についての思惑と詐欺との全制度を再生産する。それは、私的所有による制御のない私的生産である。」(『資本論』第三巻第二七章、大月書店版、五五九ページ)

この一節は、しばしば引用されるものであるが、現代株式会社の一面を先見的に明らかにしているように思われる。ここでマルクスが強調したかったことは、資本家の株主と経営者とへの分化、したがって所有と経営の分離は、放置されるならば、倒産しても所有によって償うことのない無責任経営、企業の協働性を無視した企業自体の売買をもたらし、資本主義的生産様式を「思惑と詐欺の全制度」に変えてしまうということであろう。だからといって、生産力の大規模化に対応して資本の集中・動員をスムーズに実現しうる株式会社制度を廃止して、個人企業資本主義に後戻りすることもできない。したがって、私的所有による制御がないところでは、公的な制御によって株式会社制度を運営してゆかなければならないということになる。公的な制御なしには正常に運営できないところに、株式会社企業の公共性があるといっていいのではないだろうか。

株式会社の公共性などといえば、ただちに普通の株式会社は紛れもない私企業ではないか、という反論が返ってくるだろう。私が、ここで公的とか公共性というのは、特定の限られた人々にのみかかわる私的に対して、不特定多数（公衆）に開かれているといった程度の意味で、必ずしも政府のとか、政府所有のといった意味に限定しているわけではない。貨幣を調達できる人であれば誰でも、株式市場で株を買うことによって株主になることができるのだから、株式会社は、貨幣を調達できる不特定多数の人々（公衆）に常に開かれているし、開かれていなければならない。だから、株式会社の運営や株式の流通に関しては、商法や証券取引法をはじめとする公的なルールが存在し、証券取引所などの公的な組織が制度化されているわけである。このような公的なルール・制度なしには有効に機能しえないという意味で、株式会社企業は、まさに「社会の公器」である。

もとより、株式会社の最高の意思決定は、株主総会における持株数多数決によって行われる。つまり、一人一票制ではなく、一株一票制なのである。したがって、少数大株主や株式の相互持ち合いが存在する場合には、株式会社は、「社会の公器」ではなく、実際には「大株主の私器」や「経営者の私器」になりがちである。しかし、株式会社には、原理的に潜在株主を含めた不特定多数（公衆）による介入のチャネルが備わっているのであって、公的なルール・制度を変えることにより、そのチャネルを太くしてゆくことは可能である。

その意味で、本書の第六章や第七章に記述されている森岡氏たち株主オンブズマンの活動は、印象深いものであった。たとえば、いわゆる住専の一つである日本住宅金融の解散総会では、会社提案への反対は三分の一近くに達したとのことであるし、住友銀行の株主総会で役員報酬・退職慰労金の個別開示を求めた提案は、三・一％の賛成を得たという。森岡氏たち株主オンブズマンの活動が、日本の株式会社の「公器」性をいっそう現実のものにし、企業社会にも民主主義の風穴を拡大してゆくことを期待したい。（ついでながら、株主オンブズマンは、株主オンブズパースンに改称すべきだろう。）

4　企業は誰のものか？

企業（会社）は誰のものかは、古くて新しい問題である。古典的な個人企業資本主義の時代には、企業は資本家のものといっても、それほどの異論はなかったかも知れない。しかし、企業の実体が生産のための協働組織であることを考慮すると、資本家的個人企業であっても、単純に資本家の私有物とするわけにはゆかない。たしかに、工場や機械は、資本家の私有物であろうが、労働そのものは、必ずしも資本家が自由にしうるものではない。だから、労働時間については、資本家は、労働者と交渉して決定せざるをえないのであり、さらに工場法などの法令による規制も受けることとなる。

このように、資本家的個人企業であっても、ある程度まで「公器」であり、企業活動の重要な要素である労働時間については、労働者や社会も、発言権を保有していたのであるが、株式会社企業においては、前述のとおり、その「公器」性・公共性は、一段と高まることとなった。株式会社の主要な利害関係者は、株主、経営者、労働者（従業員）であるが、株式会社の公共性からその範囲はいっそう拡大されて、消費者、地域住民、取引先企業なども含むこととなった。二〇〇一年、輸入牛肉の国産牛肉への偽装で重大なスキャンダルを引き起こした小会社を傘下にもつ大手食品会社が、最近の株主総会で消費者運動のリーダーであった女性を取締役に迎えたことは、記憶に新しいところである。株式会社については、多様な人々が利害関係者として関与して、公的・社会的に制御してゆくことが望ましいし、それが、マルクス経済学にもとづく株式会社論の指示するところでもある。

これに対して、冷戦後、とくに一九九〇年代アメリカ資本主義の「繁栄」を背景として、強く喧伝されてきた企業統治モデルが、株主主権論である。これは、会社は株主のものと単純に割り切り、一部経営者に簒奪されていた企業統治権を株主の手に奪い返して、高株価・高配当のみをめざして企業経営を行うべきだという議論である。この議論は、さらに、日本資本主義がバブル崩壊とともに沈没したのは、いわゆる日本的経営が株主主権を欠いていたからであり、日本が再生するためには、アメリカ式の株主主権的統治システムに転換しなければならないという議論にまで及んでいる。

この株主主権論が、さきにみた株式会社の公共性にてらして、誤っていることはいうまでもない。株主主権論にもとづくアメリカ式経営は、ＩＴバブル崩壊後、エンロン、ワールドコムなどのビジネス・スキャンダルを明るみのもとにさらし、まさに「私的所有による制御にない私的生産」であることを実証してきた。これらを検証して、株主主権論を理論的にも実証的にも批判することが、今日における企業改革の経済学を前進させるうえで急務であろう。

三　書評　北村洋基著『情報資本主義論』（大月書店、二〇〇三年）

本書は、『経済』誌に掲載された「情報資本主義と労働価値論の現代化」（一九九九年九月号）や「ＩＴ革命と日本資本主義の課題」上・下（二〇〇一年一〇月号、一一月号）といった諸論文で知られる著者が、現代資本主義を情報資本主義として特徴づけ、その特質と資本主義史上における位置づけを体系的に明らかにしようとした労作である。

第二次世界大戦後、いわゆる国家独占資本主義の国際的展開のもとで、相対的な高成長と高雇用を実現してきた資本主義が、一九七〇年代におけるブレトン・ウッズ体制の崩壊、二度にわたる石油危機などを契機に変調に陥り、それ以降、低成長、大量失業、福祉削減・民営化の新自由主義路線などによって特徴づけられる新しい局面を生み出してきたことは、ほとんどの論者が認めているところである。しかし、この新しい局面を資本主義の歴史のなかにどのように位置づけ、どのような基本概念で特徴づけるかについては、見解が拡散している。このような状況のなかで、著者は、七〇年代以降のＭＥ化、ＩＴ革命等に注目し、現代資本主義を情報資本主義として、「機械制大工業を超えた資本主義的生産様式の新段階」（viiiページ）として把握しようとする新たな観点とそれを裏づける理論体系を提示したわけであって、現代における最重要な課題に挑戦したものといってよい。

まず、本書の構成を紹介しておこう。本書は、冒頭の「はじめに――本書の目的と課題」と末尾の「あとがき」のほか、次の七つの章からなっている。すなわち第一章「『情報』をどのようにとらえるか」、第二章「道具と機械段階における情報と制御」、第三章「オートメーション・情報ネットワーク段階における情報と制御」、第四章「技術発展と産業構造の変化」、第五章「労働の歴史的・段階的変化と労働価値説の現代化」、第六章「資本主義的生産様式の諸段階と現段階」、終章「情報資本主義の歴史的位置」（サブ・タイトルは省略）。

右の構成において、第一章は、情報を物質、エネルギーに並ぶ第三の構成要素として把える一般の見解に対して、現代の情報を、労働と言語の属性から相対的に自立した、コンピュータによる技術的処理をされたデータとして定義したものである。第二章は、情報と制御という観点から、道具と機械という労働手段の特徴を区別し、第三章は、同様の観点から、オートメーション、情報ネットワーク技術の意義と意味を検討して、現代の情報技術を機械を超えた労働手段として把握すべきことを主張したものである。第四章は、諸技術のなかでの情報技術の意義を明らかにし、情報化による産業構造の新たな変化を描き出したものである。第五章は、資本主義の歴史的・段階的変化に応じて、労働がどのように変化したかを明らかにし、情報資本主義における労働価値論・剰余価値論のあり方を論じたものである。第六章は、現代資本主義が大工業を超えた新たな生産様式（オープンネットワーク型生産様式）に移行しつつあるとして、その生産様式の特徴を明らかにしたものである。終章は、一九七〇年代以降の現代資本主義を情報資本主義として把える視角から、情報資本主義の歴史的位置とその特質とを総括したものである。

以上にその内容を概観してきたように、本書は、情報資本主義としての現代資本主義を体系的に解明した本格的な労作である。本書について、まず第一に評価されなければならないのは、現代資本主義を情報資本主義として特徴づけたことである。一九七〇年代以降の資本主義の新しい局面については、「ポスト・フォーディズム」とか「資本主義の逆流」とか「超資本主義」といったさまざまな規定が提案されているが、それらに対して、情報資本主義という段階規定は、すでに半田正樹『情報資本主義の現在』（批評社、一九九六年）で使われており、必ずしも著者の創意によるものではないが、情報技術による新たな生産様式に基礎をもつことが明確にされている点で、すぐれている。評者自身は、かつて「ME適応型経済システム」という規定を提案したが（評者編著『現代経済システムの位相と展開』大月書店、一九九四年）、情報資本主義の方が、より包括的であろう。

第二に、本書におけるマルクス理論の使い方も、評者にとっては、同感できるものであった。本書で用いられている労働過程、協業、分業、機械制大工業、生産様式といった基礎概念の大部分は、マルクスに由来するものであり、著者は、資本の論理の冷厳な把握から資本主義の限界を明らかにし、変革の可能性と必然性を見出だそうとするマルクスの「前向きの姿勢」を高く評価する。同時に、著者は、マルクスは古いといった風潮に対して、「本来のマルクス理論はどうであったかを確認するにとどまることなく、むしろ積極的に現代化することによって、十分に批判理論としての意義を再生させることが可能であり、また必要である」（三七八ページ）というのであるが、これは正しいものであろう。

第三に、右の点と関連するが、著者が、情報資本主義における社会的分業の深化・融業化と直接的労働と事務・管理労働の統合に注目し、サービス労働・事務労働・商業労働の生産的労働化を主張し、生産的労働論の意義の消滅を説いている点も、興味あるものである。評者としては、著者の見解に同意するが、この分野には多くの研究の蓄積があるだけに、本書に触発されて、多くの研究者が著者の提起した積極的な論点をめぐって論争に参加し、決着がつくことが望まれる。

最後に、「段階」概念に関連して、問題を提起しておこう。著者は、「情報資本主義『段階』といっても、それは独占資本主義における『段階』であって、独占資本主義を乗り越えるようなものではない」（viiiページ）といっているが、同時に、情報資本主義の基礎は機械制大工業を超えた生産様式であるともいっている。生産様式を異にしても、情報資本主義がなお独占資本主義であり続ける根拠は何か。さらに、独占資本主義自体、資本主義における一つの段階なのであるが、独占資本主義におけるいっそうの小段階としては、国家独占資本主義があり、私見では、第二次大戦後、少なくとも一九七〇年代初頭までは有効に機能したように思われる。ともに独占資本主義の小段階である国家独占資本主義と情報資本主義は互いにどのような関係に立つのであろうか。著者の解明を期待したい。

四　書評　置塩信雄著『経済学と現代の諸問題――置塩信雄のメッセージ』（大月書店、二〇〇四年）

本書は、二〇〇三年一一月に逝去された世界的にも高名な理論経済学者置塩信雄神戸大学名誉教授の比較的に最近の論文や対談や講演を門下生の中谷武神戸大学教授らがとりまとめ、「置塩信雄のメッセージ」のサブ・タイトルのもとに刊行されたものである。

置塩氏の理論経済学への貢献は、生産条件にもとづく価値・生産価格の定式化、「マルクスの基本定理」による利潤の存在証明、新技術導入と利潤率に関する「置塩の定理」など多岐にわたっており、氏は、生前に二五冊の著書と二五〇編を超える論文を公にしていたが、氏の最後の著書は『経済学はいま何を考えているか』（大月書店、一九九三年）で、それ以後も持続する旺盛な研究活動については、学界以外の一般の人々には知られていなかったように思われる。本書は、二〇〇〇年に英国の専門雑誌に発表され、日本語では初めて発表される最後の論文をも含んでおり、置塩経済学の基本性格とその最新の成果を知るうえで貴重なものとなっている。以下、プロローグと三つの章とエピローグからなる本書を、若干の感想をまじえながら紹介しよう。

プロローグ「経済学研究をふり返って」は、一九八九年二月に行われたインタビューで、インタビュアーは、森岡孝二関西大学教授と大西広京都大学教授である。学生時代から近代経済学の一般均衡理論を学んでいた置塩氏が、経済の相互依存関係の基礎に社会的分業があることに気づいてマルクス経済学に接近したという記述も興味深いが、ベルリンの壁崩壊以前の時点で、ソ連の「軍産学複合体」や大国主義的な外交政策は社会主義の原理と両立できるのかという問題を提起し、市場メカニズムをつうじて生産の決定に参画する社会主義というアイディアを提出していることが、注目される。

第Ⅰ章「マルクスを現代に生かす」は、労働価値説についての二つの論文と、「資本主義認識の射程」という伊藤誠東京大学名誉教授との対談からなっている。置塩氏の労働価値説の説明に対しては、「投下労働量を価値と定義したに過ぎないのではないか」という批判が投げかけられたことがあったが、氏は、「何をどのように定義しようと、その論者の自由であるが、それが経済の分析にとって有効であるかどうかが問題である」（三三ページ）として、その有効性をその定義から出発した一五の命題を証明することによって示したのである。労働価値説についてのこのような位置づけは、まったく正当だと思う。第Ⅰ章第二節に収められている論文は、『経済理論学会年報』（一九九三年）に投稿され、匿名のままレフェリー審査をパスして掲載されたものであるが、氏は、九〇年の経済理論学会の『年報』改革の際に、いち早くレフェリー付き投稿論文を掲載するように主張し、幹事会でも幹事みずからが積極的に投稿し、雑誌のレベルを上げることを提案して、率先垂範したのである。宇野理論に立つ伊藤氏との対談は、いま読み返しても興味深い。経済学の世界にはさまざまな学派があるが、置塩氏は常日頃、「共通語」による相互理解と、経済学の普遍的一体化を考えていた。この対談を読むと、相互理解は、学派的経済学の質を変え、経済学の進化にもつながることがよくわかる。

第Ⅱ章「ケインズは生き続けるか」は、一九九六年四月に日本学術会議等が開催したケインズ没後五〇周年記念シンポジウムにおける講演に関連した二つの論文と、早坂忠東京大学教授（当時）との対談からなっている。置塩氏の新野幸次郎氏との共著『ケインズ経済学』（一九五七年）は、ケインズ総供給関数の資本主義的性格を突いた画期的な本であったが、右のシンポジウムでは、置塩氏は、「ケインズは死んだか」というややセンセーショナルなタイトルで講演し、従来は短期理論と見られていたケインズ理論のなかに技術変化に関する長期的問題が伏在しており、ケインズは技術変化がなければ近い将来に資本の限界効率（利潤率）がゼロになると考えていたという新しい解釈を提出した。この解釈によれば、ケインズは、かれの強力な論敵であったシュムペーターと驚くほど同じであったということになる。資本主義は新技術の導入を不可欠としており、新技術の導入を資本主義に任せておけるのかという重要問題を提起した限りで、ケインズは生きているというのが、氏の結論であるが、氏は問題そのものには、否定的に答えている。

第Ⅲ章「競争は利潤を消滅させるか」は、「剰余価値と新技術導入」（『経済』一九九七年一〇月号に初出）、「競争と生産価格」（『ケンブリッジ・ジャーナル・オブ・エコノミクス』二〇〇〇年、二五号に初出）など三つの論文からなっている。マルクスは、資本家間の自由競争をつうじて利潤率はすべての部門で等しくなり、その均等利潤率が正となる生産価格体系が成立すると考えていた。置塩氏が定式化した「マルクスの基本定理」は、この生産価格体系を価値的に基礎づけるものであった。ところが、氏の最晩年の研究である本章によれば、技術進歩がなければ、労働供給量の制約のため資本家間の競争は剰余価値を消滅させる傾向を有し、剰余価値が存在し続けるためには、新しい技術を絶えまなく導入し続けなければならないというシュムペーター的結論が示されているのである。この結論はまた、「置塩の定理」の仮定自体を否定することにもなる。ここで提起されているのは、経済学の最重要問題であり、今後、多くの研究者によって検討されてゆくことになろうが、私見では、置塩氏は資本主義では資本家が生産手段を階級的に独占しているという「資本独占」の含意を軽視していたのではないかと思われる。「資本独占」は、剰余価値を消滅させるほどには資本家間の競争を徹底させないのである。

エピローグ「経済学と現代の諸問題」は、一九九〇年に行われた神戸大学退官記念最終講義の記録である。自然のなかの一生物としての人間の認識に始まって、資本主義のもとでの生産力の下限と上限を骨太に示し、現代に生み出されつつある生産力、とくに情報処理能力の増大が、資本家による私的決定を不可能にすると説く。まさに置塩経済学のエッセンスが力強く、また平易に明らかにされている。評者は、この講義に近い時期に、置塩氏や故米田康彦氏との協同作業で『経済学』（大月書店、一九八八年）という本を作っただけに、ここでの語り口は、ひときわ思い出深いものがある。

五　書評　井村喜代子著『日本経済——混沌のただ中で』（勁草書房、二〇〇五年）

1　本書の構成

本書は、労作『現代日本経済論』（有斐閣、［初版］一九九三年、［新版］二〇〇〇年）において、戦後日本経済の異常な発展とそこに潜む矛盾と歪みを克明に描き出した著者が、一九九〇年代初め以降の混沌たる日本経済を正面から分析対象にすえ、たんなる不況とか停滞といったコンヴェンショナルな概念では把握できなくなった現代の日本経済の混沌性の諸様相とその根源とを明らかにしたものである。

はじめに、本書の構成の大枠を示しておくことにしよう。

2　本書の分析視角とキーワード

以上に紹介した本書の構成によって、本書の主題と内容の概略はほぼ明らかであろう。ただ、冒頭部分で述べられている分析視角と、本書特有のキーワードについては、若干の言及をしておく必要があるように思われる。

一九九〇年代初め以降の日本経済に関する「失われた一〇年」や「失われた一五年」論は数多く存在するが、類書に対する著者独自の分析視角は、次の三点である。

第一は、一九九〇年代以降の事態の根源を七〇年代における「現代資本主義の変質」に求めていることである。これは、事態の根源を八〇年代後半のバブルの崩壊によるデフレ・スパイフルに求めるといった表面的な把握とは一線を画すものである。

第二は、前著『現代日本経済論』の場合と同じく、日本経済をアメリカとの関連を軸として分析していることである。それは、日本がヨーロッパとは異なって、第二次大戦後アメリカの単独支配下におかれ、この従属関係を容認することによって経済発展を追求するという路線を一貫して選択してきたからであり、しかも冷戦終焉後は、アメリカは自国のスタンダードやルールを世界のスタンダードやルールにして、世界の一極支配を強めようとしているからである。

第三は、実体経済と広義の金融活動を併せて分析しようとしていることである。本来、資本主義経済においては、実体経済と貨幣・信用関係とは不可分の関係にあるが、「金・ドル交換」停止・「初期ＩＭＦ体制」崩壊後においては、国際的な投機的金融活動が実体経済から離れて膨大化・恒常化するようになったため、両者を併行的に分析することが、とくに重要になったからである。

以上のような分析視角から生じてくるのが、次の二つのキーワードである。第一は、書名にもなっている「混沌」である。著者は、一九九〇年初め以降の日本経済の状況を、不況とか停滞ではなく、「混沌」という語で表現している。著者の前著『現代日本経済論』〔新版〕では、まだ混沌という語は使われていない。混沌に見える状況を分析し、整理して、そこに潜む法則や秩序を探り出すのが、本来の科学の任務なのであるが、なぜ著者は、状況自体を「混沌」と呼ぶのか。この点について、著者はこういっている。「筆者が、あえて『混沌』という概念を用いたのは、もはやこれまでの経済学的概念では把握できない経済状況となったという筆者の認識の表明である」（四ページ）。「混沌」には、状況＝事態内部の混乱や不透明のみならず、政策当事者の混迷や迷走も含意されているように思われる。

第二のキーワードは、「現代資本主義の変質」である。この概念は、北原勇・鶴田満彦・本間要一郎編

『現代資本主義』（有斐閣、二〇〇一年）所収の著者の二つの論文（同書、VI－2、VI－3）にすでに登場しており、一九七〇年代における「金・ドル交換」停止・「初期IMF体制」の崩壊による変動相場制への移行と、新自由主義政策の台頭による第二次大戦後の現代資本主義の変質を意味している。著者によれば、「この『変質』は第二次世界大戦後の現代資本主義の枠組みを大きく変化させ、これまでにみられなかった『新しい特質』・『新しい矛盾』を生み出していくこととなった。この『現代資本主義の変質』は日本経済の動向をもその根底において規定している」（三ページ）。

「混沌」と「現代資本主義の変質」という本書の二つのキーワードは、もとより相互に関連し合っている。「現代資本主義の変質」が「混沌」を生み出し、「混沌」が「現代資本主義の変質」を証明するものとなっているのである。

3　本書の意義

以上にその内容をみてきたように、本書は、一九九〇年代初め以降の日本経済に関する本格的な実態分析の労作である。

本書の意義は、第一に、「現代資本主義の変質」をキーワードの一つとして、「金・ドル交換」停止（一九七一年）、変動相場制移行（一九七三年）後の現代資本主義の新たな特質を体系的に明らかにし、現代日本経済の「混沌」の根源を、この「変質」にもとづいて解明している点にある。

第二次大戦後、一九七〇年代初め頃までの資本主義経済が、経済成長に関する限りは「黄金時代」といわれるほどの業績をあげたことは、よく知られている。マディソン／(財)政治経済研究所訳『経済統計で見る世界経済二〇〇〇年史』（柏書房、二〇〇四年）によれば、一九五〇～一九七三年における一人当たり実質GDP平均成長率は、先進資本主義国平均では三・七二％で、他の時代に比べて突出している。それに対して一九七三～一九九八年のそれは、一・九八％に過ぎない（同書、一五二ページ）。成長率の屈折にも表れている資本主義経済のこの重要な変化については、伊藤誠氏の「逆流する資本主義」とか、レギュラシオニストの「フォーディズムの危機」（およびポスト・フォーディズムへの転換）といったさまざまな仮説があるが、著者は、それらに対して「金・ドル交換」停止→変動相場制移行→金融自由化→新自由主義政策台頭の系列で「現代資本主義の変質」を論定し、その必然的な帰結の一つとして日本経済の「混沌」を説くという仮説を提出しているのである。後述のように評者は、この仮説に百パーセント同意するものではないが、それが先行する諸仮説の水準を抜く首尾一貫したものであることを認めるにやぶさかではない。

第二に、著者の分析視角によく示されているように、本書が、日本とアメリカ、実体経済と金融活動、実体経済と国家政策といった二面を相互に関連させつつもそれぞれ独自に分析するという複眼的アプローチを採っていることも、大いに評価されてよい。

日本とアメリカとの二面、実体と金融との二面については分析視角のところでも関説したので、ここでは実体と政策の二面について言及しておくことにしよう。現代資本主義経済においては、国家政策の果たす役割がきわめて大きい。政党、官僚、世論、選挙などとも絡む政策が実体を変え、新たな実体を作り出す。したがって、本書では、かなりのページを割いて、政策の形成過程や効果の分析が行われている。すなわち、一九八〇年代の新自由主義政策、戦後の住宅復興政策、公共投資拡大政策、超低金利の長期持続政策、公的資金投入政策、金融ビッグバン、「小泉構造改革」、日銀の量的金融緩和政策等々。そして著者によれば、これらの政策の多くが「迷走」するものであり、日本経済の「混沌」性を強める結果になっているのである。

第三に、日本経済の実態分析に関連して、誤った理論やイデオロギーへの明確な批判を行っていることも本書の重要な意義の一つであり、また本書の魅力の要素をもなしている。たとえば、新自由主義の「『規制緩和』はその本質において『規制強化』と併存する、きわめて身勝手なものである」（二二三ページ）という批判、資産価格高騰が「資産効果」によって産業活動の活発化・設備投資を促したという〝バブル好況〟説への批判（二二一〜二二四ページ）、公共投資拡大・超低金利政策を批判して「消費拡大は国内市場を活性化させ設備過剰の緩和・解消、生産拡大を促す唯一の重要要因」（二四〇ページ）であるとする主張、小泉・竹中路線の不良債権最終処理最優先政策批判（二八六〜二八八ページ）、「デフレ」論・「インフレ・ターゲット論」批判（三〇七〜三一〇ページ）などは、小気味いいものがある。

4　本書をめぐる論点

上述のように、本書は、実態分析の書であると同時に論争的な書でもあるのだが、それに加えて、さらに研究を深めたり、討論を交わす必要のある論点を提起する書ともなっている。

本書をめぐる論点の第一は、本書の重要なキーワードをなしている「現代資本主義の変質」に関するものである。すなわち、一九七〇年代における「現代資本主義の変質」をもたらした諸契機は何か、また「現代資本主義の変質」の実態的内容は何か、さらに「変質」した資本主義をどのように規定すべきかという問題である。さきにみたとおり、著者は、「変質」をもたらした諸契機としては、通貨体制の変容に力点を置き、「金・ドル交換」停止、変動相場制移行、新自由主義政策の台頭をあげているのだが、私見では、一九七三〜七四年の第一次石油危機もあげておいた方がよかったのではないかと思われる。もとより、第一次石油危機は、ニクソン・ショックの必然的結果という側面もあるが、同時に石油の相対的低価格に依拠した重化学工業主導の資本蓄積の限界を示し、産業のME情報化を誘導したという側面もある。したがって、「変質」の実態的内容としては、通貨体制の変容や金融政策・経済政策の変容のみならず、ME革命始点の産業構造の変容や労働形態の変容（労働の多様化・分散化・個別化）などもあげられるべきである。さらに「変質」後の現代資本主義をどのように規定すべきかについては、学界ではポスト・フォーディズム、「逆流する資本主義」、情報資本主義、グローバル資本主義などといったさまざまな提案がなされているが、著者が、どのような規定を採用するのかについても聞いてみたいところである。

第二の論点は、「金・ドル交換」停止の意義をどのように把握すべきかである。ニクソン・ショック当時は、大国アメリカの通貨ドルも、最終的な貨幣である金の力には抗しきれず、金に屈服したといった類いの議論が盛んだったが、それらが誤りだったことは、今日から見れば明らかである。著者は、「金・ドル交換」停止に「アメリカの衰退のみを見るのは誤り」だとして、それは「自国に有利な新しいシステムの構築を目指したアメリカの政策選択であった」（一二三ページ）とする。とくに著者の「これまで『金・ドル交換』のために仕方なく実施してきた対外投融資規制を撤廃して（一九七四年一月）、国内外の金融自由化を推進し、アメリカ金融証券市場の活性化・アメリカの金融覇権の強化をはかろうとした」（一二三ページ）という指摘は、重要である。ブレトン・ウッズ体制のもとでは資本自由化は限定的だったのに対し、一九七四年一月のアメリカの対外投融資規制撤廃が転機となって、金融自由化・資本自由化の大波が世界を席巻するようになるからである。しかし、当時の財務次官だったヴォルカーの回顧録などによれば、「金・ドル交換」停止は、計画的な「政策選択」というよりも、むしろ「苦肉の策」で、数か月後には「金・ドル交換」に復帰することも考えられていたようである。一九七八年四月に発効した改正IMF協定も、「金・ドル交換」停止と変動相場制（一部のドル固定相場制を含む）の現状を容認しただけで、「ドル本位制」の制度的裏づけを行ったわけではない。したがって、新IMF協定のもとでは、形式的にはドルは完全に one of them 通貨になったのであり、実態的に取引通貨・介入通貨・準備通貨として使用される頻度や量が相対的に多いにすぎず、ユーロや円や人民元といったライバルの脅威にさらされているのである。評者は、著者の議論の大筋には同意できるのではあるが、『金・ドル交換』停止後の方がアメリカの基軸通貨特権は強化された」（一五ページ）という言明は、やや言い過ぎであるように思われる。

第三の論点は、「混沌」の観点から二〇〇二年以降の日本経済の「回復」をいかに評価するかである。この「回復」は、中国を中心としたアジアへの輸出の増大、リストラや労働の低位化によるコスト削減と海外生産増大による企業収益の拡大、ゼロ金利・量的金融緩和政策などの異常な金融政策（預金者から金融機関への所得移転）による金融システムの「安定化」等をつうじて実現されたものであって、けっして自律的なものでもないし、持続性が期待できるものでもない。しかし、中国経済の急成長や米国経済の予想外の堅調という「幸運」（長期的には「幸運」といえるかどうかは不明であるが）と、ゼロ金利・量的金融緩和政策というなりふり構わぬ金融機関救済策にサポートされた結果だといえ、日本経済が一九九七〜九八年当時の「危機」的状況から脱出したことは、まぎれもない事実である。この「回復」過程は、もはや「これまでの経済学的概念では把握できない経済状況」（四ページ）であるとはいえないであろう。そうだとすれば、日本経済は「混沌」状況からも脱却したのであろうか。「混沌」をもたらしている「現代資本主義の変質」はそのままなのだから、日本経済の「混沌」性が一時的に潜在化したと考えるべきなのであろうか。著者が本書を脱稿したときには、日本経済の「回復」は必ずしも明確ではなかっただけに、これらについても、著者のご高見を聞きたいところである。

六　書評　伊藤誠著『幻滅の資本主義』（大月書店、二〇〇五年）

1　本書の構成

本書は、現代資本主義論における「逆流仮説」、経済学理論における独自の転形問題解法、さらにはフェミニズムや人口問題などについての積極的な問題提起で知られる著者の最新の論文集である。本書の英文タイトルは、*Capitalism in the era of Disillusionment* となっているから、書名『幻滅の資本主義』の意味は、人びとが社会主義にも資本主義にも幻滅を抱いている時代の資本主義ということなのであろう。はじめに本書の章別構成を紹介しよう。

序章　幻滅の資本主義世界システム

Ⅰ　資本主義は勝利したか

第一章　新自由主義は日本に何をもたらしているか

以上の構成において序章は開題の部分であり、Ⅰは、新自由主義のもとで混迷する日本経済、社会主義市場経済という未曾有の実験を行いつつある中国経済、犯罪化しつつあるロシア経済を取り上げて、現代世界を俯瞰しながら資本主義や市場の本質を見直そうとしたものであり、Ⅱは、現代資本主義の顕著な特徴をなす貨幣・金融システムの不安定性の根源と実態を解明するとともに、価値の生産価格への転形問題の「新解釈」への批評をつうじて、「貨幣の価値」の理論的再考を試みたものである。最後のⅢは、資本主義市場経済には、本来、ジェンダー・バイアスがあるという観点から、いわゆるフェミニスト経済学を批評するとともに、マルクスの「資本主義のもとでの人口法則」にもとづいて現代の少子化問題を論じたものである。

2 本書の構成の主要内容

本書の構成の順を追って、主要な章の特徴的な論点を示すことにしよう。

序章では、グローバリゼーションによって特徴づけられる現代を「一九世紀末以降の一世紀にわたる自由な競争的市場への資本、労働、国家の規制の試みと、さらには資本主義を克服する社会主義計画経済建設への試みを大きく逆流させて、ME情報技術のインパクトのもとで、資本主義の本来の成立基盤である市場経済の競争的活力を深部から回復させようとする現代的危機への対応」（二五ページ）と規定し、そこには、ケインズ主義にも社会主義にも新自由主義にも幻滅がある、という。その反面、歴史の進化への希望の萌芽としては、冷戦の終結にともなう軍備の縮小の可能性、多様な資本主義の延長としての多様な経済体制の選択の可能性、トービン税などによる国際通貨・金融体制安定化の可能性、共同体的人間関係にもとづく新たな社会主義の建設の可能性がある、とされる。そして、これらの幻滅と希望の根拠を科学的に解明することが、本書の課題であることが暗示される。

第一章では、一九八〇年代初頭以降の日本の新自由主義政策が幅広く回顧されており、そのなかには、国有三公社の民営化は、財政負担の軽減のみならず、「戦後日本の労働運動の戦闘的な潮流を担い続けてきた官公労労働組合への解体的攻撃をもうひとつの重要な作用としてふくんでいた」（三七ページ）とか、「日本の新自由主義政策は、所期の成功をおさめていないだけでなく、首尾一貫した整合性を保持しているともいえない」（四七ページ）といった注目すべき指摘がある。

第三章では、中国の社会主義市場経済が検討の対象とされる。著者は、市場経済化と高成長を持続的に成功させている中国経済は、事実上、資本主義に向かう軌道にあるという多くの解釈に対し、「市場社会主義論のさまざまなモデルよりさらに複雑で可変的な実験を大規模にすすめつつある」（七一ページ）として、一種の市場社会主義とみている。つまり、マルクスも、より明確には宇野弘蔵は、商品・貨幣・資本の原理的諸規定を資本主義的生産関係にふれることなく展開していたのだから、商品・貨幣・資本の市場関係は、生産手段の公有制とも接合可能であるはずだという観点に立っている。むろん、著者は、市場社会主義の理論的可能性は、中国が社会主義市場経済であることの現実的証明にはならないから、著者は、中国の現実にそくして公有企業の経営組織の社会主義性、労働市場の意味、貨幣・金融の社会主義的管理等について検討している。

第五章では、貨幣・金融システムの不安定性が取り上げられる。著者によれば、「貨幣・金融システムの不安的な破壊的作用が顕著になったのは、一九七〇年代以降のこと」（一一四ページ）だとされ、このような変化の契機をなしたものとして七一年米国による金・ドル交換の停止および七三年主要国通貨の変動相場制移行が指摘されている。資本主義に本来的につきまとっている投機的不安定性が、このような貨幣・金融システムの変容によって大きく増幅し、さらに高度情報技術のインパクトを受けて破壊的になっているというのが、現状だということになろう。著者は、貨幣・金融の安定性回復のために、トービン税などの漸次的改革を提案しているが、「それは理想的で望ましいものとはかけ離れている」（一四一ページ）ともいっている。

第七章では、フォーリーとデュメニが提唱している転形問題の「新解釈」が検討されている。この「新解釈」は、次のような貨幣の価値についての再定義にもとづいている。すなわち、フォーリーによれば、貨幣の価値は「一期間にその国民経済で支出された、生きた生産的労働に対する時価での国内純生産の比率」(二七八ページ)と定義される。つまり、貨幣一単位、たとえば一ドルの価値は、一ドルで購入できる商品に対象化されている労働量ということになる。ここから、労働力の価値は、貨幣賃金×貨幣の価値となる。「新解釈」論者は、これらの再定義にもとづけば、所与の投入・産出構造から総計を一致させるような価値表と生産価格表を作ることができるというのであるが、著者は、これらの再定義の支配労働価値説的側面を明らかにしつつ、「新解釈」論者の主張が、賃金と利潤とが同じ構成の諸商品に支出されるという特殊な場合にしか妥当しないことを指摘している。

第八章は、現代のグローバリゼーションにはジェンダー関係の差別や抑圧を許容する側面がある事実を踏まえて、資本主義は本来「旧社会の残存物として家父長制的人間関係の温存を許容し、求めやすい領域を内包していた」(二二三ページ)ことに注意を促し、資本主義的市場経済さえ発展すればジェンダー問題も解消するといったフェミニスト経済学の一部の潮流を批判したものである。

最後の第一〇章では、マルサスの自然主義的な人口法則に対して、マルクスが資本構成高度化にともなう相対的過剰人口の累進的生産、産業循環にともなう相対的過剰人口の吸収と反発といった資本主義的人口法則を展開していることが示され、さらに『資本論』でラングの「もし全世界が安楽な状態になれば、やがて世界の人口は減るであろう」という言説を引用していることも紹介される。著者は、現代の少子化問題の原因をいくつかあげているが、著者がもっとも重視するのは「共同体的人間関係への資本主義市場経済によるいわば過度な分解作用」（二五三ページ）である。現代資本主義は、この「過度の分解作用ゆえに衰退に向かっているともいえるのではなかろうか」（二五四ページ）というのが、著者の巻末のメッセージである。

3　本書の貢献と問題点

右に概観してきた本書の主要内容から明らかなとおり、本書は、現代の社会科学者が当然に関心をもつべきほとんどすべての問題をカバーし、それぞれに対して明確に著者独自の見解を提示している労作である。

本書の貢献は多岐にわたっているが、代表的なものをあげるとすれば、次の三つである。

第一は、一九八〇年代以降のいわゆる新自由主義に対して包括的な理論的・実証的批判を行っている点である。著者によれば、新自由主義は、たんなる規制撤廃・民営化・「小さな政府」のイデオロギーではなく、グローバリゼーションやME情報化といった現実に必然的な根拠をもつものであるが、それ自体、首尾一貫性や整合性をもつものではない。それは、新自由主義を標榜する政権のもとでの財政赤字急増や金融機関救済のための公的資金投入等によっても示されている。むしろ首尾一貫しているのは、社会主義と労働運動に対決して、資本主義企業の側に有利な労働条件の弾力化・柔軟化をはかるとともに、金融・資本市場の自由化により経済の投機化をすすめる点である。このような新自由主義に人類の未来を託すことができないことを、本書は、説得的に明らかにしている。

第二に、フォーリーとデュメニの「新解釈」への批判も、重要な貢献である。著者は、「新解釈」の礎石が、貨幣の価値についての再定義にあることを明らかにし、その再定義の支配労働価値説的傾向を鋭敏に嗅ぎとっている。とくに「新解釈」論者の前提にしたがって貨幣の価値と賃金率とが価値体系と生産価格体系において不変に維持されるとすれば、賃金財の価値から生産価格への転形にともなって実質賃金率と剰余価値率が変化するという著者の指摘（一八八ページ）は、「新解釈」にとって致命的である。

第三に、マルクスにもとづいて現代の人口・少子化問題を解明しようとしている著者の試みも、現代のマルクス経済学者のなかに人口問題を論ずる者が他にきわめて少ないだけに、重要な貢献である。地球人口が、近代の資本主義化にともなって急増した反面、現代の日本やイタリーのように超少子化の傾向が生じていることも事実であり、これらを資本主義的人口法則として説明するのは難問であるが、資本主義は非資本主義的関係を過度に分解するがゆえに衰退するという著者の仮説は、重みをもっている。

これらの貢献と表裏をなすかたちで、本書には、いくつかの疑問やさらに掘り下げられるべき問題点がないわけではない。

第一は、新自由主義が生み出しているさまざまな矛盾や困難と著者のいわゆる「逆流仮説」との関係についてである。著者は、本書でも依然として「逆流仮説」を保持しているようにみえるが、グローバリゼーションやＭＥ情報化のもとで新自由主義が生み出している失業の増大、貧富の格差拡大、経済の投機化、地球環境破壊の危機等は、新たな現実が生み出している新たな矛盾や困難であって、けっして逆流現象ではない。たとえば、頻発する通貨・金融危機は、金本位制や国家の規制から解放された金融資本が、ＭＥ情報化をテコとしてより大規模にグローバルに活動した結果であって、まさに空前の現象ではないであろうか。著者は「グローバリゼーションとメガコンペティションの潮流は、……資本主義の歴史的進化の単調な進展を示すものではない」といって「逆流仮説」を保持する一方、「資本主義世界システムの新たな様相をふくんでいる」（二五ページ）ともいっているのであるが、評者としては、あくまでも「新たな様相」としてのみ把えた方がよかったように思われる。

第二は、いわゆる「新解釈」批判に関してである。著者のいうとおり、「新解釈」の礎石が、貨幣の価値についての再定義、すなわち、貨幣一単位の価値はそれで購入できる商品に対象化されている労働量によって決まるという定義にあることは、明らかである。これは、貨幣商品一単位の価値、すなわちそれに対象化されている労働量とは明らかに違う。「新解釈」による貨幣の価値の定義は、いわゆる貨幣の購買力に近いものであろう。ただし、普通に貨幣の購買力という場合は、貨幣一単位で購買できる商品の使用価値量で示されるのであるが、「新解釈」では、当該使用価値量に対象化されている労働量で示されるのである。しかし、いずれにしても、貨幣の購買力が、商品価格に依存していることはいうまでもない。商品価格に依存する概念を礎石として、価値の生産価格への転形を説明しようというのは、本末転倒ではないか。商品価格に依存する「貨幣の価値」や、それに加えて貨幣賃金率にも依存する「労働力の価値」を前提にするのではなく、実態的な投入・産出構造と、労資関係によって決まる実質賃金率を前提として、価値と生産価格との関連を明らかにすることが、転形問題の核心である。さらに、私見では、いわゆる総計二命題を両立させることは、特殊な場合を除いて不可能であり、マルクス経済学として、総計二命題の両立にこだわる必要はないように思われる。利潤率や生産価格体系が価値的要素に依存し、利潤諸形態が剰余労働にもとづくことを明らかにすれば十分なのである。

七　柴垣和夫「グローバル資本主義の本質とその歴史的位相」へのコメント

1

本報告は、一九八〇年代に規制緩和と新自由主義の政策的潮流とともに出現してきたいわゆるグローバル資本主義がどのような本質にもとづくかを明らかにするとともに、資本主義、あるいはより狭くいえば、現代資本主義の歴史のなかでそれがどのような位置をしめるかを明らかにしようとしたものである。その結論は、報告者自身の的確な要約によれば、グローバル資本主義の本質については「新自由主義による国際的な為替及び資本取引の自由化を背景として、先進諸国の超国籍・多国籍企業に顕著に見られる海外直接投資と生産の国外移転（海外へのアウトソーシング）が、ＢＲＩＣｓに代表される新興工業諸国の工業化と結びつくことによって、資本主義の基本的矛盾の基礎をなす労働力商品の供給制約が大幅に解除されたところに求められる」（『政経研究』第九〇号、三ページ）というものであり、その歴史的地位については「グローバル資本主義は福祉国家の行き詰まりとともに登場したが、それを可能にしたのは、ＢＲＩＣｓの登場やＩＴ技術革新などとともに、ソ連の崩壊、中国の市場経済化などにより、『社会主義に対抗する』ものとしての現代資本主義が、社会主義の脅威から解放されることによるもので、資本の蓄積様式によって画期づけられる宇野『段階論』の修正ないし延長によって位置づけられるものではない」（経済理論学会第五六回大会第一二分科会報告論文、一～二ページ）というものである。

2　グローバル資本主義なるネーミングは、評者の知る限りでは、G・ソロス『グローバル資本主義の危機』（一九九八年）に由来するものと思われる。ソロス自身、ヘッジファンドのファンド・マネージャーであったこともあって、かれのいうグローバル資本主義は、国境を超えて瞬時に世界を移動し、為替や証券や利子率の変動の鞘をとる貨幣資本を指していたのであり、のちにファンド資本主義とか、金融資本主義ともいいかえられるようになった。しかし、資本主義とは、そもそも資本が社会的再生産を担当する経済システムであって、グローバル資本主義をたんなるファンド資本主義や金融資本主義に解消することは、資本がどのように適切に、あるいは不適切に社会的再生産を実行しているかという基本的問題を不分明にするものといっていい。この意味で、柴垣氏が「グローバル資本主義の本質」という問題を提起し、金融グローバリゼーションよりもむしろ、産業グローバリゼーションによって労働力商品の供給制約を大幅に解除した点にこそグローバリゼーションの本質があると主張したのは、本来、サプライ・サイドを基本とするマルクス経済学の立場からは当然のことであろう。また、グローバル資本主義の歴史的位置づけをめぐっては、八尾信光氏が詳細に検討しているように（同氏「グローバル資本主義の形成と将来展望」、『政経研究』第八四号、二〇〇五年）、いわゆる宇野学派の内外を問わず百家争鳴的な状況を呈している。周知のように、宇野弘蔵氏自身は、段階論の対象を第一次世界大戦で打ち切り、ロシア革命以後の資本主義は社会主義への過渡期にある資本主義として「現状分析の対象」とした（同氏『経済政策論』「補記」『宇野弘蔵著作集』第七巻、一九七四年、所収）のであるが、柴垣氏は、この宇野説に比較的に忠実に第一次大戦後の資本主義は資本の論理だけでなく、社会主義の存在によっても影響を受けることとなったので、資本主義発展の段階論には包摂されないとし、グローバル資本主義は、福祉国家に代わる一つの時期区分、あるいは局面というのである。

3

グローバル資本主義をいわゆる金融資本主義に解消することに反対する点では、評者は、柴垣氏に同意する。しかし、だからといって、グローバル資本主義の本質が労働力供給制約を解除ないし緩和する産業グローバリゼーションにあると主張するのはやや短絡的に過ぎるように思われる。ことは、「本質」という用語にも関連するが、資本主義一般の本質が何かといえば、資本による社会的再生産とか、労働力商品化とか、資本による賃労働の搾取とか、いくつかのことがいえるであろう。しかし、宇野理論的にいえば、段階論なり、現状分析のレベルで、ある特定の時期の特定の歴史的特質をもった資本主義の本質が何かをいえるであろうか。本質還元的思考に陥らないためには、一般的本質ではなく、産業構造・労働関係・金融制度・経済政策等さまざまな側面から特定の時期の資本主義の特質を抉り出すべきではないかと思われる。グローバル資本主義の特質については、評者は、①ME革命に始まる情報産業の基軸産業化、②情報化に対応する労働の多様化・分散化・個別化、③IMF体制崩壊・ICT革命と結びついた経済の金融化、④規制緩和・民営化の新自由主義政策等をあげたが（『経済』二〇〇五年一一月号、一〇六～一〇七ページ、本書、一〇二～一〇五ページ）、もちろん、これで十分だとは思っていない。言いたいことは、本質よりも、ある程度具体性をもった特質をもってグローバル資本主義を規定すべきではないかということである。

さらにこれに関連してもう一つ疑問を提起するとすれば、グローバル資本主義の本質が産業グローバリゼーションにあるという主張と現代資本主義においても依然として支配的な資本は金融資本だという主張との関係についてである。柴垣氏によれば、「金融資本とは、一般的には擬制資本としての株式資本を共通の基礎に持ち、『生産過程を金融的に支配する資本』」（『政経研究』第九〇号、一二ページ）にほかならないが、この規定は、海外子会社などを通じてグローバルな企業内分業を展開しているような多国籍・超国籍企業には妥当するであろうが、いわゆるファンド資本主義の主体となっているような金融資本には妥当しないように思われる。グローバル資本主義においても、支配的な資本は金融資本であるという点には異議を申し立てるわけではないが、グローバル資本主義の新たな現実を見据えて、金融資本の再定義が必要ではないかと思われる。

4

宇野三段階論と柴垣グローバル資本主義論を両立・接合しようという試みは、きわめて難解であり、率直にいって成功しているとは思えない。第一次大戦後の資本主義が、資本の論理だけではなく社会主義の存在によっても影響を受けるようになったといえば、帝国主義段階の資本主義も、程度の差はあれ、社会主義思想や社会主義運動によっても影響を受け、社会政策を現実化したのである。さらに溯れば、自由主義段階の「工場法」も資本の論理だけで生み出されたとはいえまい。したがって、第一次大戦後を、段階論の対象の外におく必要はないように思われる。しかも、柴垣氏は、グローバル資本主義を含めた現代資本主義の支配的資本としては、依然として金融資本を想定しているのだから、段階論レベルでの帝国主義段階（評者は独占資本主義と呼んでいる）とグローバル資本主義との関係を説明すべき責務があるのではないか。その場合、一つのヒントとなるのが、「段階とは区別して例えば『局面』を用いるのも一案である」（『政経研究』第九〇号、一三ページ）という氏の言明である。この「局面」がなんらかの段階を前提にしたものなのか、段階を抜きにした現状分析的な「局面」なのかが、評者の聞いてみたい最後の点である。

あとがき

本書は、一九九〇年代以降の主としてグローバリゼーションや日本経済に関する論文や講演記録をまとめて一本にしたものである。グローバリゼーションという用語が新聞や学術雑誌に登場するのは一九八〇年代末頃からであるが、私が、南克己氏のいわゆる「ME革命」や「資本主義のアジア化」というキーワードにヒントを得て、D・コーテンの『グローバル経済という怪物』（西川潤監訳、シュプリンガー・フェアラーク東京、一九九七年）やG・ソロスの『グローバル資本主義の危機』（大原進訳、日本経済新聞社、一九九九年）等を読んで興味をもち、グローバリゼーションについて書いた最初の論文が、「グローバリゼーションと国民経済」（『経済』二〇〇〇年一〇月号所収、本書第二章）であった。たまたま二〇〇一年一月末から二月初めにかけてキューバのハバナで、第三回「グローバリゼーションと開発問題に関する経済学者国際会議」が開催され、私は、日本学術会議から派遣されてこの会議に出席し、『グローバリゼーションと国民経済』というテーマで報告をした。ノロアからの質問には、「ME化という技術変化とグローバリゼーションとを結びつけ過ぎているのではないか」とか、「金融グローバル化を規制するのは困難ではないか」といった、私自身もある程度まで自覚していた鋭い指摘もあったが、聴衆の反応は概して好意的であった。

これに先立つ一九九〇年代後半は、講座 資本論体系第九巻『恐慌・産業循環』（富塚良三・吉原泰助編、有斐閣、一九九八年）や同第一〇巻『現代資本主義』（北原勇・鶴田満彦・本間要一郎編、有斐閣、二〇〇一年）への論文執筆に苦吟していたのだが、世紀の転換点以後は、ようやくそれらからも解放されて、かなり新鮮な気分でグローバリゼーションの現状分析やそれに関する理論的検討に取り組んだ。また、私は、九〇年代から二一世紀初頭にかけて、三期にわたって日本学術会議会員を務め、とくに第一八期（二〇〇〇年〜二〇〇三年）では、「新しい学術体系委員会」（委員長＝吉田民人氏）に所属して、分野を超えた新しい学術の俯瞰化・価値選択化・学際化への傾向にふれたことも私の研究スタイルに一定の価値志向的な変容をもたらしたように思う。

私が、一種の段階（フェイズ）概念として「グローバル資本主義」を使ったのは、『現代経済システム論』（鶴田満彦編著、日本経済評論社、二〇〇五年）においてである。それまでにおいても、ニクソン・ショックによる金・ドル交換停止、変動相場制移行、石油危機、スタグフレーション、ＭＥ革命等を契機として一九七〇年代に「現代資本主義の変質」（井村喜代子氏）が生じていたことについては、私も十分に認識し、同意していたのであるが、何が何に変質したかについては、規定しかねていた。これを伊藤誠氏は「資本主義の逆流」と呼び、山田鋭夫氏らのレギュラシオニストは、「ポスト・フォーディズム」と呼び、北原勇氏はやや将来までを展望して「世界大の国独資」と呼び、北村洋基氏は「情報資本主義」と呼んだ。それらに対して、私は、国家独占資本主義あるいは福祉国家資本主義からの変質という意味で、Ｇ・ソロスや馬場宏二氏や河村哲二氏らとともに、「グローバル資本主義」と呼ぶことにしたのである。

一九九〇年代のグローバル資本主義は、金融と情報を先頭にした米国主導のそれであって、その新自由主義的経済政策によって、民営化、福祉削減、非正規労働の拡大、格差拡大をもたらしたが、他方では、ＢＲＩＣｓに代表される新興工業諸国の飛躍的な発展をもたらしていた。私は、日本のバブルの形成と崩壊による「失われた一〇年」、一九九七〜九八年アジア・ロシア・中南米通貨金融危機、米国のＩＴバブルの崩壊（二〇〇〇年）等を材料にして、主としてグローバル資本主義の陰の部分に批判的言説を表明してきたが、率直にいって数年前までは、まさかグローバル資本主義が米国サブプライム・ローンの焦げ付き問題を契機に今日現出しているような世界金融危機・世界経済恐慌を惹き起こすとは推測していなかった。その意味では、せっかく若い時期からマルクスに学んできたはずなのに、資本主義と市場経済の合理性と効率性を過大評価してきた不明を恥じ入るほかない。

しかし、今回の恐慌による米国型金融モデルと新自由主義の破綻によって、グローバル資本主義は、多極型・規制許容型・格差是正型のよい方向のグローバリゼーションへ向かうのではないかと思われる。私は、長期的には、経済社会を営む人間の英知に信頼をおいている（終章参照）。グローバル化からブロック化への「逆流」はありえず、福祉国家はスリム化しても維持されるであろうし、グリーン・ニューディールによって環境危機もかなりな程度克服されるであろう。グローバリゼーションのなかで、今世紀半ばには、ＢＲＩＣsが、米国や日本を超える経済大国になり、単独覇権主義は許されぬものとなろう。強欲に代わって、ボランティア精神と協働と平等が経済社会に広がるだろう。たしかに、このようなことは、今日では夢であろうが、私はキューバの革命家・詩人であるホセ・マルティとともに「今日の夢は明日の現実になる」ことを信じている。

本書に収録した文書の出所を示しておく。

序論　グローバル資本主義と二〇〇八年世界経済恐慌（書き下ろし）

Ⅰ　グローバル化とその変容

第一章　グローバリゼーションとは何か（『中央評論』五三巻四号、中央大学出版部、二〇〇一年）
第二章　グローバリゼーションと国民経済（『経済』二〇〇〇年一〇月号、新日本出版社）
第三章　グローバリゼーションの経済学問題（川崎嘉元・滝田賢治・園田茂人編著『グローバリゼーションと東アジア』中央大学出版部、二〇〇四年）
第四章　金融資本再考（建部正義編著『二一世紀の金融システム』中央大学出版部、二〇〇二年）
第五章　現代資本主義の変容と多様化（『経済』二〇〇五年一一月号、新日本出版社）

Ⅱ　現代国家の危機と将来

第六章　現代国家の危機（鶴田満彦・渡辺俊彦編著『グローバル化のなかの現代国家』中央大学出版部、二〇〇〇年）
第七章　現代国家の将来（一井昭・渡辺俊彦編著『現代資本主義と国民国家の変容』中央大学出版部、二〇〇九年）

Ⅲ　日本経済の低迷と再生

第八章　バブル崩壊と九〇年代不況（『経済と社会』二号、創風社、一九九五年）
第九章　九〇年代不況の示すもの（『経済』一九九六年五月号、新日本出版社）
第一〇章　グローバル化と日本型資本主義（中央大学企業研究所公開講演会、二〇〇四年）
第一一章　激動の世界経済──グローバル化の変容と日本経済（『経済』二〇〇八年三月号、新日本出版社）
第一二章　日本経済の低迷と再生（政治経済研究所『政経研究』九一号、二〇〇八年）
終章　望ましい経済システムを求めて（中央大学最終講義、中央大学通信教育部『白門』五七巻三号、二〇〇五年）
補論　諸説の検討

一　書評　馬場宏二編『日本――盲目的成長の帰結』（東京大学経済学会『経済学論集』五六巻一号、一九九〇年）
二　森岡孝二『日本経済の選択』を読んで（基礎経済科学研究所『経済科学通信』九九号、二〇〇二年）
三　書評　北村洋基『情報資本主義論』（『経済』二〇〇三年八月号、新日本出版社）
四　書評　置塩信雄『経済学と現代の諸問題』（『経済』二〇〇五年二月号、新日本出版社）
五　書評　井村喜代子『日本経済――混沌のただ中で』（政治経済研究所『政経研究』八六号、二〇〇六年）
六　書評　伊藤誠『幻滅の資本主義』（経済理論学会『季刊 経済理論』四三巻三号、二〇〇六年）
七　柴垣和夫「グローバル資本主義の本質とその歴史的位相」へのコメント（経済理論学会第五六回大会、九州大学、二〇〇八年、未公表）

これらの文書の本書への再録を許諾された中央大学出版部、新日本出版社、中央大学社会科学研究所、中央大学企業研究所、財団法人政治経済研究所、中央大学通信教育部、東京大学経済学会、基礎経済科学研究所、経済理論学会に感謝の意を表したい。

論文のほかに講演や講義の記録が入っていたり、補論として書評まで入っている不体裁な書ではあるが、本書を作成するにあたってお世話になった先輩・友人・諸機関への感謝をも捧げたい。中央大学の企業研究所・社会科学研究所・経済研究所・政策文化総合研究所は、私の中央大学定年退職後も、私を客員研究員に任じ、さまざまな研究の便宜をはかってくれた。経済理論学会（代表幹事＝柴垣和夫氏）と信用理論研究学会（代表理事＝飯田裕康氏）は、大会や部会をつうじて当該分野の最先端の知見を教示してくれた。財団法人政治経済研究所（理事長＝山口孝氏）は、公開研究会報告や機関誌『政経研究』への執筆の機会を提供してくれた。高山満氏や長島誠一氏を中心とする独占研究会、井村喜代子氏や北原勇氏を中心とする理論研究会における刺激的で活発な討論は、自己の考えを再点検し、独断的な思い込みを矯正するうえできわめて有益であった。中央大学大学院での私のゼミのOB・OG会組織である「鶴田会」（会長＝工藤昌宏氏）は、各自の研究活動報告をつうじて、私に活力と満足を与えてくれた。また、桜井書店の桜井香氏は、学術書出版がいちじるしく困難な状況にもかかわらず、本書の出版を快諾され、本書の内容を改善するための助言を惜しまれなかっただけでなく、異例のスピードで本を作製してくれた。

最後に、私事ではあるが、古希を超えた年齢でなんとか学術書らしき本をもう一冊作ることができた機会に、結婚以来四十四年、家事と育児と老親介護の大部分を担当して、私の研究活動を側面からというよりも、土台から支えてくれた妻・緑に深く感謝したい。

二〇〇九年三月

鶴田満彦

鶴田満彦《つるたみつひこ》

1934年8月　中国東北ハルビン市に生まれる
1954年3月　開成高等学校卒業
1958年3月　東京大学経済学部卒業
1963年3月　東京大学大学院社会科学研究科博士課程単位取得退学
1963年4月　立正大学経済学部専任講師（1965年3月まで）
1965年4月　中央大学商学部助教授（1972年3月まで）
1972年4月　中央大学商学部教授（2005年3月まで）
2005年4月　中央大学名誉教授
現在　中央大学名誉教授，経済学博士，財団法人政治経済研究所監事，日本キューバ友好協会理事長，
日本経済学会連合理事

主要著作
『独占資本主義分析序論』有斐閣，1972年
『現代日本経済論』青木書店，1973年
『現代政治経済学の理論』青木書店，1977年
『日本資本主義の展開過程』（二瓶敏と共編）大月書店，1981年
『経済学』（置塩信雄・米田康彦と共著）大月書店，1988年
『入門経済学［新版］』（編著）有斐閣，1990年
『現代経済システムの位相と展開』（編著）大月書店，1994年
『グローバル化のなかの現代国家』（渡辺俊彦と共編著）中央大学出版部，2000年
『現代資本主義』（北原勇・本間要一郎と共編）有斐閣，2001年
『現代経済システム論』（編著）日本経済評論社，2005年

グローバル資本主義と日本経済

2009年5月18日　初　版

著　者　鶴田満彦
装幀者　加藤昌子
発行者　桜井　香
発行所　株式会社 桜井書店
東京都文京区本郷1丁目5-17　三洋ビル16
〒113-0033
電話（03）5803-7353
Fax　（03）5803-7356
http://www.sakurai-shoten.com/
印刷所　株式会社 ミツワ
製本所　誠製本 株式会社

ISBN978-4-921190-58-3　Printed in Japan